中国消费大数据研究院文库

主 编：柳学信 陈立平

中国社区商业发展报告（2020）

孔晓旭 孙忠娟 著

China Community Business Development Report（2020）

经济管理出版社
ECONOMY & MANAGEMENT PUBLISHING HOUSE

图书在版编目（CIP）数据

中国社区商业发展报告.2020/孔晓旭，孙忠娟著.—北京：经济管理出版社，2021.11
（中国消费大数据研究院文库/柳学信，陈立平主编）
ISBN 978 - 7 - 5096 - 8260 - 9

Ⅰ.①中…　Ⅱ.①孔…②孙…　Ⅲ.①社区—商业经济—研究报告—中国—2020
Ⅳ.①F727

中国版本图书馆 CIP 数据核字（2021）第 232747 号

组稿编辑：梁植睿
责任编辑：梁植睿
责任印制：黄章平
责任校对：董杉珊

出版发行：经济管理出版社
　　　　　（北京市海淀区北蜂窝 8 号中雅大厦 A 座 11 层　100038）
网　　　址：www. E - mp. com. cn
电　　　话：（010）51915602
印　　　刷：唐山玺诚印务有限公司
经　　　销：新华书店
开　　　本：720mm×1000mm/16
印　　　张：17.5
字　　　数：334 千字
版　　　次：2021 年 11 月第 1 版　　2021 年 11 月第 1 次印刷
书　　　号：ISBN 978 - 7 - 5096 - 8260 - 9
定　　　价：78.00 元

首都经济贸易大学中国消费大数据研究院 课题组

课题负责人： 陈立平　柳学信
课题协调人： 孔晓旭　孙忠娟　金　光　郗金甲
各章研究人员：
第一章：王　喆　刘祖尧　甄家泽
第二章：曹成梓　丁　雪　曹晓芳　郗金甲　李胡扬
第三章：唐晓萌　吴鑫玉　陈　萱　王书鹏　杨烨青　郗金甲
第四章：孙为政　赵聪慧
第五章：孙忠娟　何思锦　侯庆莲　冯佳林
第六章：罗　伊　郑珊珊　刘　迎
第七章：张宇霖　周婕峥　张　琴
研究人员：
柳学信　首都经济贸易大学工商管理学院教授、院长
　　　　中国消费大数据研究院院长
陈立平　首都经济贸易大学工商管理学院教授
　　　　中国消费大数据研究院执行院长
孙忠娟　首都经济贸易大学工商管理学院副教授
孔晓旭　首都经济贸易大学经济学院讲师
金　光　蚂蚁商联副总经理
　　　　中国消费大数据研究院副院长
郗金甲　北京码上赢网络科技有限公司数据合伙人
罗　伊　首都经济贸易大学工商管理学院副教授
孙为政　首都经济贸易大学工商管理学院讲师

周婕峥	河南财经政法大学会计学院副教授
张　琴	河南财经政法大学会计学院副教授
程正武	北京码上赢网络科技有限公司数据工程师
许昌巧	北京码上赢网络科技有限公司数据产品经理
张宇霖	首都经济贸易大学工商管理学院博士研究生
杨烨青	首都经济贸易大学工商管理学院博士研究生
王　喆	首都经济贸易大学工商管理学院博士研究生
曹晓芳	首都经济贸易大学工商管理学院博士研究生
李胡扬	首都经济贸易大学工商管理学院博士研究生
唐晓萌	首都经济贸易大学工商管理学院博士研究生
曹成梓	首都经济贸易大学工商管理学院博士研究生
丁　雪	首都经济贸易大学工商管理学院硕士研究生
刘祖尧	首都经济贸易大学工商管理学院硕士研究生
甄家泽	首都经济贸易大学工商管理学院硕士研究生
吴鑫玉	首都经济贸易大学工商管理学院博士研究生
陈　萱	首都经济贸易大学工商管理学院硕士研究生
王书鹏	首都经济贸易大学工商管理学院硕士研究生
赵聪慧	首都经济贸易大学工商管理学院博士研究生
何思锦	首都经济贸易大学工商管理学院博士研究生
侯庆莲	首都经济贸易大学工商管理学院硕士研究生
冯佳林	首都经济贸易大学工商管理学院硕士研究生
郑珊珊	首都经济贸易大学工商管理学院博士研究生
刘　迎	首都经济贸易大学工商管理学院硕士研究生

中国消费大数据研究院是由首都经济贸易大学和蚂蚁商业联盟共同发起成立，在蚂蚁商业联盟的商业化数据优势和首都经济贸易大学工商管理学院的研究和技术力量支持下，负责对蚂蚁商业联盟成员企业的大数据资源进行分析和研究的智库平台。中国消费大数据研究院作为联结企业、高校和政府的纽带和中枢，致力于建设中国零售行业大数据创新平台，实现研以致用，服务于我国零售企业管理实践和政府决策咨询。

首都经济贸易大学工商管理学院被誉为北京市高级管理人才的培养基地。1963 年起招收本科生，1979 年起招收硕士生。经过 50 多年的发展，已经成为国内财经类院校的一流商学院。学院拥有工商管理一级学科博士学位授予权与工商管理博士后流动站，形成了包含博士后、博士、硕士及学士等完备的工商管理学科体系，并设有全英文的本科、硕士、博士留学生项目，与全球 20 多所知名大学建立了合作关系。学院具有雄厚的研究实力，近五年来承担国家级课题 40 多项，发表论文 200 多篇，出版学术著作 63 部。

蚂蚁商业联盟是一家公司化运作的连锁超市自愿联盟组织，2017 年 10 月，由 12 家区域龙头超市企业在郑州发起成立。目前蚂蚁商联在全国 29 个省、市、自治区拥有 99 家成员企业，共同经营着 7500 多家门店，年营业额合计近 1000 亿元，成为覆盖全国的零售自愿联盟组织。

大数据技术支持：北京码上赢网络科技有限公司

码上赢成立于 2016 年，是国内领先的快消行业大数据公司，由阿里巴巴集团资深的产品和技术专家联合创立，目标是成为"中国的尼尔森"。码上赢已经获得创新工场等知名机构的 A 轮投资。码上赢致力于建设覆盖线下门店最多的零售大数据联盟，目前数据联盟覆盖 2 万家门店，积累超过 40 亿个订单，商品库包含 1300 多万条码商品，每天发现 5000～6000 种新商品。

总　序

消费是最终需求，是经济增长的持久动力。我国人均 GDP 即将达到中等发达国家水平，中国整体消费水平不断提高。国家统计局公布的 2020 年国民经济运行情况显示，我国居民最终消费率接近 55%。但不论与美国、法国、日本等发达国家相比，还是与俄罗斯、巴西、波兰等与中国人均 GDP 相近的国家相比，中国的居民消费率均偏低，表明我国居民合理的消费需求并未得到很好的满足。需求不足成为制约我国经济高质量发展的主要原因之一。要想打通制约经济增长的消费堵点，增强消费对经济发展的基础性作用，需要满足居民消费升级趋势，逐渐完善促进消费体制机制，不断优化消费环境，形成强大国内市场，逐步构建新型消费体系，通过消费升级引领供给创新，更好地发挥消费在双循环新发展格局中的基础性和引领性作用。

随着万物互联和移动互联网等成为当下颇具影响力的时代变革力量，大数据也成为企业的重要资产组成和推动行业变革发展的核心要素。数字经济和互联网已经重构了零售行业的产业结构和商业模式。如何更好地利用大数据为零售行业发展赋能，是构建新型消费体系的关键所在。一方面，在数字化的推动下，零售行业的新模式和新业态不断涌现，企业迫切需要发展新的商业模式。另一方面，零售业的核心竞争力在于能否理性洞察并满足消费者的各项需求。通过大数据的技术手段，与目标用户建立更深刻的联系，更好地满足消费者不断升级的需求。

当前我国零售行业正在发生着深刻的变革。零售行业如何结合大数据技术实现商业模式转型，增强核心竞争力，从而更好地满足消费者不断变化和升级的需求？如何融合市场驱动和大数据技术发展提供的无限可能性，通过我国有为政府的政策引领和支持，实现消费对我国经济社会高质量发展的引领和驱动作用？这不仅是零售行业面临的挑战和机遇，也是中国新时期亟须解决的重要问题。在此背景下，首都经济贸易大学和蚂蚁商业联盟于 2019 年发起成立了中国消费大数据研究院（China Consumption Big Data Research Institute），通过结合蚂蚁商业联盟的商业化数据优势和首都经济贸易大学的科研优势，对蚂蚁商业联盟成员企业的大数据资源进行分析和研究，揭示中国社会消费发展的趋势和规律。中国消费大数据研究院作为联结企业、高校和政府的纽带和中枢，致力于建设中国零售行业大数据创新平台，实现研以致用，服务于我国零售行业管理实践和政府决策咨询。中国消费大数据研究院构建了包括理事会和学术委员会为主要架构的治理机制，制定了《中国消费大数据研究院理事会章程》和《中国消费大数据研究院专家委员章程》等重要文件，完善了中国消费大数据研究院的组织架构、规划以及工作计划、科研项目管理办法、科研经费管理办法、科研奖励管理办法等制度建设，并据研究方向和工作安排下设行业发展研究中心、生鲜标准制定中心、自有品牌研究中心、零售指数开发中心、案例与理论研究中心、人才发展培训中心共六个研究中心。来自首都经济贸易大学从事企业管理、市场营销、财务金融、大数据和统计相关领域的教授、副教授、讲师、博士后和研究生以及校外从事零售和大数据领域相关专家共计 50 多人投入到中国消费大数据研究院的各项工作中。

自成立以来，中国消费大数据研究院陆续发布了《中国自有品牌发展年度研究报告》《中国社区商业发展年度报告》等一系列有社会影响力的报告。特别是新冠肺炎疫情暴发后，2020 年我们组织科研力量研究和发布了《疫情对社区商业的影响》报告，为行业发展和政府决策提供了重要参考和指引。同时，我们也通过中国消费大数据研究院创新平台，打通高校人才培养和科学研究与社会发展和企业实践的隔阂，将社会需求和技术发展融入我们的人才培养过程，通过提供研究数据和案例让我们的学术研究更好地服务国家战略和社会需求。目前，中国消费大数据研究院已经成为首都经济贸易大学工商管理学科服务中国商业发展的高端智库以及培养专业人才的重要平台。作为国内首家专门致力于消费大数据研究的平台，中国消费大数据研究院连续举办了多次高水平学术研讨会，促进政府、研究机构、行业和企业之间的沟通和交流，更好地服务于我国零售行业的高质量发展。2021 年 7 月，依托中国消费大数据研究院，中国高等院校市场学研究会专门成立零售管理专业委员会，进一步团结高校从事零售领域教学与研究的学者和研究机构，开展学术和教学方面的交流。未来，中国消费大数据研究院将继续深耕学术研究，持续发挥智库作用，推动政、产、学、研深度融合，推动中国零售行业健康发展，为促进中国经济高质量发展贡献力量。

首都经济贸易大学工商管理学院院长

中国消费大数据研究院院长

柳学信

前　　言

　　2020年新冠肺炎疫情的蔓延引发全球经济衰退，社区商业作为一种以社区范围内的居民为服务对象，以满足和促进居民综合消费为目标的属地型商业，在为居民消费者提供服务、引导需求等方面都发挥着必不可少的作用。在此次疫情危机中，社区商业展现出区别于其他商业形式的社会服务属性，不仅体现了城市文明进步程度和生活便利服务程度，更关乎国计民生。疫情期间，超市、便利店等社区商业供应主体不仅通过调整产品结构来保障居民米面粮油和生鲜食品等基本需求，还协助社区行政部门执行隔离、配送、服务孤寡老人等社会服务工作，为我国生产生活的快速恢复发挥了至关重要的作用，运营价值大幅提升。可以预见在未来疫情防控常态化下，社区商业将成为保障我国社会和谐稳定的重要基础以及提升经济活力的有力助推器。

　　为了解疫情对社区商业运营和发展的影响以及疫情冲击后社区商业发展所面临的挑战、分析政府部门如何更有效地扶持社区商业发展、研究社区商业如何在疫情后助力我国经济快速恢复和保障社会平稳发展，首都经济贸易大学中国消费大数据研究院基于蚂蚁商业联盟55家成员企业共计4000余家门店的零售商品大数据，以及全国154家社区商业企业和门店的问卷调查数据，结合我国宏观经济运行数据，深入分析疫情对中国社区商业业态、快消品销售、零售企业运营管理及应急战略、政策扶持体系等方面的影响，并对疫情冲击后的社区商业发展趋势提出展望。

　　本书主要研究结论如下：

　　第一，疫情期间各社区商业业态的经营业绩在受到短暂冲击后迅速调整，呈现良好的增长态势，这表明：社区商业在疫情期间抓住了重大的发展机遇，而后随着疫情逐渐得到控制，各业态的增长态势放缓；由于运营压力增加，疫情初期社区商业各业态毛利率增长率下降趋势明显，但随着疫情逐渐得到控制，各业态的毛利率最终实现增长，其中社区超市和食杂店的毛利率同比增长率最高，大卖场的毛利率同比增长率最低；处于疫情中心的湖北省由于面临人工成本、配送成本等经营压力更大，其社区商业各业态的经营业绩与全国社区商业整体的变化趋势一致，但变动幅度更大，湖北省社区商业各业态毛利率增长率下降幅度高于全国；社区传统便利店和连锁便利店的经营情况呈现两极分化，连锁便利店依靠强大的供应链，很好地控制了采购成本、运营成本等，缓解了运营压力，疫情期间连锁便利店活跃门店数量增长率整体高于非连锁便利店。

第二，受疫情影响，短期内主要零售商品（快消品）的供需矛盾加剧，价格攀升，导致销售额及利润受到冲击，不同品类变化差异明显，其中对生鲜、乳制品、日用品、酒水的影响较大，尤其防疫商品（如口罩、消毒液、酒精等）在疫情初期需求大幅增加，随着疫情的好转和供给能力的提升，消费者对此类商品的需求逐渐趋于平稳；在销售额与利润方面，快消品整体在2020年1月抬高，2020年2月回落，其中粮油调味、生鲜及酒水涨落幅度明显，乳制品及休闲食品在2020年2月后有所回升，日用品基本平稳；在价格方面，疫情期间酒水产品的价格波动最大，米面杂粮类产品的价格波动最小；在需求偏好方面，消费者在属性上首先考虑便利、安全和健康的商品，在包装上更青睐密封式包装，而礼盒式包装受到冷落。

第三，多数社区商业企业在疫情期间门店运营压力显著增加，营业收入不同程度地缩减，主要原因在于到店消费顾客减少和配送、人力、采购、房租等成本提高，尤其一、二线城市的企业承担着更大的采购成本压力，非一、二线城市的企业亟待解决供应链资源短缺的难题。但疫情也加速了社区商业的数字化转型进程，部分企业危中寻机，积极拓展线上销售渠道，推广社群营销（如直播带货和社区团购）等新型社区商业模式。与此同时，也有线上平台（如京东和阿里巴巴）依托自身强大的互联网技术将业务链向线下拓展，使竞争格局加速分化。

第四，为应对疫情的冲击，各级政府部门（财政部、人民银行、人力资源和社会保障部、税务总局等）密集出台了税收优惠、社保优惠、贷款优惠、房租减免等政策，在一定程度上稳定了宏观经济形势，减轻了经济主体的运营负担，维持了社区商业企业现金流平稳，保障了社区商业企业的稳定供给能力。社区商业企业及时进行战略调整，采取了以需求为导向的产品战略、新零售思维下的营销战略、共享式的员工发展战略、直采和前置仓模式的供应链战略、增设新门店、开展新业务和拓展新模式的资源能力累积战略以及面向未来的数字化转型战略等。

第五，当前我国疫情防控转入常态化，疫情的影响或将长期存在，须做好打持久战的准备。为推动社区商业在疫情常态化的背景下健康发展，未来应该致力于形成政府部门、社区商业企业、联盟组织和消费者互利共生的市场环境。政府部门要进一步加大政策扶持力度、合理布局消费基础设施、营造优质社区消费环境；社区商业企业要创新和优化经营模式、积极推行数字化转型；联盟组织要搭建社区商业供应链、开发自有品牌、组织联合采购、开展企业内部培训；消费者要引领和升级消费需求，从商品质量向服务质量转变。

本书的理论价值：

第一，目前市场及政府都亟需了解疫情对社区商业发展的影响情况，本书及时满足了上述需求；第二，本书弥补了理论界对于社区商业研究的缺失；第三，在重大突发事件冲击下研究零售企业战略的变化及转型具有重要理论意义。

本书的实践价值：

首先，分析疫情对社区商业发展的影响情况有利于零售行业未来更好地发展。其次，疫情期间政府在税收、融资、营商环境等方面出台了大量扶持中小企业的政策，这在一定程度上缓解了疫情对社区商业企业的负面冲击。研究现有政策以及社区商业对政策的需求有利于政府完善市场机制以及扶持政策。最后，本书从消费者角度出发，分析疫情期间消费者需求变化，有利于消费者思考疫情期间自身的行为变化，使未来的消费行为更加理性且有效率。

目　　录

第一章

疫情对中国社区商业的总体影响

2020 年初，新冠肺炎疫情席卷全球，其传播性之强远超人们预期。伴随着全球经济一体化程度的不断提高，劳动力、资金、信息等要素在各个国家间的流动日益紧密，导致疫情对经济冲击的传导途径错综复杂。同时，疫情也严重影响了我国经济合理运行和国民正常生活，致使疫情造成的社会影响远超其经济损失。疫情发生以来，习近平总书记高度重视，亲自部署、亲自指挥，提出要提升重大突发公共危机事件应急能力，在保障安全的情况下保证经济运行，推动国内大市场的统一，促进商贸流通业有序发展，保证社区商业的商品和服务需求得到有效供给，为居民提供基本的生活物资，促进经济可持续发展。

一、新冠肺炎疫情对中国经济的影响

疫情对国内经济社会发展带来前所未有的冲击，导致短期内我国生产活动停滞、投资项目搁浅、居民消费萎缩、国际合作受限，2020 年第一季度 GDP 比上年同期下降 6.8％，为 1992 年有季度统计以来的首次负增长。但我国积极防控疫情扩散，迅速采取超常规措施，在较短时间内阻断了本土疫情传播，同时为世界疫情控制做出贡献，不仅保持了社会秩序安全稳定，也体现了大国担当与责任。总体来看，我国大部分经济指标逐步恢复并有所提高，疫情对中国经济的影响总体可控。

（一）疫情下的中国经济现状

当前，中国疫情防控形势稳定，随着中央加大宏观政策的对冲力度，企业复工复产势头延续，上半年中国工业经济各项指标先降后升，第二季度运行状态逐月好转，财政和货币政策为经济复苏提供了有力支持。目前，中国官方公布经济"半年报"，第二季度经济实现"深 V"反弹，GDP 增速同比增长从第一季度的－6.8％到第二季度的 3.2％，第二季度环比增长已达 11.5％。综合来看，我国经济的基本面长期向好和内在向上的趋势不会由于疫情的影响和国际经济下行的冲击而有所改变。在经济内循环推动下，我国经济正加快走出疫情影响，维持"深 V"复苏态势。

然而新冠肺炎疫情对宏观经济总需求和总供给造成的直接冲击是相当明显

的。在影响总需求的传导机制上，新冠肺炎疫情导致拉动经济增长的消费、投资、出口"三驾马车"均遭受不同程度的冲击，其中消费受到的影响最为突出。近年来，消费结构升级和消费需求扩张已成为中国经济增长的主要动力，此次疫情在传统的春节消费"黄金周"暴发，主要疫区消费潜力巨大，受疫情影响更为严重。防疫期间，居民多采用居家隔离的方式以避免出行和聚集，导致消费需求大幅度降低。同时，以内需为主的经济结构受到巨大冲击，以服务业为主的第三产业造成的直接损失最大，例如文化旅游、交通运输、餐饮服务、休闲娱乐等依赖人员流动的服务业，在疫情期间收入出现断崖式下降，图1-1显示了春运期间特别是春节后全国旅客发送总量相比同期下降超过80%。如图1-2所示的"三驾马车"分月累计增长速度，1~7月，社会消费品零售总额为204459亿元，同比下降9.9%。按消费类型分，餐饮、金银珠宝、服装鞋帽针织纺织品、石油及制品、汽车、家电、建筑及装潢材料品类收入降幅较大，分别下降29.6%、20.0%、17.5%、17.8%、11.6%、10.8%、9.7%。新冠肺炎疫情对总供给的冲击主要有生产要素流通受阻和短期恐慌性需求两方面，如生产要素中的劳动力流动受到严格限制甚至中止，企业正常生产经营所需的原料供应、市场营销等活动也被迫暂停，停工减产造成较大经济损失，服务业、工业增加值出现明显下降，对我国构建供给侧改革、促进高质量消费的格局造成了一定冲击。

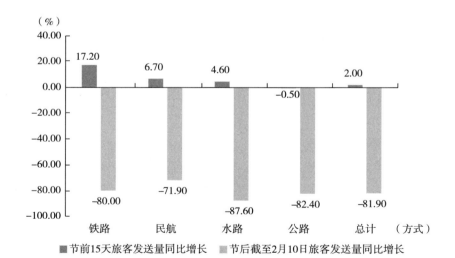

图1-1 2020年春运旅客发送量同比增长趋势

资料来源：国家统计局。

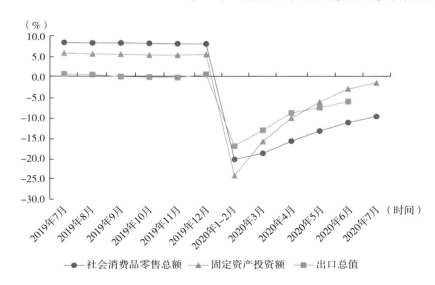

图1-2　"三驾马车"分月累计增长速度

资料来源：国家统计局。

（二）中国应对疫情提振经济的举措

上述分析表明，新冠肺炎疫情对经济的影响显著。为此，党中央、国务院和各省份多措并举，加大宏观政策调节和实施力度，深挖国内巨大需求潜力，以国内大循环引领国内国外双循环发展，同时在生产、分配、交换、消费等各领域各环节强化"六稳""六保"工作。归纳起来，主要是采取了积极的货币和财政政策、扶持性政策等来应对新冠肺炎疫情的消极影响。

1. 货币政策

新冠肺炎疫情在中国主要暴发于2020年2月，央行在2月初便开始给予经济支持。2月3日，央行将逆回购利率调低10BPs，支农、支小再贷款利率下调25BPs，同时开展1.2万亿元公开市场操作，这一轮的政策力度较大且出台迅速，提振了市场信心。除总量性政策外，央行实行结构化政策定向支持受疫情影响较大的企业。增加专项再贷款3000亿元，再贷款再贴现额度5000亿元，政策性银行专项信贷额度3500亿元。3月初，随着疫情进入平稳期，政策以结构性为主，定向降准释放基金5500亿元。3月后，海外疫情蔓延，内、外需疲软，央行再次出台多项总量和结构性政策，并配合财政政策（见表1-1）。

2. 财政政策

2月14日，财政部会同相关部门出台了一系列财政政策，主要支持五类企业：①重要医用物资企业；②生产重要医用物资的重要原辅材料生产企业、重要设备制造企业和相关配套企业；③生产重要生活必需品的骨干企业；④重要医用物资收储企业；⑤为应对疫情提供相关信息、通信服务和服务系统的企业，还有承担相应物资运输、销售任务的企业。同时，还出台了一系列面向个人的补助补贴、税费优惠措施，面向企业的资金支持优惠贷款、税费优惠和政府采购政策，面向机关事业单位的税费优惠、物资保障和政府采购支持。3月31日，国务院常务会议再次提前下达地方政府专项债规模，按照"资金跟着项目走"原则，对重点项目多、风险水平低的地区给予倾斜。

表1-1　中国货币政策的三个阶段

阶段	类型	内容
2月：纾困	总量	逆回购，MLF，1年期LPR利率下调10BPs
		支农支小再贷款利率下调25BPs
		2月3日开展1.2万亿元公开市场操作
	结构	增加专项再贷款3000亿元
		增加再贷款再贴现额度5000亿元
		增加政策性银行专项信贷额度3500亿元
3月：观察	总量	无
	结构	定向降准释放资金5500亿元
3月后：加码	总量	逆回购利率下调20BPs
		超额存款准备金将利率下调37BPs，降至与居民或其存款利率相同
		引导公司信用类债券净融资比上年多增1万亿元
	结构	定向降准释放资金4000亿元
		增加再贷款再贴现额度1万亿元
		促进中小微企业全年营收账款融资8000亿元

资料来源：中国人民银行。

3. 复工复产等支持政策

我国在加快复工复产上更多依靠"滴水精灌"，政策覆盖了地方政府、产业、企业及个人等多个层面。2020年3月以来，党中央和国务院先后出台《关于进一步精简审批优化服务精准稳妥推进企业复工复产的通知》《关于应对新冠肺炎疫情影响强化稳就业举措的实施意见》《关于进一步做好重点场所重点单位重点人群新冠肺炎疫情防控相关工作的通知》《关于印发全国不同风险地区企事业单位复工复产疫情防控措施指南的通知》《关于在有效防控疫情的同时积极有序推进复工复产的指导意见》等支持政策。

以上政策的主要内容包括：一是针对受疫情影响较大的地方政府，加大转移支付力度，缓解地方财政压力；二是通过降税减费、提供专项信贷等方式帮助中小企业渡过难关；三是加强上下游产业对接，疏通产业链各个环节，协同复工复产，并以此为契机加快传统产业改造升级，培育壮大新兴产业；四是打通人员流动限制，确保员工回得来、原料供得上、产品出得去。

4. 扶持中小企业发展政策

为坚决打赢疫情防控阻击战，帮助中小企业渡过难关，各地方政府陆续出台了一系列针对中小企业的扶持政策，涉及金融支持、财税支持、稳定岗位和科技创新等诸多方面，涵盖减租、减税、贷款贴息、缓缴社保、保障生产运营等具体措施。①加大金融支持力度：加大信贷支持，如北京提出2020年科创类企业贷款同比增长不低于15%，有贷款余额的户数同比增长不低于15%；降低融资成本，如深圳等地提出确保2020年小微企业综合融资成本再降0.5个百分点以上；减免担保费用，如江西等地提出对受疫情影响出现困难的中小微企业，可减收或免收融资担保费和再担保费；实施贷款风险补偿，如兰州自创区对融资担保机构因企业担保发生代偿损失的，由风险补偿资金池对单笔贷款担保额的10%给予补贴代偿损失。②给予企业财税政策支持，完善税收减免措施：给予贷款贴息，如山东等地提出对疫情防控重点保障企业给予贷款贴息支持，深圳市划拨10%的市级产业专项资金重点用于受疫情影响严重的中小微企业贷款贴息；安排财政资金支持、奖励金融机构，如贵阳安排1000万元专项资金，通过增加政府性融资担保机构资本金等方式，支持其降低担保费率，弥补坏账损失；减免中小企业税费，如厦门提出可按照租金减免期间所缴纳的房产税和土地使用税给予50%扶持、扶持金额不超过减免租金总额的措施；降低企业生产要素成本，如浙江等多地对面临暂时性生产经营困难、无力足额缴纳水电气费用的中小微企业，经申请和批准后可缓交相关费用。

5. 做好"六稳"工作，落实"六保"任务

党中央和国务院提出要根据当前经济发展形势及突出问题作出符合区域特点的工作安排，积极推动做好"六稳"工作、落实"六保"任务，推动经济高质量发展，维护社会稳定大局，坚持突出重点、抓主线，针对眼下需求不足的新问题，提出要继续抓住"保产业链供应链—保市场主体—保居民就业"这条鲜明主线。主要措施如下：一是要全力保障产业链、供应链稳定，不断提高竞争力；二是要及时化解市场主体困难，千方百计稳住市场主体、蓄积微观经济活力，切实维护好民营经济基本盘；三是要继续把就业优先导向作为所有政策的着眼点，突出重点人群和行业，强化困难群众基本生活保障，牢牢保住居民就业和基本民生。

6. 深化供给侧结构性改革，构建国内国际"双循环"发展格局

在新冠肺炎疫情冲击影响下，国内国际经济形势呈现出前所未有的复杂格局。在这种背景下，亟须深化供给侧结构性改革，充分发挥我国超大规模市场优势和内需潜力，构建国内国际"双循环"相互促进的新发展格局。主要措施如下：一是从需求侧入手，扩大有效投资和促进消费，重点加快"两新一重"（新基建、新型城镇化和重大工程建设）的投资和积极出台一系列针对居民的消费激励方案；二是从供给端发力，深化供给侧结构性改革，通过技术创新和制度创新解决我国经济循环中的技术"卡脖子"问题和体制机制障碍，提高经济供给质量。

二、新冠肺炎疫情和中美贸易摩擦对中国社区商业的总体影响

近几年中美贸易争端持续升级，我国深入推进供给侧结构性改革，坚持稳步扩张内需。同时，新冠疫情引发了全球经济的持续萎缩，给我国经济社会发展带来了极大的不确定性。这就要求我们要深挖国内巨大需求潜力，服务社区消费者，满足日常需求，加快社区商业发展。社区商业也更加贴近用户的日常生活场景，能够充分利用与消费者的近距离，为居民提供更有价值的商品和服务。所以，本部分考察了新冠肺炎疫情和中美贸易摩擦对社区商业的影响，具体如下：

（一）疫情对社区商业的影响

本次疫情加深了消费者对于社区商业的认识，让更多人认识到了社区商业的优势。社区商业具有便利性、高频次、强黏度等特点，迎合了我国城市化水平不断提高的趋势。由于疫情期间居民日常生活范围缩小，消费者对社区商业的依赖度明显增加，这块"家门口的必争之地"又一次迎来了高速发展期。疫情暴发后，社区商业中的便利店、超市等满足了居民的日用需求，很多民生类产品业绩数据表现良好。国家统计局1~2月的数据显示，与居民基本生活密切相关的自助式零售业态受疫情冲击相对较小，仓储会员店、限额以上单位超市、大型超市零售额同比分别增长9.2%、1.9%和1.6%，与社区消费密切相关的便利店、食品店和杂货店零售额同比分别下降10.8%及14.3%，但降幅分别比限额以上单位商品零售额整体少7.9个和11.4个百分点。疫情期间，社区商业

受到了以下影响：

1. 销售渠道及收入来源变化

随着互联网技术在零售业不断地创新迭代，线上购物已成为不可阻挡的趋势。面对互联网企业对线下市场的不断蚕食，零售业将目光聚焦于以居住区为载体的社区商业发展模式，以期应对互联网企业的竞争。

社区商业因其靠近消费终端、有能力通过实体店释放虚拟商业的不真实感、可自由组合"邻近物流"资源等显著优势，将物流渠道、商流渠道及信息流渠道进行捆绑，渗透到电子商务企业的各个环节，加紧与主流新兴商业模式的融合，为电子商业提供线下展示、物流配送与分发支持。如天虹百货推出了"百货到家"服务，消费者可以选择"天虹"小程序或者 APP 专柜发货服务，下单配送到家；苏宁旗下的苏宁广场分别建立了自己的营销社群，通过扫码进群、线上点单、物流配送的方式，让消费者足不出户即可享受广场内的产品和服务……同时，越来越多的商家通过直播电商的方式进行营销。

基于疫情期间的特殊需求和社区商业的自身特征，社区商业企业吸引了大量的顾客，从而实现营业收入的持续上升。如物美生鲜的蔬菜供应量超出日常 3 倍；盒马鲜生出货量达到平时的 5~10 倍；苏鲜生线上蔬菜水果日订单量增长超过 200%，线下门店增长 325%。所以，疫情背景下，社区商业企业通过新增销售线上渠道以及开发直播带货、社区团购等新的销售模式，实现了线上和线下销售的同步发展，在一定程度上快速提高了销售收入，实现销售模式的改革和创新，为企业可持续发展奠定了基础。

2. 竞争格局加速分化

疫情之下，社区行业竞争状况加剧，提前进行业务布局的企业能够趁机扩大企业市场份额，快速积累客户、人才、门店、供应商等资源，社区商业将会成为新的抢夺阵地。一是部分线上平台开始向线下延伸，本身强大的互联网技术成为其将业务链向线下拓展的强大竞争优势。二是资本方的介入形成了更加激烈的竞争格局，例如房地产商、小区物业、供应链平台等都期望获得超额收益，在未来都可能是社区商业企业发展的竞争对手。因此，为了应对疫情的冲击并实现社区商业企业的快速进入，小型连锁商超可通过收购整合，构建战略联盟合作体系等方式，寻求抱团取暖式共生发展。

3. 对备货与库存的影响

疫情时期，消费者对防疫商品的需求大规模增加，使相关商户对该品类商品进行了大规模补货。但随着疫情的好转，消费者对此类商品的需求逐渐趋于平稳，商家的信息与供货的滞后造成了口罩和酒精等关联商品大规模积压，进而增加了运营的库存成本。因此，需要政府和企业积极沟通，合理调控口罩、酒精等特殊商品的管理与使用。

4. 业态及商业模式变化

（1）"大小店"互补趋势。为加大用户覆盖、捕捉社区流量、填补大店布局空白，小业态成为零售布局新趋势。如 2020 年华润万家整体计划开设 350 家店，小业态标超可能会达到 300 家左右，并且主推新品牌"万家 MART"，营业面积压缩近一半；物美计划新开门店中，小型门店占比达一半以上；2019 年永辉超市新开门店 573 家，闭店 44 家，2020 年第一季度新增 7 家门店，闭店 74 家，进一步优化"大小店"互补的格局，以便开展到家服务。可以看出，"大小店"互补的新零售业态正在逐渐替代只关注大店面的单一模式。

（2）"前置仓"零售模式。疫情期间，与"前置仓"有关的商业模式飞速发展，发挥了强大优势，将商品前置到距离消费者更近的场景，实现成本和效率平衡的即时配送，大致包括两种模式。一是"自营前置仓"模式，即在居民区周围建立门店，门店本身不迎客，充当仓配中心的作用，由中央大仓对门店供货。其优点是不需要考虑进店客流量的问题，缺点是前期投入大，如每日优鲜、叮咚买菜等。二是"仓店一体"，即采用线上即时到家与线下体验店相结合的方式，消费者既可以到店购买体验，又可以线上下单，以店为仓，进行即时配送。其优点是购物体验好、产品质量高、满足中高端需求，缺点是重资本、投入过高及难盈利，如盒马鲜生等。以上方式促进了物流配送、门店仓储及线上线下一体化，加快了社区商业的业务升级。

（3）无接触服务模式。由于新冠肺炎病毒的易传染性，无接触服务模式成为消费者与零售企业在疫情期间的共同选择，无接触服务的运营模式处于快速发展阶段。疫情暴发后，美团外卖率先推出"无接触配送"服务模式，将商品放置到公司前台、家门口等消费者指定位置，减少面对面接触，保障用户和快递员在收货环节安全；很多商家在社区设立了"无接触配送"货架，为避免拼单带来交叉感染风险，每次只派送一单；麦当劳、肯德基、饿了么等餐饮企业和平台均提供了"无接触配送"服务；京东物流自主研发了"无人配送车"；中国饭店协会与多家餐饮品牌联合落地首批"无接触餐厅"，零售商家实现扫码点餐、后台制作、手机快速埋单、自助收银机结账、自助取餐等全流程无接触服务方式。

（4）社区团购。社区团购是指在居住区内的居民通过互联网进行拼团下单完成线上付款，由平台采购运输完成线下销售和售后的一种电商形态。社区团购主要依托微信群和平台 APP 等载体，具有本地化、社区化、便捷化、低价格等特点。疫情期间，居民的活动范围被限制在家中，于是社区团购成为社区居民购买生活用品和生鲜蔬菜的新方式。消费者只需要当天或者前一天在微信群或指定的 APP 上确定自己需要购买的商品及数量，就会在指定时间内收到商品。这种方式不仅极大地提高了用户的采购效率，也有效减少了人员流动，防止疫情蔓延。社区团购的采购和运输端有国家政策扶持，用户端有庞大的消费群体，因此在疫情期间得到了快速发展，用户数量和使用频率显著提升。

（二）中美贸易摩擦对我国零售行业和社区商业的影响

在中国经济稳步崛起、中美经济实力差距持续缩小的背景下，特朗普政府执意坚持"美国优先"的价值观，试图通过全方位经济政治战略巩固美国"全球霸主"的地位，这导致中美两国之间的冲突不断加剧，中美贸易摩擦对我国经济高质量发展将产生持续而深远的影响。2017 年和 2018 年，中国对美国的出口分别占中国总出口的 18.99% 和 19.24%，考虑到中美两国之间具有密切的经贸往来，中美贸易摩擦已对我国的外贸出口、制造业发展等经济要素产生重要影响。

我国市场经济体制在不断完善，但很多行业和企业依然存在发展瓶颈，特别是以美国市场为主的外向型企业在贸易冲突中受到较大打击。以 2019 年中国对美国货物出口额 4187 亿美元来算，美国加征关税涉及 2000 亿美元占中国出口美国总额的 47%。大规模关税会提升出口商品成本，一旦丧失价格竞争力就会导致出口量骤减。从我国消费品零售行业来看，美国进口的汽车价格，包括美国品牌以及在美国生产的欧洲品牌均受影响较大。从中国消费品制造行业来看，出口美国的贸易比例还是比较高的，出口主导型企业因成本提升及汇率变动等原因，生存非常不易，中美贸易摩擦更是雪上加霜。很多企业在逆境中求生存，积极发展国内市场，争取成功转型。中美关系不确定性增强，依赖低成本优势出口越来越难，贸易摩擦升级促使企业更快地去寻求减少对出口依赖的转型之路。同时在以国内大循环为主体、国内国际双循环相互促进的新发展格局下，14 亿多人口形成的超大规模内需市场，孕育着巨大的消费潜力和活力。我国应立足国内大循环，加快构建内需体系，大力促进国内消费提质升级，积极培育社区商业等新兴消费模式，形成国内消费的新增长点。

（三）我国社区商业发展现状和前景

在疫情和中美贸易摩擦的双重影响下，我国将满足国内需求作为经济发展的出发点和落脚点，以零售消费为基础的社区商业迎来了发展契机。随着互联网、大数据、人工智能等新技术手段与实体经济融合的加深，国内零售业的生态圈悄然重构，新业态、新模式蓬勃发展。社区商业的发展与周边居民的消费水平和文化习惯息息相关，并随着周边居民的需求增长向更高层次进行升级。美国、日本等发达国家的经济增长规律显示，社区商业是内需经济转型升级的重要因素之一。

我国社区商业发展起步较晚，与发达国家社区商业还存在一定的差距，但随着居民消费水平的稳步提升，社区商业呈现标准化、智能化、多元化和星级化的发展趋势，政府也从制度层面不断推动社区商业的发展。2019 年国务院办公厅发布的《关于加快发展流通促进商业消费的意见》中提到，优化社区便民服务设施。打造"互联网＋社区"公共服务平台，新建和改造一批社区生活服务中心，统筹社区教育、文化、医疗、养老、家政、体育等生活服务设施建设，改进社会服务，打造便民消费圈。2020 年 3 月，国家发展改革委等 23 个部门联合发布的《关于促进消费扩容提质加快形成强大国内市场的实施意见》中指出，结合区域发展布局打造消费中心……支持商业转型升级，推动零售业转变和创新经营模式……促进社区生活服务业发展，大力发展便利店、社区菜店等社区商业，拓宽物业服务，加快社区便民商圈建设。2020 年 4 月，雄安新区发布的《雄安新区社区生活圈规划建设指南（2020 年）》中提出，雄安新区将着重建立居民生活 5 分钟社区生活圈，构建以"基因街坊"为基本空间单元的城市生活空间，建设品质为先、重老重幼、全时导向、动态成长的全龄友好型人文社区，实现宜居、宜业、宜游、宜养、宜学的"五宜"目标要求。2016～2020 年，以交房节点计算，各地社区商业累计入市量远远超过城市购物中心项目体量，社区商业是未来商业市场发展的重中之重。社区商业的运营，除了便捷的交通条件、庞大的人口基数、较高的居民消费力等因素，更多的是需要专业化的运营手段，统一规划、统一招商、统一经营，精准定位，合理配置业态比例，让周边居民感受到切实的社区服务便利性和品质感。

（四）应对疫情冲击发展社区商业的政策举措

新冠肺炎疫情暴发以来，以习近平总书记为核心的党中央始终坚持把人民群众生命安全和身体健康放在第一位，千方百计保障好群众基本生活成为各级政府疫情期间的首要任务。社区商业是最贴近老百姓生活的商业业态，承担着为社区居民提供生活必需品，保障社区居民基本生活的重要职责。因此，在疫情期间各政府部门出台了大量社区商业企业扶持政策，全力帮助企业复工复产，实现有序化经营。

（1）发放消费券刺激社区居民消费。2020 年习近平总书记在多个重要会议上强调，要充分利用超大规模国内消费市场，逐步形成以国内大循环为主体、国内国际双循环相互促进的新发展格局，更好利用国际国内两个市场、两种资源，实现更加强劲可持续的发展。社区商业企业作为社区居民日常生活用品的主要提供者，其生存发展与社区居民消费能力息息相关。疫情期间，居民收入大幅下降，政府发放消费券有助于刺激社区居民消费，提高社区商业企业销售规模。南京、杭州等地在疫情期间均实施了消费券政策，并且取得了良好效果。

（2）房租减免政策。房租是社区商业企业运营成本的主要组成部分，疫情期间企业盈利能力大幅下降，营运资金短缺，房租给社区商业企业带来了巨大压力。在这种情况下，中央政府出台了《关于应对疫情影响加大对个体工商户扶持力度的指导意见》《关于进一步做好服务业小微企业和个体工商户房租减免工作的通知》等一系列政策。这些政策要求各级政府通过稳定房屋租赁市场、加大各类资金支持力度、降低国有部门房屋租金等方式减轻企业房租压力，有效推动社区商业企业健康运营。

（3）融资优惠政策。融资难、融资贵一直是困扰中小企业发展的关键因素。疫情期间，受市场环境不确定性、企业经营能力下降、资本市场风险等因素影响，社区商业企业面临的融资约束进一步放大。为帮扶企业缓解资金困境，中央政府相继发布了《关于进一步强化金融支持防控新型冠状病毒感染肺炎疫情的通知》等政策，有效增加了社区商业企业的融资渠道、融资规模，同时降低了融资成本。

（4）发展"地摊经济"。疫情期间，居民消费持续萎缩，严重破坏了中国经济健康增长态势，同时对微观社区商业企业也造成了不小的冲击。在这样的背景下，政府提倡的"地摊经济"一方面为部分下岗失业或待业人员提供了就业渠道，增加了收入来源，另一方面也刺激了社区居民消费，保证了社区商业企业健康发展。

（5）发展"小店经济"。2020年7月，商务部等七部门联合印发《关于开展小店经济推进行动的通知》，要求完善"小店经济"基础设施、推动集聚发展转型升级、"以大带小"促进共赢发展、倡导小店先进文化理念、夯实小店经济工作基础。这些具体实施措施与社区商业企业密切相关，能够有效推动社区商业企业转型升级，实现有序化、正规化、统一化发展。

（6）税收优惠政策。税收是社区商业企业重要财务支出之一，税费过重会增加企业运营负担。疫情期间，中央政府出台了《关于支持个体工商户复工复业增值税政策的公告》《国家税务总局关于支持个体工商户复工复业等税收征收管理事项的公告》等一系列政策，要求积极落实降低小规模纳税人增值税税率、纳税人延期缴纳税款等措施。这些政策在实践中取得了积极效果，缓解了企业税费压力，帮助企业走出疫情困境。

第二章

疫情对社区商业业态的影响

一、社区商业的发展现状

社区商业是以社区内居民为主要服务对象，满足居民日常生活消费需求为目的，提供生活必需品及促进生活品质提升的一种商业类型。1986 年，我国首次提出在城市开展社区服务。随后多座城市陆续开始社区商业的实践工作。1995 年，民政部颁布的《全国社区服务示范城区标准》和《全国社区服务示范城区评审办法》为社区商业的全国推广提供了范式。随着我国经济的迅速发展，人们的生活水平和收入水平有了大幅提高，居民对社区的基础商业设施也提出了更高的要求。社区商业的业态是与城市社会经济发展水平息息相关的，随着社区商业不断成熟升级，社区商业业态也逐渐多样化，形成了以社区超市和社区便利店为核心，包括购物中心、规范的社区菜市场、便民维修、快递等在内的为居民区服务的多种商业形态。本部分借助中国消费大数据研究院数据，选取 2017～2019 年社区超市、社区便利店、大卖场、食杂店和医药保健这五种业态的销售额和毛利率，分析疫情期间社区商业主要业态经营业绩的发展趋势。总体来看，社区商业发展增速放缓，各业态经营业绩出现一定程度分化。

全国社区商业主要业态在 2017～2019 年的销售额增长率如图 2 - 1 所示，除医药保健外，社区超市、社区便利店、大卖场和食杂店的销售额在三年内均保持增长态势。其中，社区超市的销售额增长率呈现小幅下降的趋势；大卖场和食杂店的销售额增长率受季节影响，2017～2019 年内前半年销售额增长率均高于后半年，呈现不断波动趋势，整体来看销售额增长率均有所下降；社区便利店销售额增长率除 2018 年下半年有短暂回升外，整体呈现下降的趋势，相较于 2017 年增长率下降了 56% 左右；2019 年初，保健龙头企业权健集团被查导致整个保健市场股价大幅跌落，销售额增长率也随之下跌 30% 左右，之后经过调整在 2019 年下半年销售额实现增长。

全国社区商业主要业态在 2017～2019 年的毛利率增长率如图 2 - 2 所示，可以看出，除医药保健外，社区便利店、社区超市、大卖场和食杂店在这三年内的毛利率增长率变动趋势趋于一致。医药保健毛利率增长率在 2017 年保持着 8% 的增长，2018 年毛利率增长率基本保持不变，但较上年减少了 9% 左右，2019 年上半年受权健查处影响，保健市场整体低迷，毛利率很快下跌。社区超市、社区便利店、大卖场和食杂店在 2017 年涨幅最大，之后年度上半年的毛利率增长态势要优于下半年。

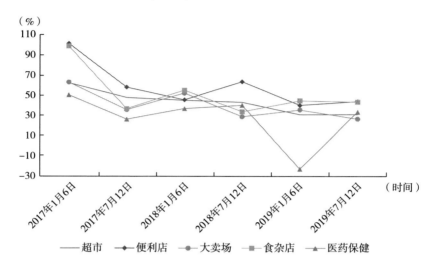

图 2 - 1　全国社区商业主要业态销售额增长率（2017 年 1 月 6 日 ~ 2019 年 7 月 12 日）

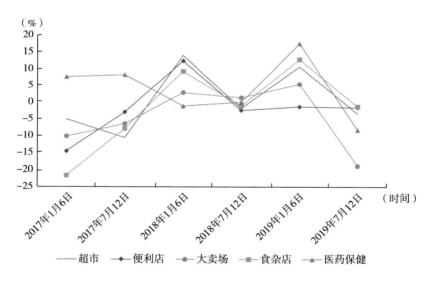

图 2 - 2　全国社区商业主要业态毛利率增长率（2017 年 1 月 6 日 ~ 2019 年 7 月 12 日）

　　从五种业态销售额增长率和毛利率增长率的变化趋势可以推断，假设 2020 年没有疫情对全国经济和市场环境带来的冲击或者是其他因素影响，社区超市、社区便利店、大卖场和食杂店的销售额大概率会继续以基本不变或稍微下降的比率继续增长，而医药保健类企业的销售额很大可能会出现负增长或低速增长的情况；社区超市、食杂店和社区便利店的毛利率在未来几年可能会实现小幅增长，大卖场毛利率可能会小幅下降或者上涨，医药保健也会逐渐回暖。

二、疫情对社区商业业态的影响

2020 年伊始，疫情的发生使全国进入紧急防控状态。随着公共防控措施的增强，消费者生活半径被迫缩小，为满足居民基本生活需求，社区商业发挥了其显著作用。全国人民积极配合国家针对疫情的防控措施，社区居民的日常消费转向社区超市、社区便利店或电商平台等。社区居民的消费需求和消费行为的变化，为社区商业进一步发展提供了机遇。此次疫情对武汉影响最为显著，随后扩散至全国。本部分借助中国消费大数据研究院数据，基于 2019 年 1 月至 2020 年 7 月社区超市、社区便利店、大卖场、食杂店和医药保健五种业态的销售额增长率和毛利率增长率，分别分析疫情对全国和湖北省社区商业业态的影响。另外，为更好地反映疫情对社区商业的影响，本章选取了 2018 年 1 月至 2019 年 7 月全国社区商业五种业态的数据进行对比分析。整体来看，疫情期间，社区商业各业态经营业绩在短暂冲击后迅速调整，呈现良好的增长态势，且随着疫情逐渐得到控制，其增长态势放缓。而且与全国相比，湖北省社区商业各业态的经营业绩受疫情冲击影响较为严重，销售额和毛利率增长率的下降幅度更明显。

全国社区商业主要业态在 2019 年 7 月至 2020 年 7 月、2018 年 7 月至 2019 年 7 月的销售额环比增长率分别如图 2 - 3 和图 2 - 4 所示。从图 2 - 3 中可以看出，2019 年 7 月至 2020 年 7 月，各业态的销售额环比增长率变动趋势趋于一致。2019 年下半年，销售额环比增长率保持平稳态势。2020 年 1 月，除医药保健销售额环比增长率有所下降外，其余业态销售额环比增长率均在不同程度上大幅提升。2020 年 2 月各业态销售额增长率均大幅下降，其中，食杂店的销售额环比增长率下降幅度最大，较上月下降了 68%，社区超市的下降幅度最小，较上月下降了 24%。与 2019 年 2 月相比，各业态的销售额增长率下降幅度均有所增加，表明受疫情影响，各业态的销售额出现短暂下跌。2020 年 3 月各业态的销售额增长率均有所回升，其中食杂店销售额环比增长率增加幅度最大，较上月增加了 58% 左右，大卖场销售额增长率增加幅度最小，且保持负增长态势。与 2019 年 3 月相比，各业态在 2020 年 3 月的销售额增长率上涨幅度均有所增加，表明疫情对社区商业的冲击是短暂的，这主要是因为社区商业承担着满足居民需求的责任，所以迅速调整后实现了反弹增长。随着疫情逐渐得到控制，消费者有了更多消费选择，销售额增长率开始回落，并逐渐趋于稳定。与 2019 年 4 月之后各业态销售额环比增长率整体增长的趋势不同，2020 年 4 月之后各业态的销售额环比增长率整体呈现递减的趋势，表明虽然社区商业受疫情影响迎来了重大发展机遇，但随着疫情逐渐得到控制，社区商业接下来的发展仍面临巨大挑战。

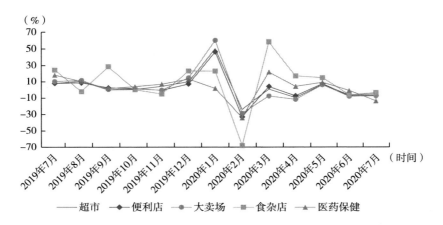

图 2－3　全国社区商业主要业态销售额环比增长率（2019 年 7 月～2020 年 7 月）

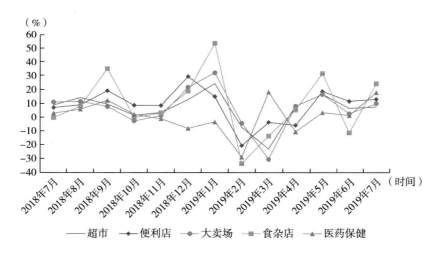

图 2－4　全国社区主要业态销售额环比增长率（2018 年 7 月～2019 年 7 月）

全国社区商业主要业态在 2020 年 1～7 月、2019 年 1～7 月的销售额同比增长率分别如图 2－5 和图 2－6 所示，从图 2－5 中可以看出，2020 年 1～7 月，社区超市、社区便利店、大卖场和食杂店的销售额同比增长率变动趋势趋于一致，且社区超市的销售额同比增长率整体高于其他业态。2020 年 2 月各业态的销售额同比增长率有所下降，但除食杂店外，其余业态在 2020 年 2 月的销售额与 2019 年 2 月相比均实现了正向增长。与 2019 年 2 月相比，社区超市、大卖场和医药保健在 2020 年 2 月的销售额同比增长率略有增长，社区便利店和食杂店的销售额同比增长率均有所下降，表明在应对疫情时，社区超市和大卖场在商品供应和人员管理等方面优于社区便利店和食杂店。2020 年 3 月销售额同比增长率均有所

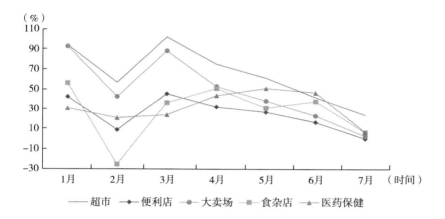

图 2 - 5　全国社区商业主要业态销售额同比增长率（2020 年 1 ~ 7 月）

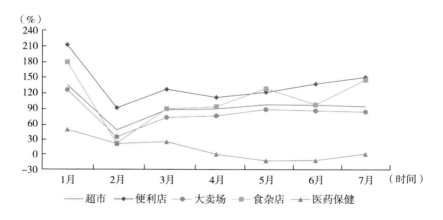

图 2 - 6　全国社区主要业态销售额同比增长率（2019 年 1 ~ 7 月）

上升，其中社区超市的同比增长率最高，数值达到 103%，且销售额均较上年度实现了增长。与 2019 年 3 月相比，社区超市、食杂店和大卖场在 2020 年 3 月的销售额同比增长率均有所提升，医药保健在 2020 年 3 月的销售额同比增长率几

乎与上年的同比增长率一致，社区便利店在 2020 年 3 月的销售额同比增长率比
2019 年 3 月有所下降。随着疫情逐渐得到控制，消费者有了更多的消费选择，
食杂店的销售额同比增长率除 2020 年 4 月和 2020 年 6 月有短暂上升外，整体
呈现下降的趋势，社区超市、社区便利店和大卖场在 2020 年 3~7 月的销售额
同比增长率均逐月递减，但销售额绝对值较上年度均保持正向增长。与 2019
年 4 月之后社区各业态的销售额同比增长变动趋势相比，2020 年 4 月之后社区
各业态的销售额同比下降趋势更明显，表明随着疫情逐渐得到控制，各业态增
长态势放缓。

全国社区商业主要业态在 2019 年 7 月至 2020 年 7 月、2019 年 7 月至 2020
年 7 月的毛利率环比增长率分别如图 2-7 和图 2-8 所示。从图 2-7 中可以看
出，2019 年下半年大卖场和食杂店变化幅度比较大，2019 年 8 月社区超市、社
区便利店和医药保健的毛利率增长率在 10% 的幅度内变动。2020 年 2 月在疫情
影响下，食杂店、社区超市、社区便利店和大卖场的毛利率均在不同程度上实现
了增长，但医药保健的毛利率有所下滑。与 2019 年 2 月相比，除社区超市和医
药保健外，其余业态的毛利率均实现了不同程度的增长。2020 年 3 月除医药保健
的毛利率增长率实现上涨以外，其余业态的毛利率增长率均有所下滑。与 2019
年 3 月相比，各业态在 2020 年 3 月毛利率增长率均呈现同比下降。与 2019 年 4
月之后各业态毛利率先降后升的趋势不同，2020 年 4 月之后，随着疫情逐渐得到
控制，各业态的毛利率增长率整体呈现上升的趋势。

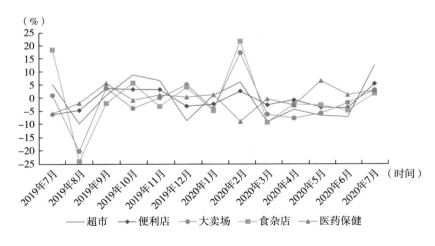

图 2-7 全国社区商业主要业态毛利率环比增长率（2019 年 7 月~2020 年 7 月）

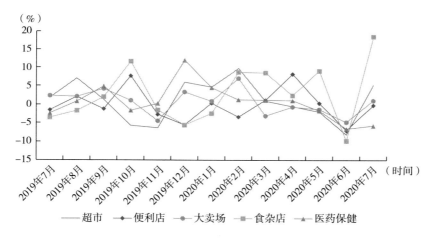

图2-8　全国社区主要业态毛利率环比增长率（2019年7月~2020年7月）

　　全国社区商业主要业态在2020年1~7月、2019年1~7月的毛利率同比增长率分别如图2-9和图2-10所示。整体来看，2020年1~7月，社区超市和食杂店的毛利率同比增长率最高，大卖场最低。2020年2月受疫情影响，各业态毛利率同比增长率有短暂回升，食杂店在2020年2月的毛利率同比增长幅度最高为21%，大卖场2020年2月毛利率同比增长率最低为-13%，随后这两个业态毛利率同比增长率逐月减少。社区超市在2020年1~7月的毛利率同比增长率整体呈现逐月递减的趋势，2020年6月和7月有短暂回升，但整体来看，2020年

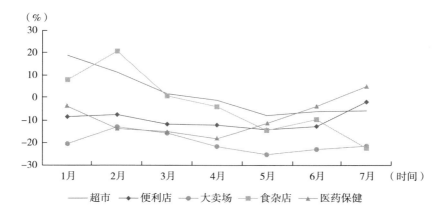

图2-9　全国社区商业主要业态毛利率同比增长率（2020年1~7月）

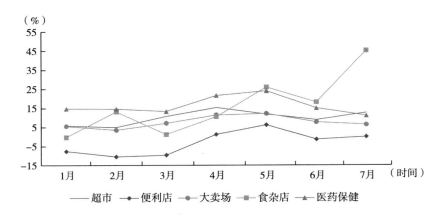

图 2－10　全国社区主要业态毛利率同比增长率（2019 年 1～7 月）

1～7 月超市的毛利率较上年同期相比均实现了增长。2020 年 1～7 月医药保健的毛利率同比增长率整体呈现先降后升的趋势，2020 年 4 月同比增长率最低为－18%，2020 年 5 月之后逐月递增，2020 年 7 月最高为 5%。与 2019 年前半年相比，2020 年受疫情影响，各业态的毛利率同比增长率整体偏小。

进一步关注疫情下湖北社区商业发展情况。湖北省社区商业主要业态在 2019 年 7 月至 2020 年 7 月的销售额环比增长率如图 2－11 所示。可以看出，2019 年下半年，除医药保健销售额增长率变动幅度较大外，其余业态保持平稳态势，与全国社区商业业态的变动趋势一致。2020 年 1 月，除医药保健和食杂店销售额增长率有小幅下降外，社区超市、社区便利店和大卖场的销售额环比增长率均实现了增长。2020 年 2 月受疫情影响，各业态销售额增长率大幅下降，与全国情况一致，其中食杂店下降幅度最大，数值为 93%。2020 年 3 月各业态的销售额环比增长率均有所回升，与全国情况一致，食杂店销售额增长率最高，数值为262%，其次是社区便利店，较上月增加 167%。随着疫情逐渐得到控制，各业态的销售额增长率开始回落，并逐渐趋于稳定。

湖北省社区商业各业态在 2020 年 1～7 月的销售额同比增长率如图 2－12 所示。可以看出，2020 年 1～7 月，社区便利店和食杂店受疫情影响较大，医药保健、社区超市和大卖场销售额同比增长率虽有所波动，但较上年度均实现了正向增长。2020 年 2 月受疫情影响，社区各业态销售额增长率同比上年度均有所下降，但除社区便利店和食杂店外，社区超市、大卖场和医药保健的销售额较上年均实现了正向增长。2020 年 3 月各业态的销售额同比增长率均有所回升，其中社区超市和大卖场的同比增长率最高。随后，社区超市和大卖场的销售额同比增长率逐月递减，社区便利店的销售额同比增长率逐月上升，食杂店在 2020 年 4 月同比增长率达到最高，随后逐月递减。

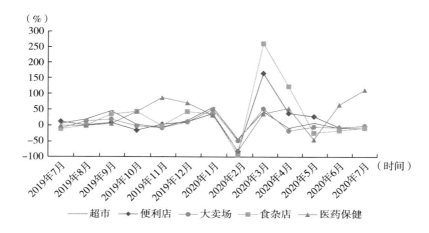

图 2 - 11　湖北省社区商业主要业态销售额环比增长率（2019 年 7 月～2020 年 7 月）

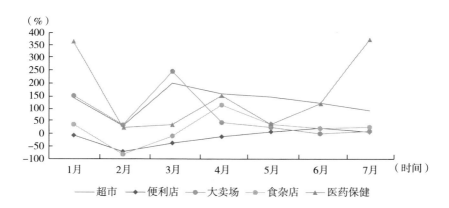

图 2 - 12　湖北省社区商业主要业态销售额同比增长率（2020 年 1～7 月）

与全国社区商业主要业态的销售额变动趋势相比，2020 年 2 月湖北省销售额环比增长率和同比增长率的下降幅度更大。2020 年 3 月湖北省社区商业各业态迅速调整，并较上月实现了大幅增长，其环比增长幅度普遍高于全国，同比增长率普遍低于全国，随后增速均有所回落并逐渐趋于稳定。

湖北省社区商业主要业态在 2019 年 7 月至 2020 年 7 月的毛利率环比增长率如图 2 - 13 所示。可以看出，2019 年下半年，社区超市、大卖场和食杂店的毛利率环比增长率在 10% 内浮动，社区便利店除 2019 年 10 月毛利率环比增长率下降幅度较大外，2019 年下半年其余月变动幅度也在 10% 以内，医药保健除 2019 年

8月毛利率有所下降外，2019年下半年其余月份均保持增长态势。2020年2月受疫情影响，食杂店、社区超市、社区便利店和大卖场的毛利率均在不同程度上实现了增长，但在国家管控下，医药保健的毛利率在2020年1月开始下降，2020年2月仍没有上升的趋势。2020年3月，除医药保健的毛利率有所上升外，其余业态的毛利率均开始下降。随着疫情逐渐得到控制，各个业态毛利率整体呈现波动式上升的趋势。

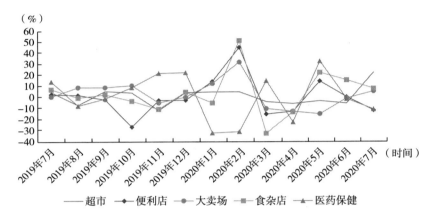

图2-13　湖北省社区商业主要业态毛利率环比增长率（2019年7月~2020年7月）

湖北省社区商业主要业态在2020年1~7月的毛利率同比增长率如图2-14所示。可以看出，与其他业态相比，食杂店在此期间的波动幅度较大。2020年2月受疫情影响，食杂店、社区便利店、社区超市和大卖场的毛利率均较上年实现了增长，医药保健在2020年2月的毛利率同比上年2月有所减少。具体来看，2020年1~7月，社区超市毛利率同比增长率变动幅度不大，上下涨幅均在15%左右，2020年4月同比减少幅度最大，数值为15%，2020年7月开始回升，但增长率仅为4%。社区便利店和食杂店同比增长率变动趋势趋于一致，2020年2月同比增长率最高，随后同比增长率逐月递减，2020年6月短暂回升。大卖场的毛利率同比增长率在2020年1~4月缓慢上升，2020年4月毛利率同比增加了26%，2020年5月短暂下降，2020年6月和7月又逐渐增加，且除2020年1月同比增长率为负以外，其余月份均实现了同比增长。医药保健的毛利率增长率在2020年1月至4月逐月减少，2020年4月同比减少26%，2020年5月短暂回升至接近上年同期水平，2020年6月和7月又继续走低。

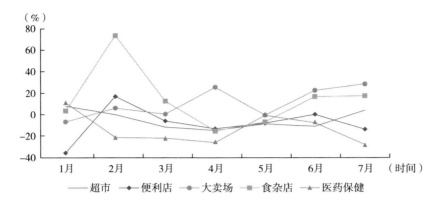

图 2 - 14　湖北省社区商业主要业态毛利率同比增长率（2020 年 1～7 月）

与全国社区商业主要业态毛利率的变动趋势相比，2020 年 2 月湖北省社区商业主要业态毛利率环比增长率和同比增长率增加幅度均高于全国水平。但 2020 年 3 月湖北省社区商业主要业态毛利率均有所下滑，并且与全国相比，其下降幅度更大。

<h2 align="center">三、疫情对社区便利店的影响</h2>

本部分主要分析疫情对社区便利店的影响，在分析过程中还区分了连锁社区便利店和非连锁社区便利店。本部分数据来源于中国消费大数据研究院，包括除台湾、香港和澳门外的全国 31 个省级行政区（22 个省、4 个直辖市、5 个少数民族自治区）2019 年 1 月至 2020 年 7 月的所有社区便利店的每月经营数据。本部分进一步将所获初始数据按照中国地理区域的划分标准划分为华东地区（包括山东、江苏、安徽、浙江、福建、上海）、华南地区（包括广东、广西、海南）、华中地区（包括湖北、湖南、河南、江西）、华北地区（包括北京、天津、河北、山西、内蒙古）、西北地区（包括宁夏、新疆、青海、陕西、甘肃）、西南地区（包括四川、云南、贵州、西藏、重庆）以及东北地区（包括辽宁、吉林、黑龙江），并对全国及各地区社区便利店的门店数量、毛利率和平均销售额的变动趋势进行了分析。整体来看，疫情期间（2020 年 1～7 月），社区便利店的活跃门店数量增速受短暂冲击后迅速回升，但随后增速放缓；毛利率增长率和平均销售额增长率受疫情冲击后恢复缓慢；分地区社区便利店的经营业绩变动趋势大体一致，但在增长率上各有不同。

（一）门店数量变化

1. 全国社区便利店门店数量变化

全国社区便利店在2019年6月至2020年7月门店数量变化趋势和增长率分别如图2-15和图2-16所示。从图2-15中可以看出，2019年6～12月，全国活跃的社区便利店门店数量一直保持较为平稳的增长态势。受疫情影响，全国活跃的社区便利店门店数量在2020年1月和2月显著减少，2020年2月下降幅度最大，较上月下降了14.41%。但随着社区便利店开始调整并适应疫情环境，门

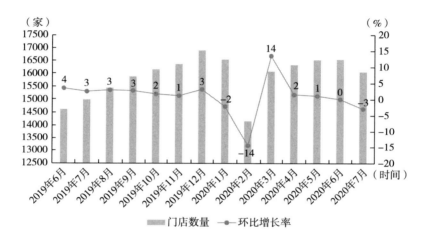

图2-15 全国社区便利店门店数量及同比增长率（2019年6月~2020年7月）

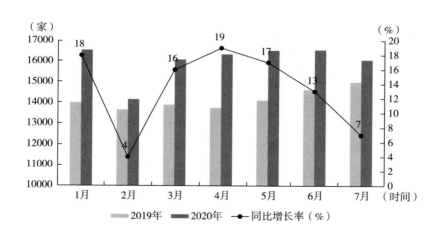

图2-16 全国社区便利店门店数量及同比增长率

店数量在 2020 年 3 月开始回升，相较于 2020 年 2 月增长了 13.58%。此后直到 2020 年 6 月一直保持增长态势。但由于疫情逐渐得到控制，消费者可选择的消费方式逐渐增加，增长率逐月减少，甚至在 2020 年 7 月出现了负增长。根据图 2 - 16 的分析结果，与 2019 年 1 ~ 7 月的数据相比，2020 年 1 ~ 7 月活跃的社区便利店门店数量较上年同期均实现了同比增长。其中 2020 年 2 月由于受到疫情影响，同比上年度增长率最低，仅有 4%，2020 年 4 月同比增长率达到最高值 19%，此后门店数量同比增长率虽然一直减少，但一直保持增长态势。

　　2. 分地区社区便利店门店数量变化

　　分区域社区便利店在 2019 年 6 月至 2020 年 7 月、2020 年 1 ~ 7 月门店数量变化趋势分别如图 2 - 17 和图 2 - 18 所示。如图 2 - 17（a）和图 2 - 17（b）所示，七个地区除西北地区 2019 年 6 月和 7 月社区便利店的门店数量环比增长率

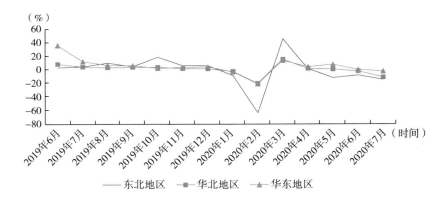

图 2 - 17（a）　分区域社区便利店门店数量环比增长率（2019 年 6 月 ~ 2020 年 7 月）

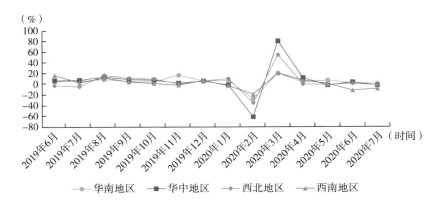

图 2 - 17（b）　分区域社区便利店门店数量环比增长率（2019 年 6 月 ~ 2020 年 7 月）

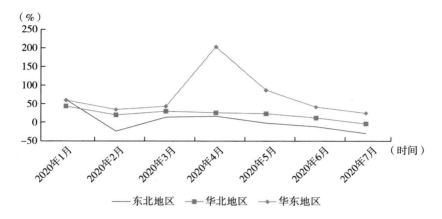

图 2 - 18 （a）　分区域社区便利店门店数量同比增长率（2020 年 1 ~ 7 月）

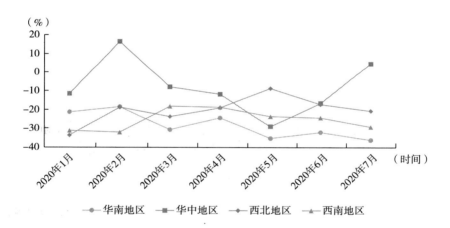

图 2 - 18 （b）　分区域社区便利店门店数量同比增长率（2020 年 1 ~ 7 月）

为负以外，其他地区社区便利店门店数量环比增长率与上述全国门店数量变动趋势一致，在 2019 年 6 ~ 12 月虽然有所波动，但一直保持正向增长态势。2020 年 1 月和 2 月，受疫情影响这七个地区的门店数量环比增长率均显著下降，其中东北地区门店数量增长率最低，数值为 - 62.79%。但随着社区便利店开始调整并适应新环境，社区便利店门店数量均在 2020 年 3 月开始回升，其中华中地区环比增长率最高为 81.18%。随着疫情逐渐得到控制，各区域社区便利店门店数量增长率开始逐月递减，2020 年 7 月除华南地区增长率为正以外，其余六个地区的社区便利店门店数量增长率均出现了负增长。图 2 - 18 （a）和图 2 - 18 （b）社区便利店门店数量在 2020 年 1 ~ 7 月的同比增长率的分析结果显示，受疫情影响，2020 年 1 月和 2 月七个地区的社区便利店门店数量均出现了波动。其中华北地区和华东地区社区便利店门店数量同比增长率虽有所下滑，但同比上年度均保持了正向增长。其余地区受疫情影响较大，华南地区、西北地区和西南地区 2020年上半年门店数量同比上年度均有所衰减；东北地区门店数量虽在 2020 年 3 月和 4 月同比上年度有所增加，但随着疫情反复，增长率随之下降；华中地区受疫情影响较早，2020 年 1 月门店数量相较于 2019 年已经有所减少，2020 年 2 月门店数量实现了正向同比增长，此后同比增长率一直下降，2020 年 6 月和 7 月开始缓慢上升。

（二）毛利率变化

1. 全国社区便利店毛利率变化

全国社区便利店在 2019 年 6 月至 2020 年 7 月毛利率及环比增长率、2020 年1~7 月毛利率及同比增长率变动趋势分别如图 2－19 和图 2－20 所示。根据图2－19 的分析结果可以看出，2019 年 6~12 月全国社区便利店毛利率环比增长率先降后升，在 2019 年 11 月达到最高值 30.60%，2019 年 12 月毛利率较上月下降了 3%。2020 年 1 月社区便利店毛利率仍然呈下降趋势，2020 年 2 月社区便利店的持续经营使其毛利率较上月增长了 3%，但随后社区便利店毛利率持续下降，直到 2020 年 7 月毛利率才有所增加，较上月增加了 5%。根据图2－20 中全国社区便利店在 2020 年 1~7 月毛利率同比增长率的结果，受疫情影响，全国社区便利店毛利率同比上年度均有所下降，2020 年 1 月和 2 月同比上年度分别减少了8% 和 7%，2020 年 3 月至 6 月同比增长率均在 -13% 左右，2020 年 7 月同比上年度减少幅度最小，相较于上年度毛利率减少了 2%。

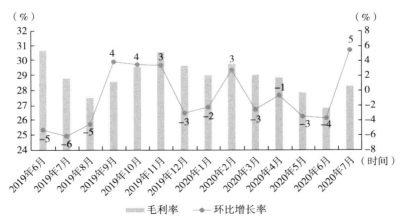

图 2－19 全国社区便利店毛利率及环比增长率（2019 年 6 月~2020 年 7 月）

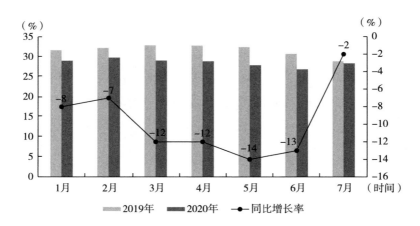

图2-20　全国社区便利店毛利率及同比增长率

2. 分地区社区便利店毛利率变化

分地区社区便利店在2019年6月至2020年7月、2020年1~7月毛利率变动趋势分别如图2-21和图2-22所示。可以看出，由于地区发展水平及门店经营水平等因素的影响，疫情前后不同地区社区便利店毛利率变动趋势均存在差异，疫情对各地区社区便利店的影响程度也不尽相同。分地区社区便利店在2019年6月至2020年7月毛利率环比增长率如图2-21（a）和图2-21（b）所示，可以看出，2020年1月和2月，受疫情影响，东北地区、华北地区、西北地区和西南地区社区便利店毛利率环比增长率均实现了增长，华东地区社区便利店毛利率2020年1月相较于上月有所增加，但2020年2月下降了18%，华中地区和华南地区社区便利店毛利率2020年1月相较于上月有所下降，但2020年2月均实现了增长，其中华南地区2020年2月相较于上月增长了8%，华中地区2020年2月增长了35%。随着疫情逐渐得到控制，东北地区社区便利店毛利率在2020年3月和4月逐月下降，2020年5月较上月增加了3%，随后毛利率又逐月下降；华北地区、华东地区和华中地区社区便利店毛利率除2020年4月和7月较上月实现了增长，2020年其他月份均为负向增长；华南地区和西北地区社区便利店只有2020年4月毛利率增长率为正，2020年其他月份增长率均为负向增长；西南地区社区便利店毛利率在2020年3月和6月实现了小幅增长，但在2020年4月、5月和7月均出现小幅下滑。

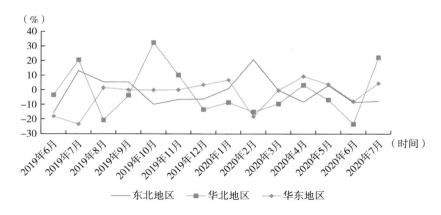

图 2 – 21（a）　分地区社区便利店毛利率环比增长率（2019 年 6 月 ~ 2020 年 7 月）

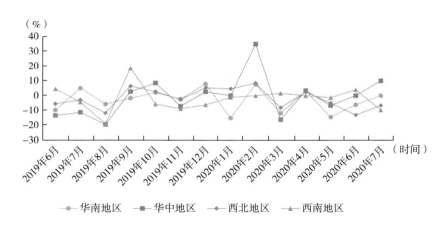

图 2 – 21（b）　分地区社区便利店毛利率环比增长率（2019 年 6 月 ~ 2020 年 7 月）

分地区社区便利店在 2020 年 1 ~ 7 月毛利率同比增长率如图 2 – 22（a）和图 2 – 22（b）所示。从图中可以看出，华南地区、西北地区和西南地区社区便利店相较于其他地区受疫情影响较为严重，社区便利店同比增长率在 2020 年 1 ~ 7 月均为负，同比上年度社区便利店毛利率均没有实现增长。东北地区社区便利店毛利率在 2020 年 2 月、3 月和 6 月较上年度实现了正向增长；华北地区和华东地区除 2020 年 1 月同比增长率为正以外，其余月份均为负向增长；华中地区社区便利店毛利率只有 2020 年 2 月和 7 月实现了同比增长，其中 2020 年 2 月同比增长率为 16%，7 月同比增长率为 5%。

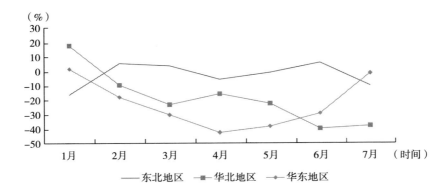

图 2-22（a） 分地区社区便利店毛利率同比增长率（2020 年 1～7 月）

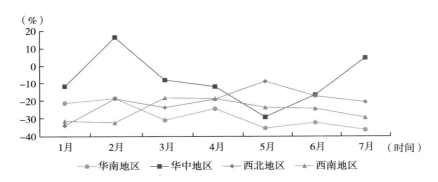

图 2-22（b） 分地区社区便利店毛利率同比增长率（2020 年 1～7 月）

（三）平均销售额变化

1. 全国社区便利店平均销售额变化

全国社区便利店在 2019 年 6 月至 2020 年 7 月、2020 年 1～7 月平均销售额变动趋势分别如图 2-23 和图 2-24 所示。从图 2-23 中可知，2019 年 6～12 月，全国社区便利店平均销售额上下变动幅度在 5% 左右。2020 年 1 月社区便利店平均销售额增加了 49.41%，受疫情影响，2020 年 2 月平均销售额较上月减少了 22%，2020 年 3 月和 4 月平均销售额仍然逐月递减，5 月有所回升，相较于上月增加了 6%，2020 年 6 月和 7 月平均销售额逐月递减。但根据图 2-24 的分析结果，除 2020 年 7 月外，全国社区便利店平均销售额同比增长率均为正，相较于上年度均实现了正增长，其中 2020 年 3 月同比增长率最大，平均销售额同比上年度增加了 26%。

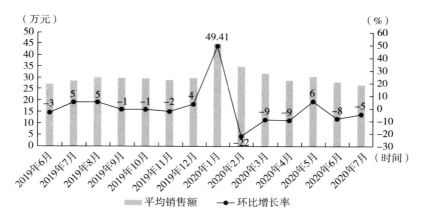

图 2－23　全国社区便利店平均销售额及环比增长率（2019 年 6 月～2020 年 7 月）

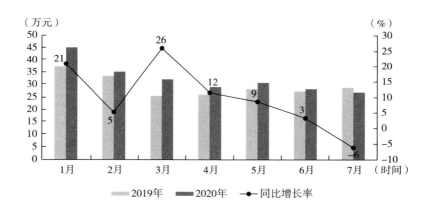

图 2－24　全国社区便利店平均销售额及同比增长率

2. 分地区社区便利店平均销售额变化

分地区社区便利店在 2019 年 6 月至 2020 年 7 月、2020 年 1～7 月平均销售额变动趋势分别如图 2－25 和图 2－26 所示。图 2－25（a）和图 2－25（b）呈现了分地区社区便利店在 2019 年 6 月至 2020 年 7 月环比增长率变动趋势，可以看出，不同地区与全国社区便利店平均销售额环比增长率变动趋势大致相同。2019 年 6～12 月，各个地区社区便利店平均销售额上下变动幅度约 15%。2020 年 1 月，各个地区社区便利店平均销售额均实现了正向增长，其中西北地区环比增长率最高，相较于上月增加了 139%，华南地区环比增长率最低，相较于上月增加了 37%。受疫情影响，各个地区 2020 年 2 月平均销售额较上月有所下降，其中东北地区下降幅度最大，平均销售额相较于上月减少了

93%，华北地区下降幅度最小，平均销售额相较于上月减少了44%。各地区社区便利店平均销售额在2020年3月有所回升，2020年4~7月呈先降后升再降的趋势。

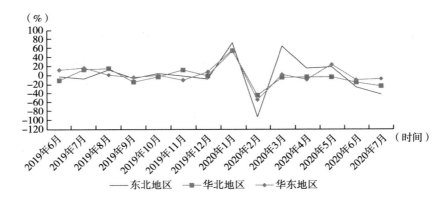

图2-25（a）　分地区社区便利店平均销售额环比增长率（2019年6月~2020年7月）

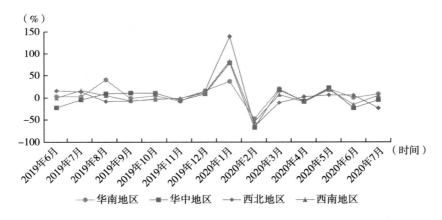

图2-25（b）　分地区社区便利店平均销售额环比增长率（2019年6月~2020年7月）

图2-26（a）和图2-26（b）为分地区社区便利店在2020年1~7月平均销售额同比增长率变动趋势分析，可以看出，除华南地区外的其余六个地区社区便利店与全国社区便利店平均销售额同比增长率变动趋势大致相同。华南地区社区便利店同比增长率均在40%以上，且2020年3月同比增长率最高为70%，随后的月平均销售额同比增长率虽有所波动，但同比上年度均实现了正增长。其余六个地区的平均销售额同比增长率均在2020年2月显著下滑，其中东北地区社

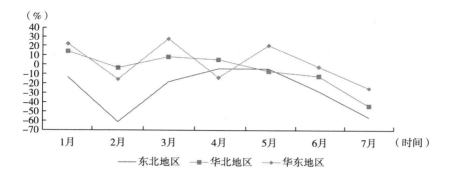

图 2-26（a）　分地区社区便利店平均销售额同比增长率（2020 年 1~7 月）

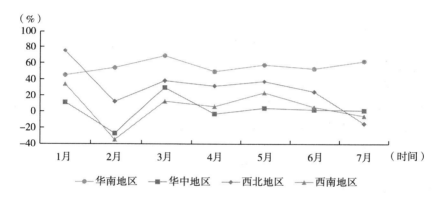

图 2-26（b）　分地区社区便利店平均销售额同比增长率（2020 年 1~7 月）

区便利店平均销售额同比上年度减少幅度最大，数值为 61%。2020 年 3 月同比增长率较上月均有显著提升，其中西北地区社区便利店平均销售额同比上年度增加了 39%，东北地区社区便利店在 2020 年 3 月平均销售额同比增长率虽比上月有所增加，但同比上年度平均销售额下降了 18%。2020 年 4~7 月，东北地区和华北地区社区便利店平均销售额同比增长率均为负，同比上年度平均销售额均有所减少；华东地区除 2020 年 5 月较上年度实现了同比增长以外，2020 年其余月平均销售额同比上年度均有所减少；华中地区除 2020 年 4 月较上年度平均销售额减少 3% 以外，2020 年其余月平均销售额同比上年度均实现了正增长；西北地区和西南地区在 2020 年 4~6 月社区便利店平均销售额均实现了同比增长，2020 年 7 月同比增长率下滑。

（四）社区传统便利店和连锁便利店对比

本部分对疫情期间传统便利店和连锁便利店的门店数量、毛利率和平均销售额的变动趋势进行对比，分析疫情对社区连锁便利店和非连锁便利店经营状况的影响。整体来看，在疫情冲击下，社区传统便利店和连锁便利店的经营情况呈现两极分化。其中连锁社区便利店活跃门店数量增长率整体高于非连锁社区便利店，连锁社区便利店的毛利率增长率和平均销售额增长率受疫情影响更为严重，但其反弹增长态势显著。

1. 门店数量变化

图 2-27 和图 2-28 为全国社区连锁与非连锁便利店门店数量的变动趋势分析。由图 2-27 可知，连锁便利店与非连锁便利店在 2019 年 6 月至 2020 年 7 月门店数量环比增长率变动趋势趋于一致。2019 年 6～12 月，不论是连锁社区便利店还是非连锁社区便利店，门店数量均保持较为平稳的增长态势，且连锁社区便利店门店数量的增长率显著高于非连锁社区便利店。2020 年 1 月和 2 月，连锁与非连锁社区便利店门店数量增长率均出现下滑。连锁社区便利店门店数量在 2020 年 1 月仍保持正向增长，2 月较上月下降了 17%，非连锁社区便利店门店数量在 2020 年 1 月和 2 月持续下降，2 月较上月下降了 14%。3 月，连锁与非连锁社区便利店门店数量较上月均实现了显著增长，其中连锁社区便利店门店数量环比增长率较大，较上月增加了 15%。2020 年 4～7 月，不论是连锁社区便利店还是非连锁社区便利店，门店数量环比增长率均逐月下降。

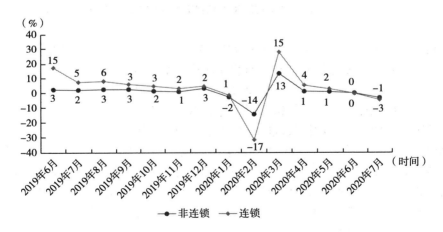

图 2-27 全国社区连锁与非连锁便利店门店数量环比增长率
（2019 年 6 月～2020 年 7 月）

由图 2 - 28 可知，连锁社区便利店在 2020 年 1 ~ 7 月门店数量同比增长率增长幅度显著高于非连锁社区便利店。受疫情影响，2020 年 2 月所有门店数量同比增长率均有所下滑，3 月和 4 月同比增长率均逐月上升，4 月连锁便利店门店数量同比增长率达到最高，较上年度增加了 71%，5 ~ 7 月同比增长率逐月下降。

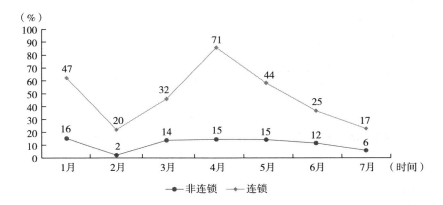

图 2 - 28　全国社区连锁与非连锁便利店门店数量同比增长率
（2020 年 1 ~ 7 月）

2. 毛利率变化

图 2 - 29 和图 2 - 30 分别为全国社区连锁与非连锁便利店毛利率变动趋势。由图 2 - 29 可知，2019 年 6 ~ 12 月，非连锁社区便利店毛利率增长率呈逐月递增趋势，2019 年 9 月、10 月和 11 月增长率较为平稳，维持在 4% 左右，12 月毛利率相较于上月减少了 3%，连锁社区便利店毛利率只在 2019 年 10 月和 12 月实现了增长，2019 年其他月的毛利率增长率均为负。2020 年 1 月和 2 月，连锁与非连锁社区便利店毛利率呈现出完全不同的趋势，连锁社区便利店毛利率逐月减少，2 月相较于上月减少了 6%，非连锁社区便利店毛利率逐月增加，2020 年 2 月相较于上月增加了 3%。2020 年 3 ~ 7 月，连锁社区便利店毛利率实现了逆势增长，非连锁社区便利店的毛利率环比增长率均为负，毛利率呈每月递减的趋势。

由图 2 - 30 可知，连锁社区便利店与非连锁社区便利店在 2020 年 1 ~ 7 月毛利率同比增长率均为负。非连锁社区便利店毛利率同比增长率在 2020 年 1 月至 3 月持续下降，4 月略有回升，5 月持续下降和 6 月略有回升，直至 7 月毛利率与上年度基本持平。连锁社区便利店毛利率同比增长率呈现先降后升的趋势，4 月同比增长率最低，相较于上年度减少了 17%，随后毛利率虽同比上年度仍在减少，但增长率在逐月递增。

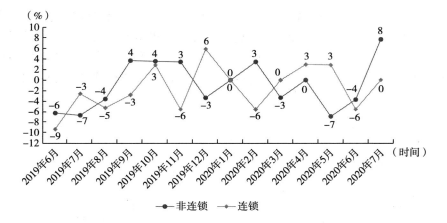

图 2 - 29 全国社区连锁便利店和非连锁便利店毛利率环比增长率
（2019 年 6 月 ~ 2020 年 7 月）

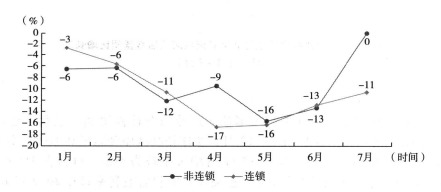

图 2 - 30 全国社区连锁便利店和非连锁便利店毛利率同比增长率
（2020 年 1 ~ 7 月）

3. 平均销售额变化

图 2 - 31 和图 2 - 32 分别为全国社区连锁与非连锁便利店平均销售额变动趋势。由图 2 - 31 可知，连锁社区便利店与非连锁社区便利店在 2019 年 6 月至 2020 年 7 月平均销售额增长率变化趋势趋于一致。2019 年 6 ~ 12 月，连锁社区便利店与非连锁社区便利店平均销售额均在 5% 左右的幅度上下浮动。2020 年 1 月，连锁与非连锁社区便利店平均销售额较上月均实现了正增长，其中非连锁社区便利店平均销售额相较于上月增加了 51%，连锁社区便利店平均销售额较上月增加了 16%。2020 年 2 月连锁与非连锁社区便利店平均销售额均有所下滑，其中连锁社区便利店平均销售额较上月下降了 35%，非连锁社区便利店平均销

售额较上月下降了22%。2020年3~7月，连锁社区便利店实现了逆势增长，其中2020年3月平均销售额相较上月增加了12%，5月相较于上月增加了10%，非连锁社区便利店除2020年5月平均销售额相较于上月增加了6%外，其余月份增长率均为负。

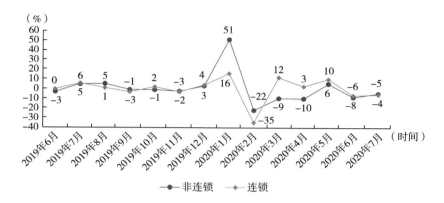

图2-31 全国社区连锁便利店和非连锁便利店平均销售额环比增长率
（2019年6月~2020年7月）

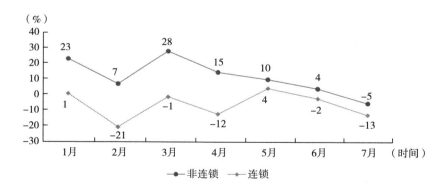

图2-32 全国社区连锁便利店和非连锁便利店平均销售额同比增长率
（2020年1~7月）

由图2-32可知，连锁与非连锁社区便利店在2020年1~7月平均销售额同比增长率变动趋势趋于一致，且与连锁社区便利店相比，非连锁社区便利店同比增长率增长幅度更大。除2020年7月外，非连锁社区便利店平均销售额同比上年度均实现了正增长。连锁社区便利店仅在2020年1月、3月和5月平均销售额同比上年度实现了正增长，其中5月同比增长率最高，比上年度增加了4%。受疫情影响，2020 年 2 月连锁便利店与非连锁便利店平均销售额同比增长率均较上月出现下滑，2020 年 3 月显著增加，随后非连锁便利店平均销售额同比增长率逐月下降，连锁社区便利店平均销售额同比增长率呈先降后升再降的趋势。

四、疫情对社区超市的影响

本部分主要分析疫情对全国及各地区社区超市的影响，依据门店在疫情期间的具体经营情况，对社区超市受到的影响进行了分析，并以具体连锁社区超市为例，分析了其生鲜产品的经营情况。本部分数据来源于中国消费大数据研究院，包括除中国香港、中国澳门和中国台湾外的 31 个省级行政区（22 个省、4 个直辖市、5 个少数民族自治区）2019 年 1 月至 2020 年 7 月的所有社区便利店的每月经营数据。本部分将所获相关数据按照中国地理区域的划分标准划分为华东地区（包括山东、江苏、安徽、浙江、福建、上海），华南地区（包括广东、广西、海南），华中地区（包括湖北、湖南、河南、江西），华北地区（包括北京、天津、河北、山西、内蒙古），西北地区（包括宁夏、新疆、青海、陕西、甘肃），西南地区（包括四川、云南、贵州、西藏、重庆）以及东北地区（包括辽宁、吉林、黑龙江），并对全国及各地区社区超市的门店数量、毛利率和平均销售额的变动趋势进行了分析。整体来看，疫情期间（2020 年 1～7 月），社区超市的活跃门店数量受短暂冲击后缓慢回升，同比上年度门店数量均实现了正向增长；毛利率增长率和平均销售额增长率受疫情冲击后恢复缓慢，且毛利率同比上年度没有实现增长，平均销售额同比上年度均实现了增长；分地区社区超市的经营业绩变动趋势大体一致，但在增长率上各有不同。

（一）门店数量变化

1. 全国社区超市门店数量变化

全国社区超市在 2019 年 7 月至 2020 年 7 月、2020 年 1～7 月门店数量的变化情况分别如图 2－33 和图 2－34 所示。由图 2－33 可知，全国社区超市在 2019 年 7 月至 2020 年 7 月门店的数量虽然有所波动，但总体呈现出增加的趋势，2019 年 7 月至 2020 年 7 月全国社区超市门店总数每月均保持在 3500 家以上。疫情初期（2020 年 1 月）比 2019 年 12 月门店增加了 3%，2020 年 2 月较上月门店数量下降了 1%，但 2020 年 3 月便呈现出大幅增长，环比增长率达到 4%。2020年 6 月和 7 月环比增长率虽然为零和负数，但是结合图 2－34 可以看出，这两个

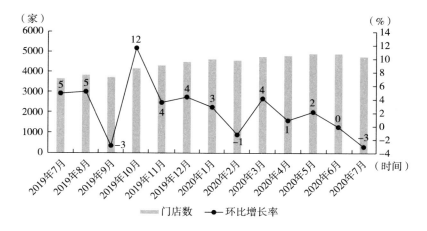

图 2-33　全国社区超市门店数量及环比增长率（2019 年 7 月~2020 年 7 月）

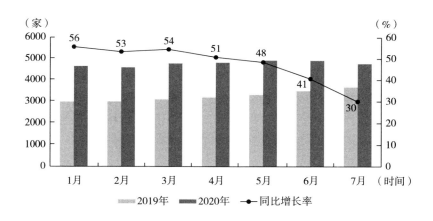

图 2-34　全国社区超市门店数量及同比增长率

月较 2019 年 6 月和 7 月门店数量增幅分别为 41% 和 30%，说明虽然疫情对整个社会经济造成了负面的影响，但是社区超市在 2020 年的发展态势是优于上年的。社区超市在 2020 年 1~7 月门店数量在 4000 家以上，同比增长率维持在 30% 以上，在疫情严重的期间（2020 年 1~4 月）增势最为明显，较上年同期门店（3000 家左右）新增量均超过 50%。

　　2. 分地区社区超市门店数量变化

　　全国各地区的社区超市在 2019 年 7 月至 2020 年 7 月门店环比增长如图 2-35（a）和图 2-35（b）所示。受疫情影响，2020 年 1~2 月各地区超市数量整体呈现下降趋势，2020 年 3~5 月环比增长率基本都为正，可以看出各地区的企业很好地适应了消费者需求的变化并采取了及时应对措施。2020 年 6 ~ 7 月的变化最为明显，2020 年 7 月的环比增长率均为负，可以看出伴随着企业工厂的复工复产，社区超市门店扩增的热潮在逐渐冷却。东北地区、华北地区、华南地区和西南地区从 2019 年 12 月到 2020 年 7 月的变化趋势大致相同。华中地区除了2020 年 2 月、5 月和 7 月环比增长率为负，其余月份门店都处于增长状态。华东地区在 2019 年 11 月至 2020 年 7 月门店数量没有较为明显的增减，环比增长率在 − 0.5% ~ 5% 区间变动，这可能是因为华东地区本身经济发展水平高，局部区域更是一线城市，门店数量已经具备一定优势，因此变化并不是很显著。西北地区 2020 年 2 月门店数量大幅下降，3 月增势明显，4 月门店数量大幅下降之后没

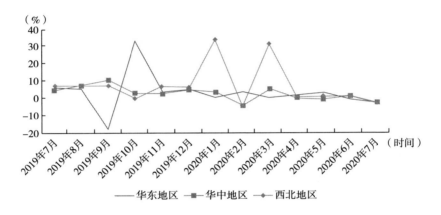

图 2 − 35（a）　分地区社区超市门店数量环比增长率（2019 年 7 月 ~ 2020 年 7 月）

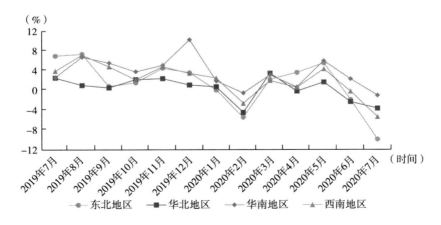

图 2 − 35（b）　分地区社区超市门店数量环比增长率（2019 年 7 月 ~ 2020 年 7 月）

有较大变化，可以看出西北地区抵御风险的能力较低，地区经济实力并不是很雄厚。

由图 2－36（a）和图 2－36（b）可知，所有地区在 2020 年 1～7 月的社区超市门店总数较上年同期增长率都为正，西北地区的同比增长率在 80% 以上，最高达到 140% 的水平，其余地区社区超市门店同比增长率都在 80% 以下。2020 年 1～7 月，华北地区社区超市门店数量的同比增长率水平最低，这可能是由于华北地区的门店数量基数大的缘故。随着疫情逐渐得到控制，除了西北地区外，其余地区 2020 年每月超市数量虽然都处于增长状态，但是同比增长率在逐月缩减。

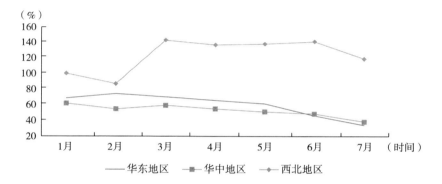

图 2－36（a）　分地区社区超市门店数量同比增长率（2020 年 1～7 月）

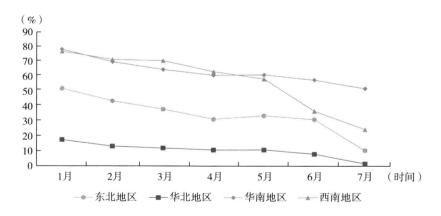

图 2－36（b）　分地区社区超市门店数量同比增长率（2020 年 1～7 月）

（二）毛利率变化

1. 全国社区超市毛利率变化

本部分运用毛利率呈现全国和各地区的社区超市获利情况。如图 2 - 37 所示，2019 年 7 月至 2020 年 7 月，全国社区超市毛利率都在 20% 以上，2019 年 12 月至 2020 年 2 月全国社区超市毛利率逐月增长，2020 年 2 月毛利率最高，达到近 30%，这很有可能是因为消费者需求增长使零售企业对供应商的议价能力增强从而成本降低的缘故。从上面门店数量变化可以看出，2020 年 2 月全国超市门店数量增长率比 1 月有所减少，但毛利率却增加了，说明虽然有些企业遭受了一定的损失，但存活下来的企业大都实现了可观的盈利状态。2020 年 2~6 月毛利率逐月回落，7 月全国各行业企业基本都恢复正常运营，超市逐渐恢复生命力，毛利率开始回升，相较上月毛利率增加了 13%。如图 2 - 38 所示，2020 年 1~3 月毛利率的同比增长率为正，1 月最高为 19.00%，3 月最低为 1.76%。说明 2020 年第一季度在需求拉动下相较于上年同季度超市的经营状况有所提升，可能是疫情期间居民被隔离在家，生活范围缩小的同时娱乐消费场景也随之减少，从而将注意力焦点转移到如何提升生活多样化上，进而导致居民对生活必需品的需求激增。2020 年 4~7 月毛利率均不及上年同期高，4 月毛利率基本与上年持平，5 月毛利率下降最为明显，同比增长率为 -7.73%，但绝对量相差不到 2%。2020 年 6 月和 7 月的毛利率水平也不及上年同期，但同比增长率高于 5 月。总体来看，从 5 月开始，每个月的盈利状况虽不及上年同期，但同比负增长率在缩减，从一定程度上反映出疫情后期，超市的运营虽然困难但在逐渐好转。

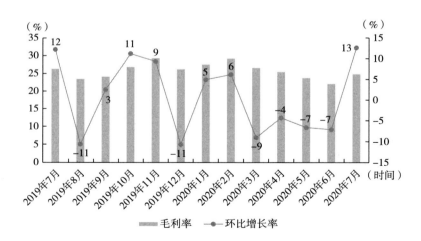

图 2 - 37　全国社区超市毛利率及环比增长率（2019 年 7 月~2020 年 7 月）

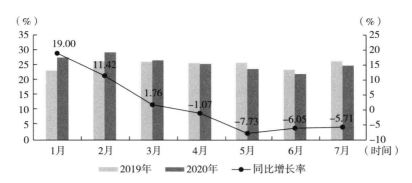

图 2-38 全国社区超市毛利率及同比增长率

2. 分地区社区超市毛利率变化

各地区社区超市在 2019 年 7 月至 2020 年 7 月毛利率环比增长的变化情况如图 2-39（a）和图 2-39（b）所示，华北地区社区超市在 2019 年 7 月至 2020 年 7 月毛利率各月之间的差别表现较为突出，增减不定，其余地区社区超市的毛利率环比增长率较为集中，可能是因为华北地区所包含的省份或城市之间经济发展水平相差较大，因此面对疫情不同地区受到的影响不尽相同。华东地区 2019 年 8~12 月毛利率以低速增长，盈利情况较为稳定；2020 年 1 月的环比增长率为 13%，2 月为 9%，这两个月的毛利率出现短期上升，之后一直到 6 月环比增长率都为负数，也就是说毛利率在逐月下降，但每月下降幅度没有超过 10%；2020 年 7 月毛利率增加了 11%，呈现出了增加的趋势，但实际毛利率并没有上年同期高，毛利率的下跌可能是销货成本增加造成的。西北地区 2020 年 1 月的环比增长率为 5%，2~5 月社区超市毛利率呈现下降趋势，6 月开始上升，7 月也有小幅增长，但整个 2020 年 2~7 月，涨跌幅不超过 5%。西南地区 2019 年 9~12 月的毛利率在 4% 以内增减变动，毛利率基本稳定在 23% 的水平；2020 年 1 月和 2 月毛利率在增长，但 3~5 月的毛利率分别以 4%、13% 和 2% 的比率下跌，6 月和 7 月毛利率以大约 4% 的幅度回升，这可能是因为随着隔离期的延长，大多数企业也瞄准了社区商业的发展苗头，因此行业竞争者越来越多，而社区范围有限，因此各商家不得不采取各种促销方式，而这会在一定程度上使毛利率降低。华南地区、东北地区和华中地区的社区超市在 2019 年 7 月至 2020 年 7 月毛利率环比增长率波动较为集中，与上月相比的升降变动幅度都在 20% 左右。

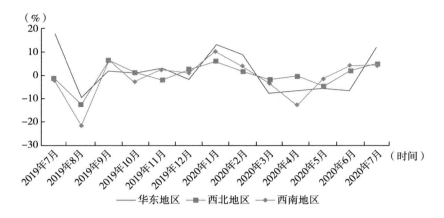

图 2 – 39（a） 分地区社区超市毛利率环比增长率（2019 年 7 月 ~ 2020 年 7 月）

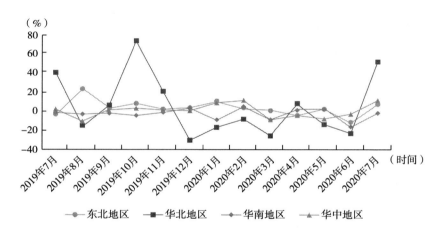

图 2 – 39（b） 分地区社区超市毛利率环比增长率（2019 年 7 月 ~ 2020 年 7 月）

各地区社区超市在 2020 年 1 ~ 7 月毛利率同比增长情况如图 2 – 40（a）和图 2 – 40（b）所示，从中可以看出，华北地区 2020 年 1 月较上年同月相比毛利率增幅最大，超过 120%，这是因为华北地区自身的经济基础较为雄厚，大部分企业借助自有的供应体系和品牌效应在疫情期间表现较为突出，因此带动地区的社区超市毛利同比增加。综合来看，东北地区在 2020 年 1 ~ 7 月的同比增长率是最高的，在 40% ~ 60% 区间波动，增长趋势比较稳定，这应该是因为疫情在东北地区的发展态势较为严峻，市场一直存在着较大的消费需求。华东地区社区超市整体的毛利率水平在 25% 左右，2020 年 1 ~ 3 月毛利率比上年同月要高，从 4 月开始一直到 7 月，每月毛利率都比上年要低，降低的比率在 0.1% ~ 6%，变动并不是很大。华南地区 2020 年的毛利率同比增长率为负，盈利情况不及上年。华中地区整体社区超市毛利率水平在 −5% ~5% 区间上下浮动。西北地区 2020 年 1 ~7 月的毛利率比上年同期都要低，2020 年 6 月和 7 月毛利率与上年相差较小，这可能是上年同月毛利率下降的原因。西南地区与西北地区毛利率的情况类似，2020 年 1 ~7 月的毛利率都低于上年同月的毛利率，但 2020 年 5 ~7 月同比增长率有转负为正的趋势，说明社区超市经营状况有所好转。

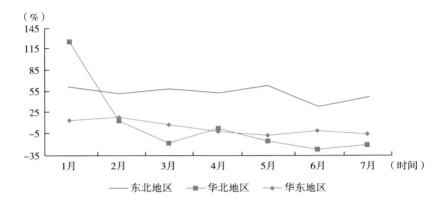

图 2 −40（a）　分地区社区超市毛利率同比增长率（2020 年 1 ~7 月）

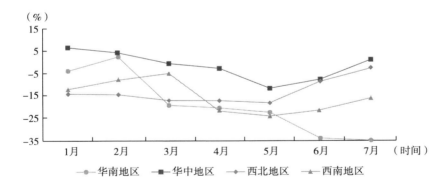

图 2 −40（b）　分地区社区超市毛利率同比增长率（2020 年 1 ~7 月）

（三）平均销售额变化

1. 全国社区超市平均销售额变化

为了更加直观地反映出全国及各地区社区超市在疫情前后的盈利情况，本部分选择平均销售额这一指标来进行描述性统计分析。由于各地区的社区超市门店数量相差较大，在比较地区之间超市的销售情况时，为了避免因门店数量优势产生的高销售额，本部分选择采用每月全国每家社区超市平均销售额和各地区每家社区超市的平均销售额进行比较分析。

如图 2 - 41 所示，每月全国社区超市的平均销售额在 2019 年 7 ~ 12 月基本维持在 40 万元左右。2020 年 1 月的环比增长率高达 43%，销售额接近 65 万元，2020 年 2 月销售额下降 23%，这可能是由于 2020 年 2 月初各地刚刚实行疫情防控举措，销售渠道暂时性受阻所致。2020 年 3 月和 4 月分别下降 4% 和 11%，5 月销售额增加 4% 达到 44 万元左右，6 月和 7 月又连续经历了 7% 和 3% 的下降。总的来说，2020 年 4 ~ 7 月销售情况起伏波动变化较小且趋于平稳。

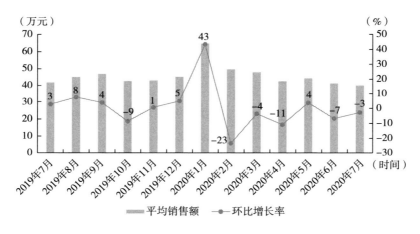

图 2 - 41　全国社区超市平均销售额及环比增长率（2019 年 7 月 ~ 2020 年 7 月）

全国社区超市 2020 年 1 ~ 7 月平均销售额同比上年变化如图 2 - 42 所示，2019 年 1 ~ 7 月全国社区超市月销售额在 30 万 ~ 50 万元，2019 年 1 月销售额最高，将近 52 万元，3 月最低约为 36 万元。2020 年 1 ~ 7 月全国社区超市销售额为 40 万 ~ 65 万元，2020 年 1 月最高为 65 万元，7 月最低为 40 万元。2020 年 1 月销售额最高，一方面与春节消费需求扩大有关，另一方面疫情发生在 2020 年 1 月底 2 月初，人们起初受舆论影响急于储备食物，导致销售额激增。2020 年 1 ~ 6 月的销售额比 2019 年同期都要高，2020 年 3 月同比增长率最大，为 31%，2020 年 1 月较上年增长了 25%，4 月也增长了 17%，其余月销售额的同比增长率都在 10% 以下。2020 年 7 月每家社区超市平均销售额的同比增长率为 - 4%。整体来看，为了防止疫情蔓延全国进行隔离防疫使社区超市的销售情况有所攀升，但由于疫情期间居民收入水平降低，供给端相关企业没有完全复工导致部分商品售价增长等原因，全国社区超市销售额并没有保持长期高速增长，甚至出现了逐渐下滑的趋势。

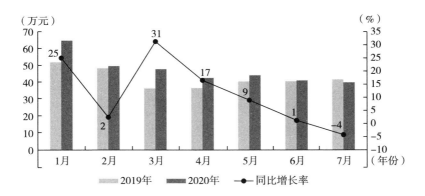

图 2 - 42 全国社区超市平均销售额及同比增长率

2. 分地区社区超市平均销售额变化

如图 2 - 43（a）和图 2 - 43（b）所示，各个地区社区超市在 2019 年 7 月至 2020 年 7 月销售总额在每个月都会有一定程度的波动，变化最显著的时间是 2020 年 1 月，华中地区和西北地区与上月相比增幅最大，分别达到了 70% 和 80% 多的环比增长。西北地区 2020 年 1 月比 2019 年 12 月销售额增长了 81%，2020 年 2 月销售额比 1 月下降了 27%；3 月和 4 月又分别下降了 28% 和 4%；5 月小幅增长后，6 月和 7 月销售业绩又出现小幅下滑，综合来看，西北地区疫情期间销售情况并不乐观。东北地区 2020 年 1 月销售额比 2019 年 12 月增加了 42%，2020 年 2 ~ 6 月销售额逐渐减少，6 月基本与上年持平。华中地区 2020 年 1 ~ 7 月的销售额大体呈现下降趋势，且最高销售额和最低销售额之间差距较大。华东地区 2020 年 1 ~ 7 月的销售额变动要比 2019 年下半年平稳许多，2020 年 1 月在 2019 年 12 月销售额的基础上又增长了 29%，但 2020 年 2 月比上月下降了 23%，2020 年 3 月与 2 月销售额相差不大，5 ~ 7 月的销售额波动范围不超过 ± 7%。华北地区从 2019 年 7 月至 2020 年 7 月，基本每个月的销售额都呈现交互增减趋势。华南地区 2019 年下半年基本呈小幅下降趋势，但变化程度不大，每个月相较上月的增减基本在 10% 以内，2020 年 1 ~ 7 月销售额大致呈上升趋势。西南地区 2019 年 8 ~ 11 月销售额逐月缩减，下降幅度在 6% 左右，2019 年 12 月比 11 月增长了 11%，2020 年 1 月比上年 12 月销售额增长了 48%，2020 年 2 ~ 6 月销售额逐月下降。

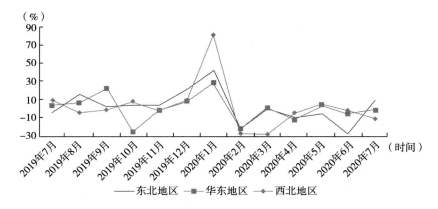

图 2 - 43（a） 分地区社区超市平均销售额环比增长率（2019 年 7 月 ~ 2020 年 7 月）

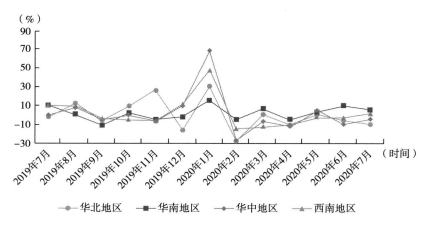

图 2 - 43（b） 分地区社区超市平均销售额环比增长率（2019 年 7 月 ~ 2020 年 7 月）

　　各地区社区超市在 2020 年 1 ~ 7 月的平均销售额同比增长率如图 2 - 44（a）和图 2 - 44（b）所示。2020 年 1 月平均销售额同比增长率最高的是东北地区，达到 70% 以上，其次是西北地区，增长了 50%，华中地区增长了 30%，华北和西南地区增长了约 20%，华东地区在 10% 左右，华南地区大致为 8%。2020 年 1 月至 2020 年 2 月，除了华南地区的同比增长率有所增加外，其余地区均呈现不同程度的下降，且西南地区和华东地区的同比增长率为负。2020 年 3 月全部地区的平均销售额同比增长率都呈增长趋势，2020 年 4 ~ 7 月总体呈降低趋势。

（四）具体实例

　　本书选取了某连锁社区超市 2019 年 1 月至 2020 年 7 月生鲜部分有关数据，

从门店数量、毛利率和销售总额三个方面进行分析。整体来看，疫情期间（2020年1~7月），某连锁社区超市的门店数量呈缓慢增加的趋势，且同比上年度均实现了正增长；毛利率增长率和销售额增长率受短暂冲击后有所回升，但增速缓慢。

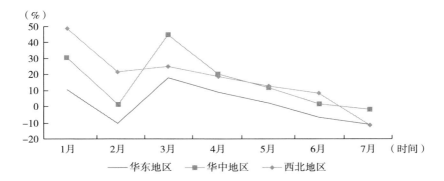

图 2－44（a）　分地区社区超市平均销售额同比增长率（2020 年 1~7 月）

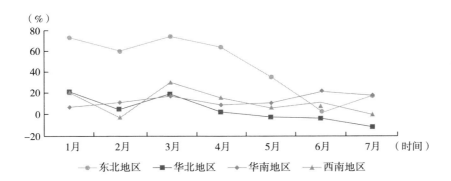

图 2－44（b）　分地区社区超市平均销售额同比增长率（2020 年 1~7 月）

1. 门店数量变化

图 2－45 反映的是某连锁社区超市在 2019 年 7 月至 2020 年 7 月门店数量的环比变动情况，2019 年 7~12 月门店处于缓慢增加状态，每月较上月新增门店数量最多不超过 2%，2019 年 12 月底共有 495 家门店。2020 年 1 月门店数量较 2019 年 12 月减少 0.4%，2020 年 2 月门店数量比 1 月减少 4%。3~6 月门店逐月增加，到 6 月门店总数为 506 家，7 月门店数量保持不变。从图 2－46 中可以看出，2020 年 1~7 月门店数量要高于 2019 年同期，但增加门店的数量与上年同月相比不超过 7%。2020 年 1 月的同比增长率为 6%，门店数量为

493 家，2020 年 6 月的同比增长率最高为 6.75%，门店比上年同月增设了 32 家。该连锁社区超市门店基数大，拥有强大的供应链体系和充足的员工，为了应对疫情，同时维持企业运营，在疫情期间仍然继续开设门店以占领市场。

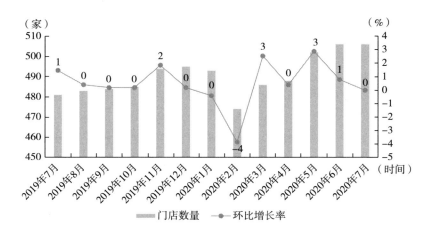

图 2－45　某连锁社区超市门店数量及环比增长率（2019 年 7 月~2020 年 7 月）

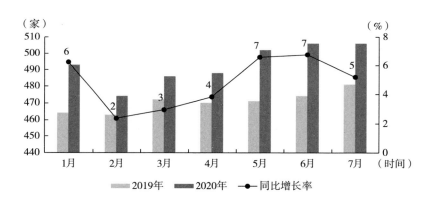

图 2－46　某连锁社区超市门店数量及同比增长率

2. 毛利率变化

该连锁社区超市在 2019 年 7 月至 2020 年 7 月毛利率环比变动情况如图 2－47 所示，2019 年 10~12 月社区超市毛利率的增减幅度超过了上月的 30%。2020 年 1 月比 2019 年 12 月毛利率增加了 17%，2020 年 2 月受疫情冲击毛利率大幅下降 38.66%，这也符合全国超市盈利状况的总体趋势。2020 年 3 月和 4 月毛利率继续下跌，但幅度明显减小，5 月和 6 月毛利率小幅增长，7 月毛利率降低 10%，数值达到 18%。

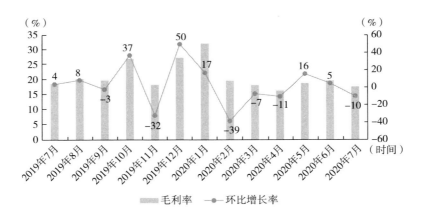

图 2 - 47　某连锁社区超市毛利率及环比增长率（2019 年 7 月 ~ 2020 年 7 月）

　　该连锁社区超市在 2020 年 1 ~ 7 月毛利率同比增长率如图 2 - 48 所示，该连锁社区超市的毛利率在 2020 年 1 月的毛利率水平最高，达到了 32%，比上年 1 月增长了 52%，5 月和 6 月的毛利率比上年同月分别高出 6% 和 9%。2020 年其余月的毛利率均不及上年同月的毛利率水平，2020 年 2 月的同比增长率为负，比上年下降了 18%。从该连锁社区超市的获利情况可以看出，社区超市在 2020 年 2 月受到的冲击最大，这可能是因为疫情在这个月较为严重，人们即使是通过线上下单购物，也会有所顾忌从而减少下单频率。后期该社区超市获利总体呈增长趋势，体现出该社区超市强大的运营能力和商业模式成功。

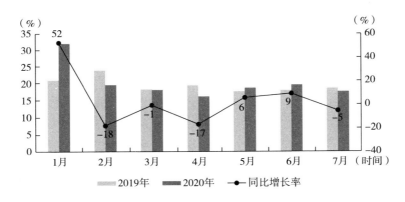

图 2 - 48　某连锁社区超市毛利率及同比增长率

3. 销售额变化

该连锁社区超市在2019年7月至2020年7月销售额及其环比增长态势如图2-49所示，2019年8~10月销售额连续下降，10月最低为15万元。11月和12月两个月的销售额增长到70万元。2020年1~3月的销售额连续增长，2020年1月比上年12月增长了49%，2月和3月增势减缓，环比增长率分别为8%和0.9%，3月销售额高达116.3万元。4月销售额比3月下降了30%，5~7月的销售额每个月都比上月降低约20%，7月销售额最低。

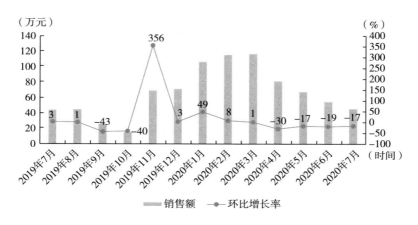

图2-49 某连锁社区超市销售额及环比增长率（2019年7月~2020年7月）

该连锁社区超市在2020年1~7月销售额同比增长情况如图2-50所示，该连锁社区超市2019年1~7月的销售额在40万元上下波动。2020年的销售总额与上年销售额之间的差距在2020年1~3月最为显著，呈逐月加大趋势，从2020年3月开始同比增长率逐月降低，2020年7月的同比增长率为3%，与上年相差不到1万元。2020年1月较上年1月销售额增长了一倍多，增长率为144%，销售额为106.5万元，而2019年1月的销售额仅为43.6万元。2020年2月增长幅度最大，销售额高达115.3万元，同比增长率为213%。2020年3月的同比增长率也超过了100%，比上年3月增长了164%。2020年4~7月的销售额比上年同期要高，但不及2020年1~3月的实际销售额，到2020年7月销售额为45.5万元。在如此严峻的形势下，该连锁社区超市创造将近120万元的销售业绩并能使销售额不低于上年同期，可见该社区超市具有良好的运营管理水平，环境适应能力较强。

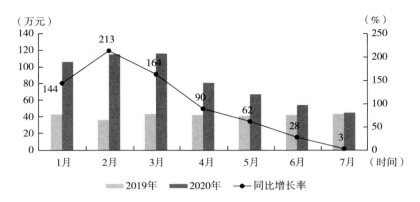

图 2-50 某连锁社区超市销售总额及同比增长率

五、社区商业发展存在的问题及政策建议

2020 年突如其来的疫情使全国进入紧急防控状态，公共防控措施的增强使消费者的生活半径被迫缩小。社区商业在满足民生上发挥了重要作用，社区居民的消费需求和行为的变化，也为社区商业的进一步发展提供了机遇，但同时也暴露出社区商业发展还存在诸多短板。

社区商业在疫情期间承担起满足民需的责任，经营业绩实现短暂提升，但随着疫情逐渐得到控制，社区商业各业态增速放缓，甚至出现负增长。这与社区商业在中国发展尚不成熟息息相关。

首先，国内的社区商业由于缺乏整体规划和引导，在业态构成、功能配套等方面与国外成熟社区商业模式相比，还有很大的差距。现阶段国内社区商业发展仍面临业态不齐全、整体不和谐和运营管理不规范等问题，导致社区商业各业态发展增速逐年放缓。其次，一些城市在规模扩张过程中，重视住宅区的规划建设，忽视与之配套的商业设施，从而暴露出发展无序、难以满足居民需求等短板。最后，社区商业难以满足居民多样化的消费需求。社区商业的消费便利性和消费群体的稳定性为社区商业发展带来一定优势，同时也提出了更高的要求，不仅要保障民生所需，还要兼顾体验、情感和康养的新需求。

从历史经验看，危机也是契机。美国金融危机催生了连锁超市，"非典"时期，阿里巴巴等电商巨头崛起，深切改变了人们的生活方式。此次疫情也让社区商业进入了大众视野，展现出其稳定性和灵活性的优势，有望迎来更大的发展机遇，如何更好地运营是"后疫情时代"社区商业面临的重要问题。首先，疫情下消费者需求变化和消费习惯的变化倒逼社区商业模式升级。社区商业服务商注重线上线下融合，围绕消费者生活半径创造更多价值，"互联网＋社区商业"成为社区商业未来的建设重点，网络化服务方式和无接触配送方式成为社区商业发展的新方向。其次，要依托连锁经营的社区商业业态发展社区商业。连锁经营的商业企业不仅可以获取连锁规模优势，其统一的管理、良好的信誉也对社区居民产生吸引力，进而加强社区商业与社区居民之间的连接。再次，政府应加强对社区商业规划的宏观把控，为社区到家服务提供政策支持。政府部门一方面应加强社区商业的规划力度，注重业态和功能的合理性，避免盲目开发而导致的过度竞争局面，保障社区居民对综合性消费的需求。另外，"互联网＋社区商业"的发展离不开政府对社区到家服务的政策支持，政府可以通过在社区内建立自提点、取餐柜等将生活服务送到家的基本配置，还可以结合健康码升级社区通行方式，实现配送人员的终端配送，最终真正实现"数字化社区"的构建。最后，社区商业的良好发展，离不开政府、开发商和经营商的共同努力。多元化的参与主体是促进社区商业发展的重要因素，明确各方参与主体的责任范围是发展和建设社区商业的前提，良性的社区商业运作机制应将社区中心的开发权和经营权分离。政府负责统一规划和基础配套设施建设，开发商负责前期开发，经营商负责租赁经营。跨行业的合作不仅可以发挥各自的专业优势，而且可以在一定程度上降低开发和经营成本。

第三章

疫情对主要零售商品（快消品）的影响

按照商品特性，零售商品可简单分为耐消品和快消品，前者使用周期长，一次性投资大，如家电、家具、汽车等；后者使用寿命短，消费速度较快，如食品、饮料、日用品等。据国家统计局数据，2018年中国社会消费品零售总额达到38.1万亿元，其中快消品消费在中国居民消费中的比重约为34.6%，销售额增长率达到5.2%，是居民消费金额中占比最大的项目。新冠肺炎疫情下，整个零售行业都受到影响，但与零售品种类受影响程度不同，快消品因其消费频率高、消费者广泛、对消费便利性要求高的特性以及较大的市场规模，受疫情影响更大。因此本章主要分析疫情对快消品的影响，通过参考中国快消品网的分类并结合中国消费大数据研究院的零售品类目信息，本部分将快消品整合为六大品类进行分析：粮油调味、熟食生鲜、乳制品、酒水、休闲食品、日用品。

所用数据主要来源于中国消费大数据研究院收录的2019年1月至2020年7月的全国22个省份（不包括港澳台地区）、5个自治区、4个直辖市的零售商品信息。以快消品品类划分，获取了包括平均成本、平均售价、销量、销售额、订单数量在内的数据信息。

一、市场供需分析

市场供需关系指在商品经济条件下，商品供给和需求之间相互联系、相互制约的关系，是生产与消费关系的市场反映。供需矛盾主要源于市场信息脱节所致的时间不匹配，或物流受阻所致的空间不匹配，本次疫情主要为后者。市场供需关系是影响市场变化的主要因素，销售额、价格、利润的变动大多与供需关系变动有关。疫情冲击下，分析供需关系是了解市场的基础，也是把握市场发展方向的重要手段。

疫情期间由供需矛盾而引发的社会问题随处可见："乐东黎族自治县的哈密瓜以每斤0.5元贱卖，但仍有大量滞留""超市大白菜价格高达60元/千克，仍被抢购一空""消毒液、口罩遭疯抢，各商家不得不采取限购策略"。由此来看，疫情使快消品行业的供需矛盾加剧，给百姓生活造成了影响。总体来说，各行各业由于产品属性、生产方式、运输方式、政策支持等不同，供需受到疫情影响的严重程度也有所不同。相比较而言，生鲜受疫情影响较为严重；乳制品、日用品、酒水短期内受到影响，但快速恢复；粮油调味、休闲食品供需情况则在疫情期间保持相对平稳。

（一）供给端分析

疫情期间商品供给端受创严重，供给不能满足市场需求，从而引起价格攀升。造成供给端出现问题的原因有以下几个方面：

一是劳动力不足。疫情期间封村封路，劳动力不能及时外出复工，导致工厂复工难，国家统计局数据显示，2020 年 2 月城市失业率跌升至 6.2%，高于 1 月的 5.3% 和 2019 年 12 月的 5.2%，北京周一公布的数据显示，2020 年前两个月，中国约有 500 万人因新冠肺炎疫情的暴发而失业。从生鲜产品来看，无论是蔬菜种植还是畜禽养殖都需要大量的劳动力，因此种植、采摘、饲养、屠宰各环节人手不足，导致农业畜牧业生产效率大幅降低，生鲜产品短期内供给不足，由于农畜产品生长需要一定周期，劳动力不足导致种植及养殖量减少，使供给问题将持续一段时间；从酒水行业看，中国酒业协会于 2020 年 2 月 13 日发布《关于有序推进酒类生产和经营企业疫情防控和复工复产的倡议书》，号召酒企"复工、防控两不误"，包括贵州茅台、五粮液、泸州老窖、舍得酒业、洋河等在内各名优酒企合理安排复工程序，基本在 2 月完成了科学有序的复产工作，虽然短期内劳动力不足使生产量达不到同期正常水平，但库存充足，因此供给端短期受影响但很快恢复。

二是运输受阻。疫情期间部分村庄禁止出入，各地道路封闭，运输车无法正常通行，导致产品无法运输到市场，出现滞销现象。据中金研究部报告，全国客运量单日最大同比跌幅达 86.8%（2020 年 2 月 4 日），快递量 2020 年 1～2 月同比下滑 10%，1～2 月沿海港口货物吞吐量同比下降 4.6%，大秦线货运量 2 月同比下滑 26%，公路货运量 2 月同比下滑 51%，由此可见疫情严重影响了交通运输。生鲜类产品受影响最为严重，蔬菜、畜禽无法运输到销售市场，造成产品阶段性滞销；而粮油调味是百姓生存必需品，国家高度重视民生问题，积极响应，采取相关措施开通绿色运输通道，保证粮食供应，因此供应端受影响较小。

三是供应链局部断裂。我国的供应链系统并不完善，存在零售企业与供应商协作程度低、信息系统落后、供应链管理人才匮乏、物流系统效率低下等问题。由于上游原料生产企业没有全面复产或者下游包装材料供应断档，导致产品无法正常生产、供应，例如日用品行业中的消杀清洁品，有些生产厂家在国家号召下复工复产，但下游包装企业并没有跟上复产节奏，导致商品不能顺利进入市场。

（二）需求端分析

疫情导致市场对各类产品的需求产生巨大变化，有些需求增加而有些需求减少，造成需求端变化的原因主要有以下几方面：

一是各种团膳消费大幅降低。据中国烹饪协会发布的《2020 年新冠肺炎疫情期间中国餐饮业经营状况和发展趋势调查分析报告》的调研数据，疫情期间，78% 的餐饮企业营业收入损失达 100% 以上；营收损失在七成以下的仅为 5%。而根据恒大研究院估算，餐饮行业零售额仅在七天内就有 5000 亿元的损失。大规模、聚集性餐饮消费的减少影响食品行业整体需求，其中调味品行业受影响最为严重。据中国产业信息网发布报告，调味品销售渠道中，餐饮渠道占比 45%，因此餐饮业歇业导致调味品短期需求不足；另外由于聚餐减少，酒水行业需求也受到影响。

二是走亲访友取消。疫情正值春节期间，原本过节送礼的需求被压制，比如酒水（尤其是高端酒）、乳制品等经常作为礼品的品类，需求受影响较大。据国金研究报告，预计春节期间送礼消费占比约 30%，拉长至全年来看，预计送礼消费（春节 + 中秋）占乳制品总消费的比例为 10% ～ 15%，由此来看疫情对乳制品销售影响颇大。

三是疫情带来的囤货行为。疫情造成的恐慌心理使消费者一次性购买大量短期内不需要的商品，比如疫情发生后中国人"囤积口罩""囤积消毒液"，日本人"囤积厕纸"，加拿大人"囤积食物"等，由此看来生活刚需且存储期较长的品类（粮食及日用品）是消费者囤积的重点，而"囤积行为"导致产品短期需求大涨，市场供需失衡，价格上涨。

四是消费习惯改变。疫情期间"宅家文化"拉动部分产品需求上升，比如休闲食品，不少大型食品公司公布的数据显示，2020 年上半年全球范围内零食的销售都出现不小的增长，例如，旺旺集团第二季度南北美洲市场销售实现 15% 的增长，亚太市场的增幅约为 10%。"宅经济"使人们更关注方便食品，天猫平台数据显示，自 2 月以来，"方便食品"整体销量同比增长 700%。此外，人们对健康养生的关注度提高也带动了一些产品的销量，比如乳制品。尼尔森调查显示，疫情期间日用品及生鲜品需求强劲，超八成的受访者在线上购买过日用品、生鲜品，89% 的受访者表示疫情结束后将会继续在线上购买日用品、生鲜品，这表示受疫情影响，某些消费者行为在疫情后也将继续保持。

（三）供需矛盾实例分析

据中国农业农村部信息，受新冠肺炎疫情影响，春节假期延长、复工复产延迟，部分产区出现产品滞销价格下跌与货源紧俏价格上涨并存的现象。2020 年 2 月上旬，主产区全力落实"菜篮子"稳产保供各项措施，蔬菜地头价止跌回升；2 月下旬，各地根据疫情风险级别分区分级精准施策，蔬菜重点产区陆续复工复产，"路"和"村"逐步解封，多地蔬菜流通开始恢复正常，上市量增加，蔬菜地头价运行平稳，但总体仍处于近五年较低水平。因此短期供需矛盾加剧，价格上升；长期供需矛盾仍将持续存在，价格高位运行。

以北方需求量较大的大白菜价格为例（见图3-1），2019年11月之前价格较平稳，11月之后由于季节性原因，需求量上升导致价格上升；2020年1~2月由于春节以及疫情影响，价格涨幅高达56.86%，2月到达价格顶峰2.4元/500克；2月后由于政府调控，蔬菜供给恢复，由恐慌引起的囤菜现象好转，因此价格逐步回落，但3~8月仍高于上年同期，同比增长分别为92.37%、30.29%、14.39%、49.57%、36.00%、31.21%。

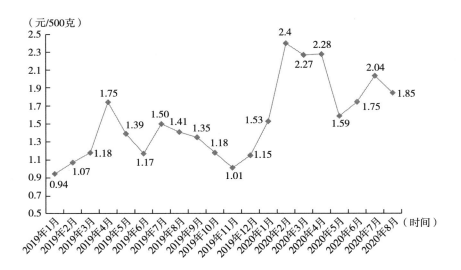

图3-1　大白菜全国平均批发价走势（2019年1月~2020年8月）
资料来源：中国农业农村部。

总体来说，疫情下快消品的供给端及需求端都受到影响，影响程度不同导致供需矛盾加剧。长期来看，疫情控制后各行业供给端及需求端进入恢复期，但供需恢复不平衡的问题也逐渐显现。国家统计局发布的国民经济数据显示，在供给端，工业、服务业均实现正增长，规模以上工业增加值由2020年第一季度下降8.4%转为增长4.4%，服务业增加值由第一季度下降5.2%转为增长1.9%；而在需求端，消费、投资降幅大幅收窄，第二季度社会消费品零售总额降幅比第一季度收窄15.1%，上半年固定资产投资降幅比第一季度收窄13%。从数据表现来看，供给端复苏快于需求端。

二、销售额与利润变化

快消品销售额与毛利率受多种因素影响，大型促销活动、节假日、重大公共事件往往都会影响人们的交易行为和交易方式。2020 年初暴发的新冠肺炎疫情波及范围广、传播迅速，政府采取了前所未有的停工停学、封村封路措施，人们的消费行为因此受限，疫情暴发前期又正值春节，因此各类商品销售情况与利润情况受影响较为明显。以下就中国消费大数据研究院提供的全国零售商品数据进行详细分析，六大品类下部分细分品类数据为得到更加明确清晰的结论做了一定处理，如将米面、杂粮合二为一，去除影响极小的纯羊奶等，因而可能出现不同程度的细分品类差异。

（一）六大品类的销售额变化分析

销售额指纳税人销售货物、提供应税劳务或服务，从购买或接受应税劳务方或服务方收取的全部价款和价外费用。在其他因素不变或可忽略不计的情况下，受供求关系、销售数量的影响较大，能够比较全面地展现消费者消费行为的一些变化。

分析发现，六大消费品类的销售额都或多或少受到了疫情影响，在 2020 年 1 月、2 月有明显的抬高，且环比增长率、同比增长率都处在较高水平。粮油调味、休闲零食销售额增长更多的是由于公众在重大公共安全事件下出于对粮食供应的担忧引发的囤货行为，在疫情趋缓的后期销售额随之恢复到正常水平，生鲜及熟食、乳制品销售额增高可能是由于公众对健康食品的重视引发的，日用品则主要受个人护理、卫生清洁品类销售额上涨的影响。

1. 粮油调味

通过观察粮油调味品类 19 个月（2019 年 1 月至 2020 年 7 月）销售额与环比、同比增长率变化，可知受疫情影响粮油调味品类总体上涨幅度较大（见图 3 - 2 和图 3 - 3）。在 2020 年 1 月有明显的峰值，2019 年的春节为 2020 年 2 月 5 日，2020 年的春节为 2020 年 1 月 25 日，近两年春节前的购物潮应该都集中在 1 月，对比 2019 年 1 月排除春节前购物偏好因素，2020 年 1 月粮油调味销售额仍有明显抬高，2020 年 2 月粮油调味销售额开始下降，逐渐回到正常水平，但仍旧高于 2019 年同期水平。在疫情最严重的 2020 年 1～4 月，同比增长率始终高于 50%。

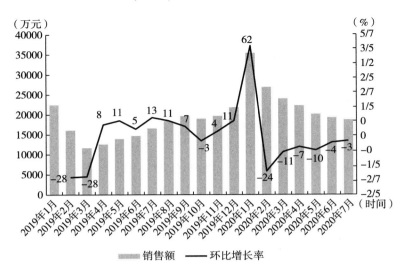

图 3-2 粮油调味销售额与环比增长率（2019年1月～2020年7月）

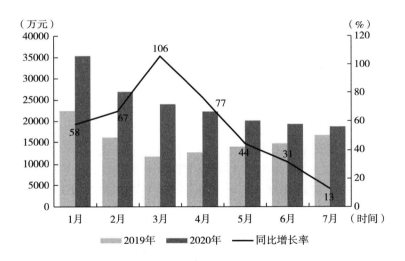

图 3-3 粮油调味销售额与同比增长率

　　通过观察粮油调味下细分品类19个月（2019年1月至2020年7月）的销售额变化，可以发现部分细分品类受疫情影响十分明显。调味品、食用油、米面杂粮在2019年12月至2020年2月都有明显涨幅（见图3-4），且显著高于上一年同期水平，考虑疫情期间消费者出于粮食安全考虑大肆储备"囤货"。烘焙原料由于总销售额较低，因此趋势不明显，但可以看出烘焙原料在2020年2月出现明显峰值，环比增长率、同比增长率都较为突出，可能是由于疫情期间居家隔离引发的大众对自制料理的热情造成的（见图3-5和图3-6）。

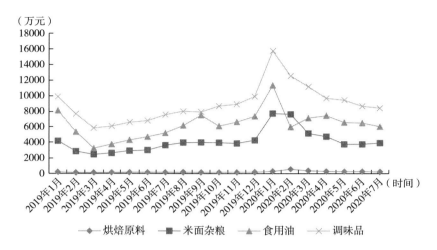

图3-4 粮油调味细分品类销售额（2019年1月~2020年7月）

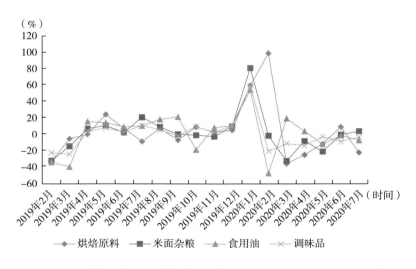

图3-5 粮油调味细分品类销售额环比增长率（2019年2月~2020年7月）

2. 生鲜及熟食

通过观察生鲜及熟食品类19个月（2019年1月至2020年7月）销售额与环比增长率、同比增长率变化，可知受疫情影响生鲜及熟食品类总体上涨幅度较大

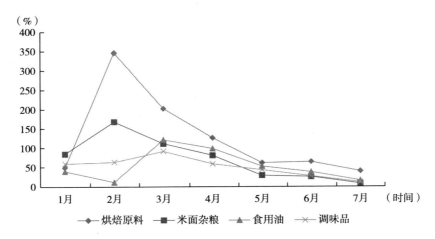

图 3 - 6　粮油调味细分品类销售额同比增长率（2020 年 1 ~ 7 月）

（见图 3 - 7 和图 3 - 8）。在 2020 年 1 月有明显的峰值，且同粮油调味品类相同，对比 2019 年 1 月排除春节前购物偏好因素，2020 年 1 月生鲜及熟食销售额仍有明显抬高，同比增长 107%，且持续时间稍长，2020 年 4 月生鲜及熟食销售额才开始逐渐回到正常水平，但仍旧较高于 2019 年同期水平，可能是由于疫情期间食堂、餐厅停业，更多的消费者选择自己购买材料烹饪。

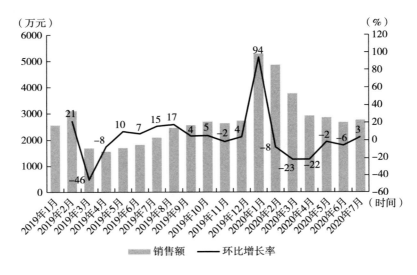

图 3 - 7　生鲜及熟食销售额与环比增长率（2019 年 1 月 ~ 2020 年 7 月）

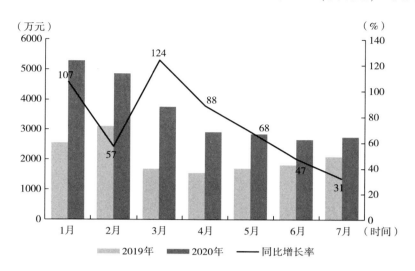

图 3-8 生鲜及熟食销售额与同比增长率

通过观察生鲜及熟食下细分品类 19 个月（2019 年 1 月至 2020 年 7 月）销售额变化，可以发现部分细分品类受疫情影响十分明显（见图 3-9）。肉制品、新鲜/冷冻肉、熟食腊味在 2020 年 1～2 月出现明显峰值，且肉制品、新鲜、冷冻肉显著高于上年同期水平，熟食腊味虽也高于上一年度同月水平，但并不明显，半加工蔬菜、蛋品、海鲜水产、新鲜蔬菜、新鲜水果总销售额小，因此趋势变化

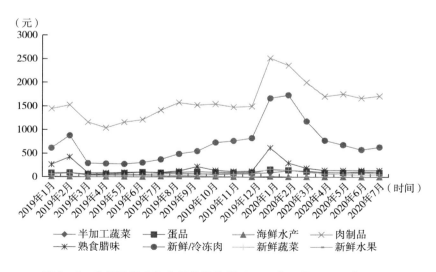

图 3-9 生鲜及熟食细分品类销售额（2019 年 1 月～2020 年 7 月）

不明显。熟食腊味、海鲜水产、新鲜水果、新鲜蔬菜在 2020 年 1 月的环比增长率出现明显峰值，同比增长率在 2 月出现明显的集中下滑，可能是由于疫情封锁严重，面对疫情发展的不确定性，居民囤购物资所导致（见图 3-10 和图 3-11）。

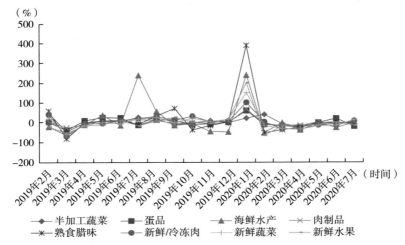

图 3-10　生鲜及熟食细分品类销售额环比增长率（2019 年 2 月~2020 年 7 月）

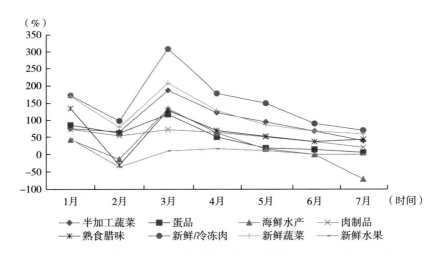

图 3-11　生鲜及熟食细分品类销售额同比增长率（2020 年 1~7 月）

3. 乳制品

通过观察乳制品品类 19 个月（2019 年 1 月至 2020 年 7 月）销售额及环比增长率、同比增长率变化，受春节影响，在 2020 年 1 月出现环比增长率峰值，比

2019 年 12 月增长 55% ；2020 年 1 月比上年同期增长了 55% ，表明疫情环境下，大众更加关注自身健康，而乳制品在增强人体免疫力方面有积极作用，因此，消费者增加了对乳制品的需求。次月环比增长率与同比增长率同时急剧下滑，可能是由于乳制品供应渠道受阻，随后几个月则逐渐恢复正常水平（见图 3 – 12 和图 3 – 13）。

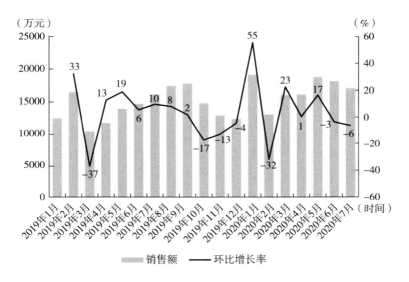

图 3 – 12 乳制品销售额与环比增长率（2019 年 1 月～2020 年 7 月）

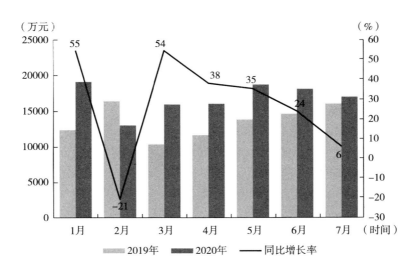

图 3 – 13 乳制品销售额与同比增长率

通过观察乳制品下细分品类19个月（2019年1月至2020年7月）销售额变化，可以发现奶制品缓慢升高，无明显起伏（见图3-14）。纯牛奶及酸奶销售额较高，且两者起伏相似，骤起骤落，在春节前后都是"低—高—低"的趋势，观察同比增长趋势，发现同比增长最快的是奶制品，奶制品下品类包含奶油、奶片、黄油、奶酪，增长原因可能与生鲜及熟食相同，是由于居家烹饪增加（见图3-15和图3-16）。

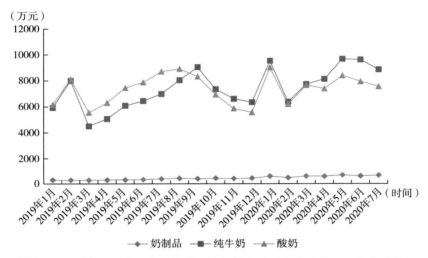

图3-14　乳制品细分品类销售额环比增长率（2019年1月～2020年7月）

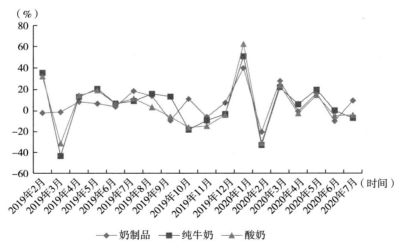

图3-15　乳制品细分品类销售额环比增长率（2019年2月～2020年7月）

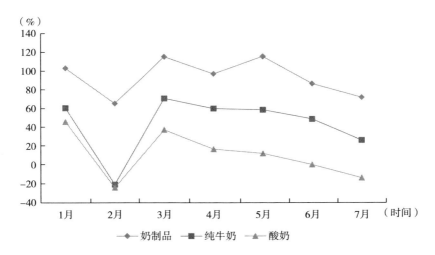

图 3 - 16 乳制品细分品类销售额同比增长率（2020 年 1 ~ 7 月）

4. 酒水

通过观察酒水品类 19 个月（2019 年 1 月至 2020 年 7 月）销售额及环比增长率、同比增长率变化，可知疫情对酒水品类存在一定程度的影响。2020 年 1 月环比增长率高达 154%，同比增长率则高达 66%，也就是疫情期与春节的重叠期所致，酒水销售额大幅增长，不过 2 月很快回落，甚至同比增长率低至 –59%（见图3 –17 和图 3 –18）。

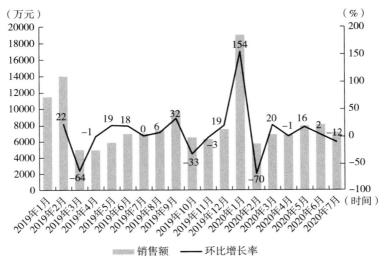

图 3 – 17 酒水销售额与环比增长率（2019 年 1 月 ~ 2020 年 7 月）

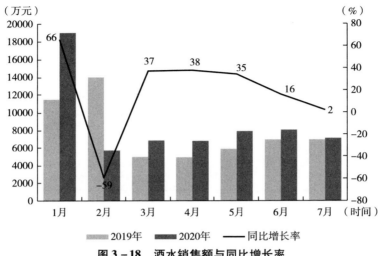

图3－18　酒水销售额与同比增长率

通过观察酒水下细分品类19个月（2019年1月至2020年7月）销售额变化，可以发现白酒的变动幅度最大，峰值出现在2020年1月，明显高于2019年1月，但很快回到正常水平（见图3－19），啤酒与白酒销售额较大，变动趋势比较清晰。啤酒受季节影响更加明显，冬季销售额较低，但在2020年1月有明显回升，受到疫情居家隔离的影响，致使居民啤酒消费增加。除白酒、啤酒外，其他细分品类销售额较小，走势并不明显，但仍可见2019年2月与2020年1月都有一定幅度上涨，由于受春节习俗与疫情的双重影响（见图3－20和图3－21）。

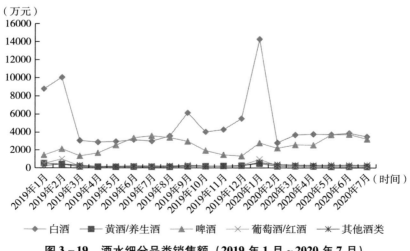

图3－19　酒水细分品类销售额（2019年1月～2020年7月）

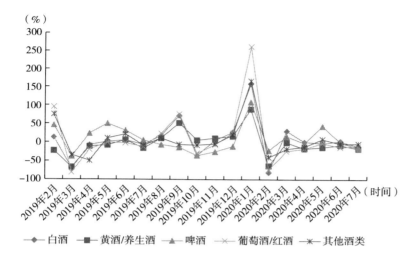

图3-20　酒水细分品类销售额环比增长率（2019年2月~2020年7月）

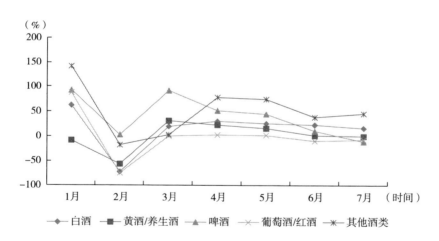

图3-21　酒水销售额同比增长率（2020年1~7月）

5. 休闲食品

通过观察休闲食品品类19个月（2019年1月至2020年7月）销售额与环比增长率、同比增长率变化，可知疫情对休闲食品同样产生了重大影响，致使休闲食品总销售额与环比增长率在2020年1月都出现峰值，且2020年1~6月销售额水平高于2019年同期，可能由于居家隔离导致的休闲食品需求增大（见图3-22和图3-23）。

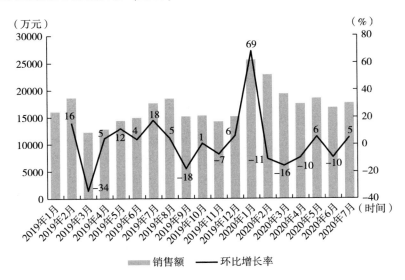

图 3 - 22　休闲食品销售额与环比增长率（2019 年 1 月～2020 年 7 月）

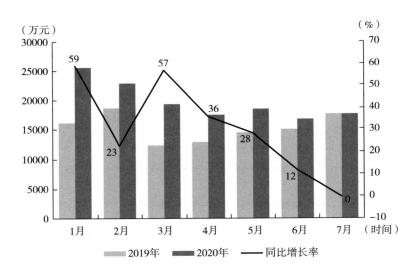

图 3 - 23　休闲食品销售额与同比增长率

　　通过观察休闲食品下细分品类 19 个月（2019 年 1 月至 2020 年 7 月）销售额变化，可以发现除冷饮冻食外的所有细分品类都在 2020 年 1 月出现峰值，且明显高于 2019 年 1 月的销售额，冷饮冻食由于其自身特性，受季节影响较大，在冬季销售额普遍较低，因而在这次疫情中也没有受到影响（见图 3 - 24）。除冷饮冻食外的其他休闲食品细分品类都或多或少受到疫情影响，在 2020 年 1 月环比增长率、同比增长率都较高（见图3-25和图3-26）。

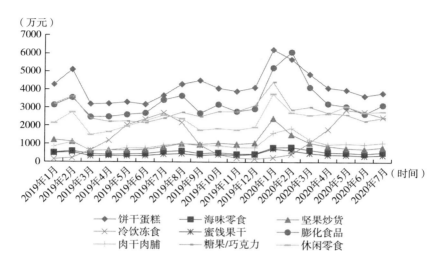

图3-24 休闲食品细分品类销售额（2019年1月~2020年7月）

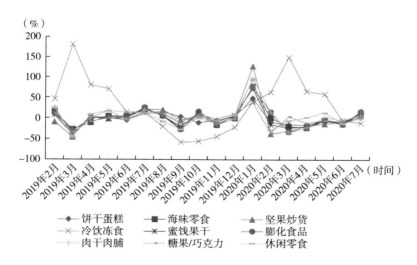

图3-25 休闲食品细分品类销售额环比增长率（2019年2月~2020年7月）

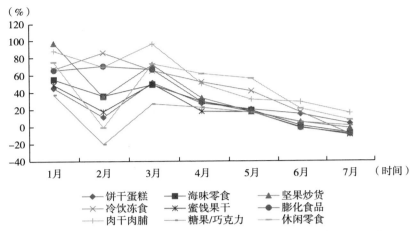

图 3 - 26　休闲食品细分品类销售额同比增长率（2020 年 1 ~ 7 月）

6. 日用品

日用品品类较多，销售额变动的影响因素比较复杂。通过分析日用品品类 19 个月（2019 年 1 月至 2020 年 7 月）销售额及环比增长率、同比增长率变化（见图 3 - 27 和图 3 - 28），可以发现 2020 年 1 月出现峰值，主要受疫情影响，公众更加重视日常消杀工作，因而卫生清洁用品销售额上涨，2020 年 5 月也稍高于日常水平，2020 年 2 ~ 6 月均比 2019 年同期数值大，同比增长率基本都在 20% 左右，可见日用品也受到了疫情的一定影响。

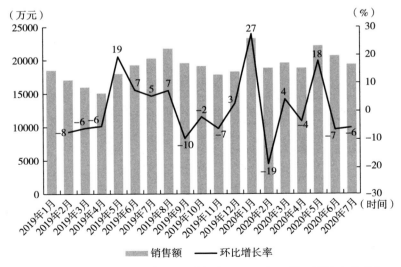

图 3 - 27　日用品销售额与环比增长率（2019 年 1 月 ~ 2020 年 7 月）

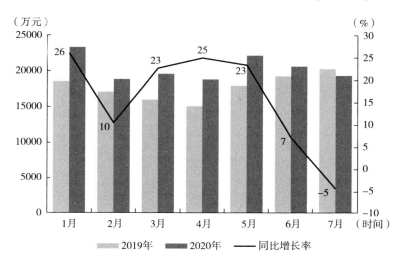

图 3 - 28 日用品销售额与同比增长率

日用品下细分品类有餐饮用具、床上用品、个人护理、居家日用、卫生清洁、洗浴用品，由于疫情引发公众对日常卫生安全工作的重视，所以卫生清洁受疫情影响最大。通过观察日用品下细分品类 19 个月（2019 年 1 月至 2020 年 7 月）的销售额变化，可以发现个人护理分别在 2019 年 8 月及 2020 年 1 月有两次较高值，且 2020 年 3 月开始虽有回落但水平仍然较高，说明消费者在疫情期间比较重视个人的卫生清洁与保养（见图 3 - 29）。卫生清洁类日用品在 2020 年 1

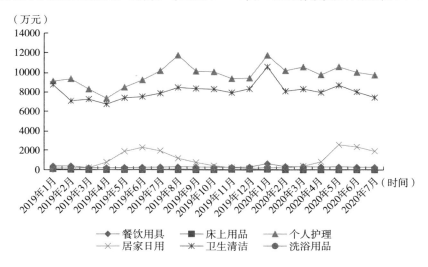

图 3 - 29 日用品细分品类销售额（2019 年 1 月～2020 年 7 月）

月的峰值更加突出，公共安全事件对消费者卫生清洁习惯产生重大影响。餐饮用具在 2020 年 1 月出现峰值可能是由于一次性餐具购买量的增加，也是受疫情的侧面影响。其他品类的日用品销售额较低且变化不明显，受疫情影响较小（见图 3 - 30 和图 3 - 31）。

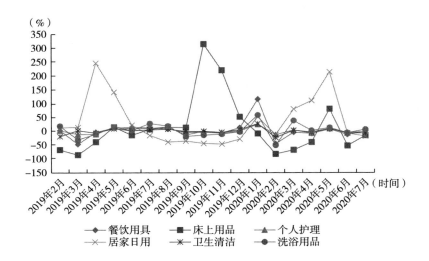

图 3 - 30　日用品细分品类销售额环比增长率（2019 年 2 月 ~ 2020 年 7 月）

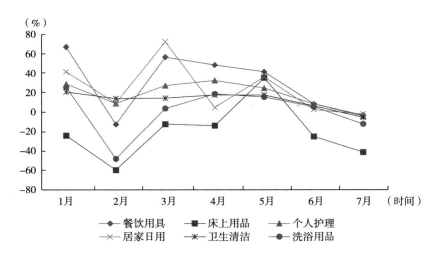

图 3 - 31　日用品细分品类销售额同比增长率（2020 年 1 ~ 7 月）

（二）六大品类的毛利率变化分析

商品毛利率指毛利润与销售收入的百分比，反映商品经过生产转换内部系统后的增值。毛利率的直接影响因素有销售数量、销售单价、单位销售成本等，间接因素则有供求关系变动、成本管理水平、产品构成及行业差别等。

经过分析，六大品类的毛利率整体上较为稳定，粮油调味、休闲食品涨幅明显，这是由于消费者囤货需求上升，销售数量增加，供应不充足所致。此外，其中生鲜及熟食变动不大，虽然销售额增长明显，但由于春节期间生鲜及熟食产品本身供应充足，以至于没有引发毛利率的太大变化。乳制品、酒水、日用品的毛利率与上年相比，同比增长率基本为负，可能是由于一些原本为春节期间储备的礼品乳制品、酒水销售受阻，非刚需的日用品销量也不满足预期，以致经营单位降价处理所导致。

1. 粮油调味

通过观察粮油调味品类19个月（2019年1月至2020年7月）毛利率及环比增长率、同比增长率变化，粮油调味的毛利率整体比较稳定，在2020年2月快速上涨，环比增长率为19%，次月又有回落，说明该类产品在节后短期内供应不足，但很快恢复（见图3-32和图3-33）。正如数据所示，春节后受疫情影响，各企业及农场延迟复工，加上道路封锁、交通受阻，使商品供应受到影响。对于粮油类刚需产品，政府及时采取措施，开启特殊通道，因此供应快速，毛利率有所下降，但又因为销售量增加，所以毛利率尽管下降了，但仍高于上年同期水平。

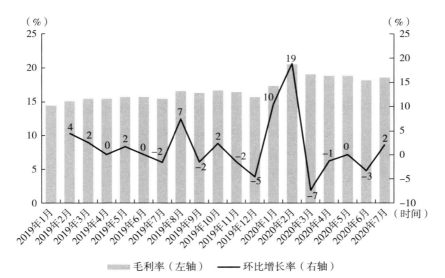

图 3-32　粮油调味毛利率与环比增长率（2019 年 1 月~2020 年 7 月）

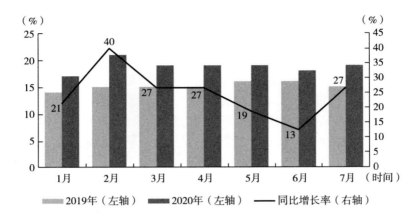

图 3 - 33　粮油调味毛利率与同比增长率

通过观察粮油调味下细分品类 19 个月（2019 年 1 月至 2020 年 7 月）毛利率变化（见图 3 - 34），可以看到，米面杂粮在 2020 年 2 月的上升趋势非常明显，环比增长率也在 2020 年 2 ~ 3 月忽高忽低（见图 3 - 35），同比增长率逼近 50%（见图 3 - 36），说明粮食问题始终是公众心中的核心问题，每逢重大安全事件必或多或少地屯粮，食用油的这一趋势仅次于米面杂粮，但同样明显。

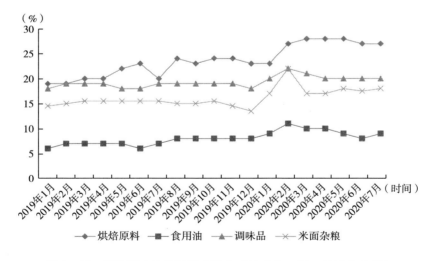

图 3 - 34　粮油调味细分品类毛利率（2019 年 1 月 ~ 2020 年 7 月）

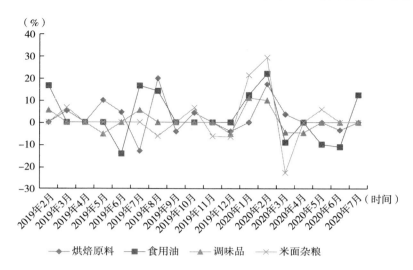

图 3 - 35 粮油调味细分品类毛利率环比增长率（2019 年 2 月～2020 年 7 月）

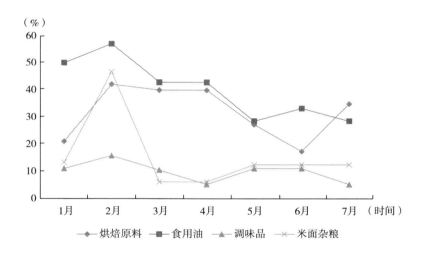

图 3 - 36 粮油调味细分品类毛利率同比增长率（2020 年 1～7 月）

2. 生鲜及熟食

通过观察生鲜及熟食品类 19 个月（2019 年 1 月至 2020 年 7 月）毛利率及环比增长率、同比增长率变化，发现生鲜及熟食产业毛利率受疫情影响较轻（见图 3 - 37 和图 3 - 38）。环比增长率较平稳，同比增长率则在 1～2 月出现负增长，也就是说，与没有发生疫情的 2019 年春节相比，2020 年春节前后的毛利率出现下降。造成这种情况的原因可能是生鲜及熟食的销售数量增加。此外，销售数量的增加也会导致成本下降，在销量增加、成本下降的共同作用下，生鲜及熟食的毛利率在疫情与春节的重叠期出现下降。

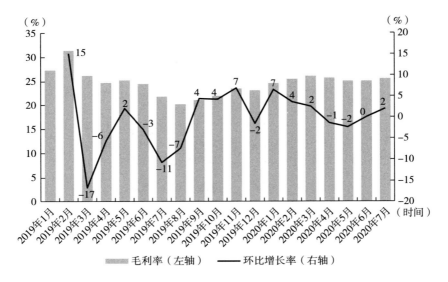

图3-37　生鲜及熟食毛利率与环比增长率（2019年1月~2020年7月）

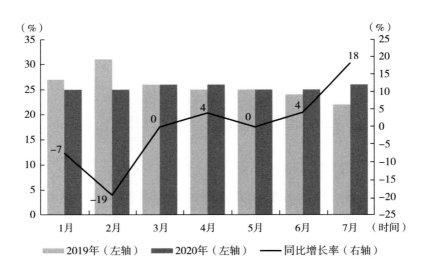

图3-38　生鲜及熟食毛利率与同比增长率

通过观察生鲜及熟食下细分品类19个月（2019年1月至2020年7月）毛利率变化（见图3-39），比较异常的品类是半加工蔬菜，半加工蔬菜在2019

年2月有明显的毛利率与环比增长率的抬高，毛利率提高近55%，环比增长率近10%，而在2020年2月却没有出现这个趋势，反而是新鲜水果与新鲜蔬菜有明显升高，应是消费者健康意识增强，更青睐于新鲜蔬菜、水果，与此同时，供应方面出现一定问题，造成供需不对等，形成毛利率的变化（见图3-40和图3-41）。

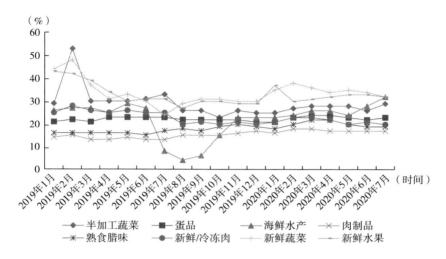

图3-39 生鲜及熟食细分品类毛利率（2019年1月~2020年7月）

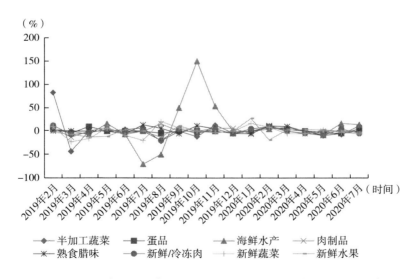

图3-40 生鲜及熟食细分品类毛利率环比增长率（2019年2月~2020年7月）

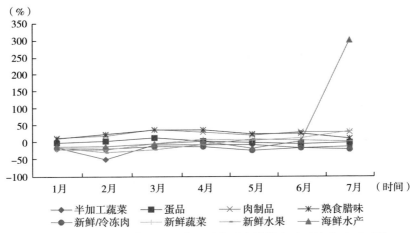

图 3 - 41　生鲜及熟食细分品类毛利率同比增长率（2020 年 1～7 月）

3. 乳制品

通过观察乳制品品类 19 个月（2019 年 1 月至 2020 年 7 月）毛利率及环比增长率、同比增长率变化（见图 3 - 42 和图 3 - 43），可以发现乳制品与其他产品不同，其毛利率在 2020 年 2 月迅速下降至最低点，且未来几个月也没有恢复至年前水平，相比来看 2019 年同期并没有出现类似趋势，这是因为 2020 年 2 月疫情暴发后乳制品销量急剧减少，商家为避免商品过期造成损失，采取各种降价促销手段吸引消费者，因而导致毛利率随之下降。

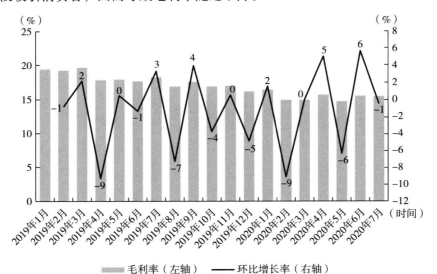

图 3 - 42　乳制品毛利率与环比增长率（2019 年 1 月～2020 年 7 月）

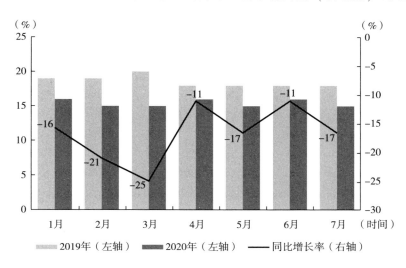

图 3－43　乳制品毛利率与同比增长率

通过观察乳制品下细分品类 19 个月（2019 年 1 月至 2020 年 7 月）毛利率变化（见图 3－44），乳制品细分品类下，纯牛奶在 2020 年 2 月下降幅度最大，出现环比负增长，因其占比较高，所以对整个乳制品的影响也最大（见图 3－45）。通过观察同比增长变化，所有的乳制品细分品类同比都呈现负增长的趋势（见图 3－46）。

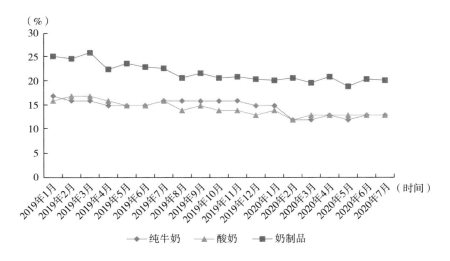

图 3－44　乳制品细分品类毛利率（2019 年 1 月 ~ 2020 年 7 月）

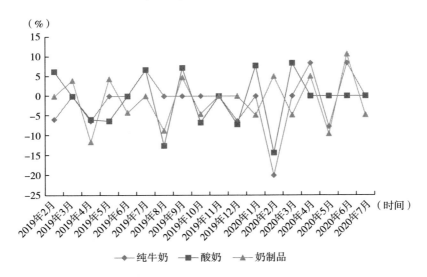

图 3 – 45　乳制品细分品类毛利率环比增长率（2019 年 2 月 ~ 2020 年 7 月）

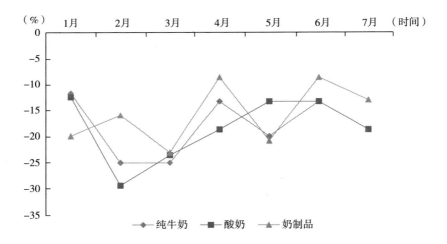

图 3 – 46　乳制品细分品类毛利率同比增长率（2020 年 1 ~ 7 月）

4. 酒水

通过观察酒水品类 19 个月（2019 年 1 月至 2020 年 7 月）毛利率及环比增长率、同比增长率变化（见图 3 – 47 和图 3 – 48），酒水的毛利率总体上呈现下降的状态，2020 年 1 ~ 2 月迅速上升，随后回落到更低水平，推测是由于酒水在春节前已大规模备货，因而库存相对充足，1 ~ 2 月购买量较大，所以毛利率上升。

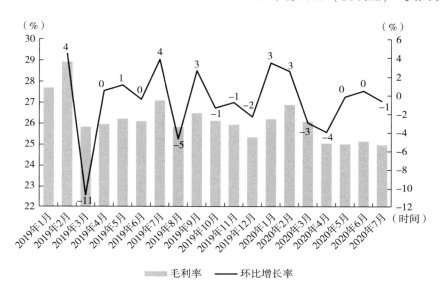

图 3–47 酒水毛利率与环比增长率（2019 年 1 月～2020 年 7 月）

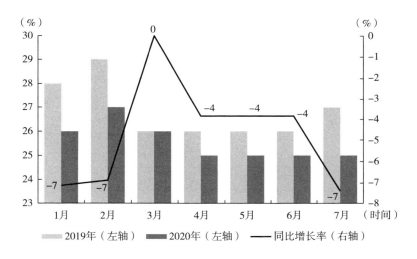

图 3–48 酒水毛利率与同比增长率

通过观察酒水下细分品类 19 个月（2019 年 1 月至 2020 年 7 月）毛利率变化，可以发现白酒、黄酒/养生酒、葡萄酒/红酒在 2020 年 2 月后都存在一定程度的毛利率下降，可能是因为许多准备在春节期间销售的礼品酒饮因疫情原因出售无门，降价处理，进而引发毛利率下降（见图 3–49 至图 3–51）。

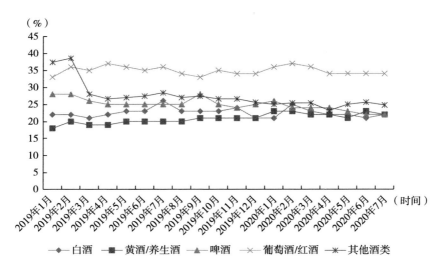

图 3-49 酒水细分品类毛利率（2019 年 1 月~2020 年 7 月）

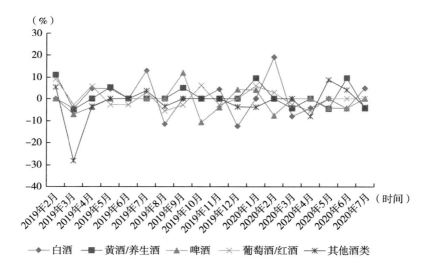

图 3-50 酒水细分品类毛利率环比增长率（2019 年 2 月~2020 年 7 月）

5. 休闲食品

通过观察休闲食品品类 19 个月（2019 年 1 月至 2020 年 7 月）毛利率及环比增长率、同比增长率变化（见图 3-52 和图 3-53），休闲食品的毛利率在 2020 年 2 月上涨后并没有迅速恢复，这是因为休闲食品供应充足，但疫情宅家期间使其需求上升，因此毛利率在随后几个月一直保持上升趋势。长期来看，休闲食品毛利率继续保持高位直到暑假结束，在 9 月学校开学后可能会有所下降，但总体会保持较高水平。

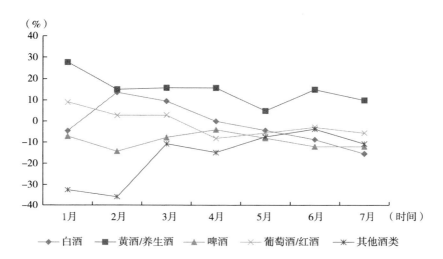

图 3 - 51 酒水毛利率同比增长率（2020 年 1 ~ 7 月）

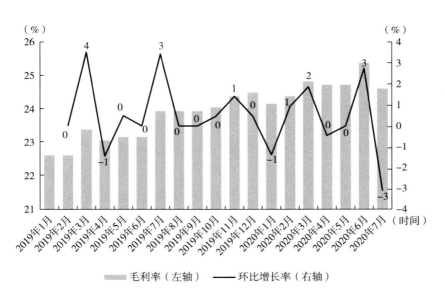

图 3 - 52 休闲食品毛利率与环比增长率（2019 年 1 月 ~ 2020 年 7 月）

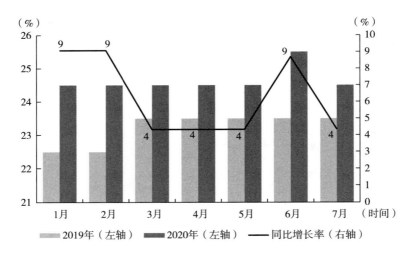

图3-53　休闲食品毛利率与同比增长率

通过观察休闲食品下细分品类19个月（2019年1月至2020年7月）毛利率变化（见图3-54至图3-56），发现影响总趋势的因素是冷饮冻食，该品类毛利率天然高于其他类休闲食品，随着温度升高，冷饮冻食的需求上升，毛利率也随之升高，如果剔除冷饮冻食的影响，休闲食品毛利率总体上升幅度并不是特别大。

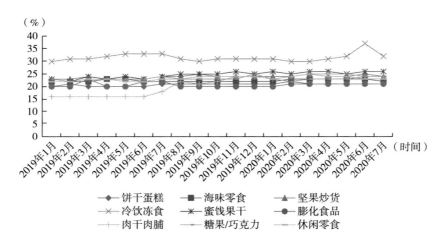

图3-54　休闲食品细分品类毛利率（2019年1月～2020年7月）

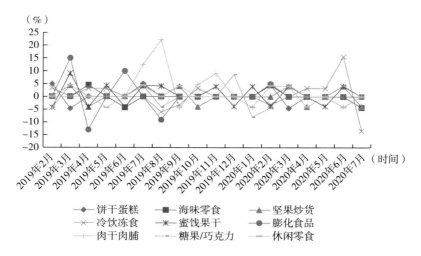

图 3-55 休闲食品细分品类毛利率环比增长率（2019 年 2 月～2020 年 7 月）

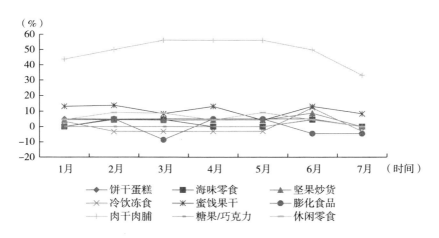

图 3-56 休闲食品细分品类毛利率同比增长率（2020 年 1～7 月）

6. 日用品

通过观察日用品品类 19 个月（2019 年 1 月至 2020 年 7 月）毛利率及环比增长率、同比增长率变化，日用品毛利率整体呈现出下降的趋势。2019 年 2 月、2020 年 1 月和 4 月有三次小抬高，环比增长率都为 5%，实际变化趋势并不明显，相对其他品类而言比较稳定，同比增长率基本为负，说明日用品综合销售数量可出现下降（见图 3-57 和图 3-58）。

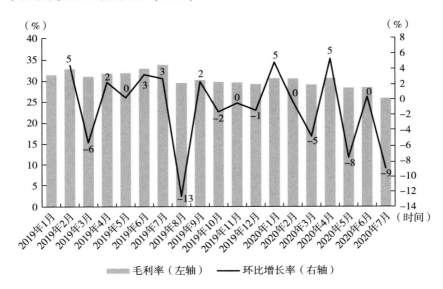

图 3 - 57　日用品毛利率与环比增长率（2019 年 1 月 ~ 2020 年 7 月）

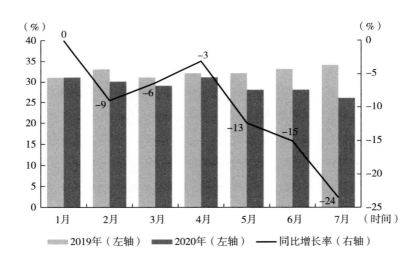

图 3 - 58　日用品毛利率与同比增长率

通过观察休闲食品下细分品类 19 个月（2019 年 1 月至 2020 年 7 月）毛利率变化，不难发现 2020 年 1 月除了床上用品有明显下降外，其他品类的日用品都有上升（见图 3 - 59 至图 3 - 61）。洗浴用品、卫生清洁大概率是受疫情影响消费者更加重视日常消杀清洁工作及个人卫生，进而形成这两类日用品的销售额上涨。推测餐饮用具上涨的主要原因是一次性餐饮用具的畅销。居家日用类在 2020 年 1 月也有明显涨幅，同样是受疫情影响，居家隔离推动消费者囤积日用品。

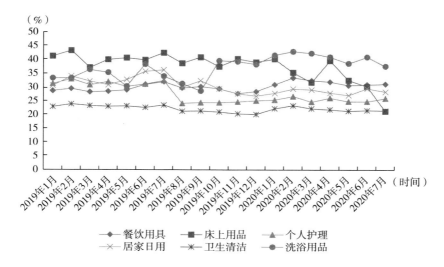

图 3-59 日用品细分品类毛利率（2019 年 1 月～2020 年 7 月）

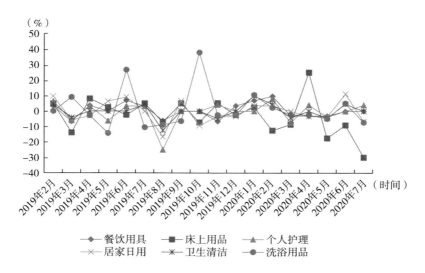

图 3-60 日用品细分品类毛利率环比增长率（2019 年 2 月～2020 年 7 月）

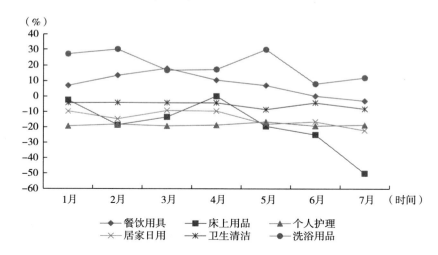

图 3-61　日用品毛利率同比增长率（2020 年 1~7 月）

（三）疫情主要受灾区分析

武汉疫情扩散致使湖北省成为最严重的受灾区，而新发地于 2020 年 6 月小规模疫情暴发，使北京成为继湖北武汉后的另一座被密切关注的城市。为此，本部分着重分析北京及湖北两地快消品的销售额变化趋势，并选取了与北京经济体量相似的省份（上海、河北）以及与湖北经济体量相似的省份（福建、四川）进行对比分析。

经分析发现，相比于上海市与河北省，北京地区快消品销售额在 2 月疫情暴发初期受影响较大，其中粮油调味、生鲜及熟食及休闲食品受影响严重；但在 6 月疫情反复时期，北京作为疫情中心基本没有受到影响，主要是因为前期在应对疫情方面积累了经验，供应及需求端都有了较为完善的应对措施，从而保证了各品类销售额无明显波动。此外，湖北省受疫情影响程度大于四川及福建，各种快消品类都受到严重影响，总体来看变化趋势为 2 月销售额降低，3 月迅速回高。

1. 粮油调味

通过观察粮油调味品类 19 个月（2019 年 1 月至 2020 年 7 月）销售额变化（见图 3-62），可以看出北京在 2020 年 2 月达到销售顶峰，而上海与河北分别在 3 月和 1 月达到销售顶峰，由此可知疫情对不同地区影响具有时间差异。从销售环比增长率来看，上海及河北在春节后增长率都发生两次以上的波动，而北京只有一次，且 2~3 月增长率明显下滑，3 月降至最低点，3 月后缓慢恢复但仍一直保持负增长，由此看来北京受疫情影响更为严重。对比 2019 年与 2020 年 1~7

月销售数据发现北京 1～6 月的销售额增长率一直低于上海高于河北，而 7 月同时高于上海与河北，大概率是由 6 月北京再次暴发疫情市民囤粮所致（见图3－63 和图 3－64）。

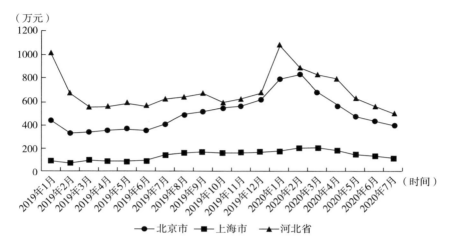

图 3－62 北京、上海、河北粮油调味销售额（2019 年 1 月～2020 年 7 月）

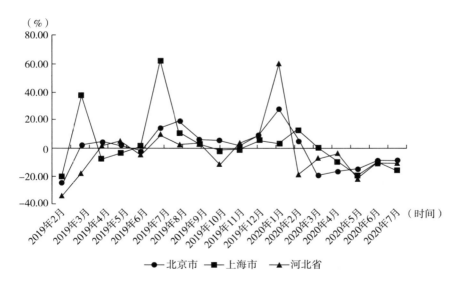

图 3－63 北京、上海、河北粮油调味销售额环比增长率（2019 年 2 月～2020 年 7 月）

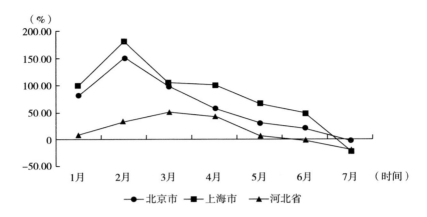

图 3－64　北京、上海、河北粮油调味销售额同比增长率（2020 年 1～7 月）

　　对比湖北、福建及四川粮油调味的销售额很明显可以看出湖北省 3 月销售额大幅上涨，而其他两省没有（见图 3－65）。从环比增长率也可以看出 3 月湖北省接近 30%，而四川省为负增长，福建省基本为零增长（见图 3－66）。对比2019 年与 2020 年同期的销售额可以看出，1～2 月销售额增长率湖北省为三省最低，而 3 月一跃成为三省最高，4 月又快速下降为三省最低。联系实际，湖北在2 月暴发疫情，市民产生囤粮需求致使 3 月粮食销售额猛增，4 月为疫情防控关键时期，各小区禁止住户外出，导致销售额快速回落（见图 3－67）。

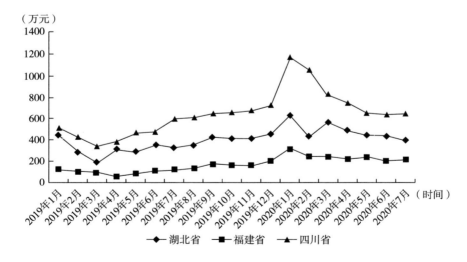

图 3－65　湖北、福建、四川粮油调味销售额（2019 年 1 月～2020 年 7 月）

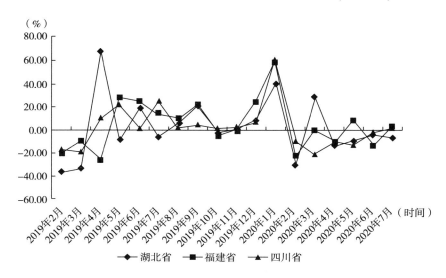

图3－66 湖北、福建、四川粮油调味销售额环比增长率
（2019年2月～2020年7月）

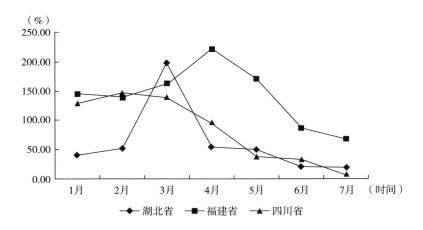

图3－67 湖北、福建、四川粮油调味销售额同比增长率（2020年1～7月）

2. 生鲜及熟食

对比北京、上海及河北生鲜及熟食的销售情况（见图3－68），不难发现疫情暴发初期（2月）及疫情反复时期（6月），北京市为三省中受影响最严重的地区。受春节影响，北京及河北均在1～2月销售额抬升、3月回落，而上海是在3月抬升、4月回落。在疫情暴发初期（2月），北京市销售额环比增长率及同比增长率均为三省最高（见图3－69和图3－70）。另外在6月新发地疫情暴发时期，北京市环比增长率上升，其他两省下降。

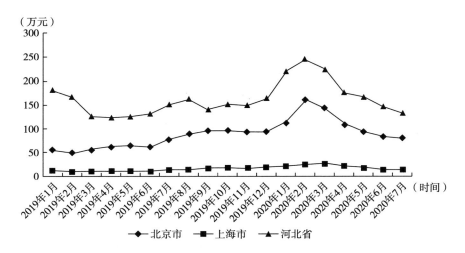

图 3 – 68　北京、上海、河北生鲜及熟食销售额（2019 年 1 月～2020 年 7 月）

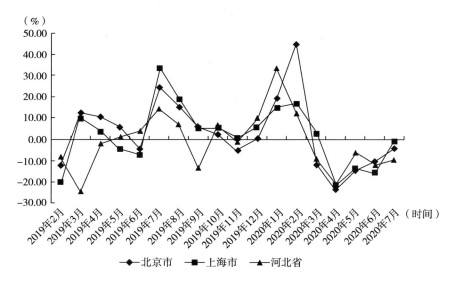

图 3 – 69　北京、上海、河北生鲜及熟食销售额环比增长率
（2019 年 2 月～2020 年 7 月）

　　湖北与福建、四川两省的对比则更为明显。湖北在 1 月销售额猛增，到达顶峰，2 月迅速回落，3～4 月又稍有提升；福建及四川两省均在 1 月至 2 月增长，

2 月增至最高点，3 月之后回落（见图 3 − 71）。观察环比增长率图（见图 3 − 72）也可以看出，2 月湖北省为负增长，其他两省均为正增长，3 ~ 4 月湖北省为正增长，其他两省为负增长。对比 2019 年与 2020 年同期销售额，只有湖北省在 2 月出现同比负增长。综上，湖北省在疫情暴发初期受影响最为严重，人们减少了生鲜及熟食的购买量，3 月之后逐渐恢复；四川及福建受疫情影响相对较小，春节期间生鲜及熟食销售量提升，春节后下降。

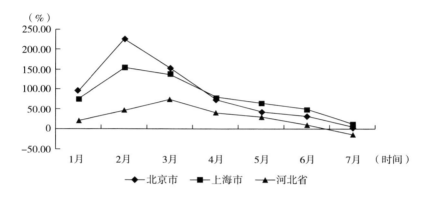

图 3 − 70　北京、上海、河北生鲜及熟食销售额同比增长率（2020 年 1 ~ 7 月）

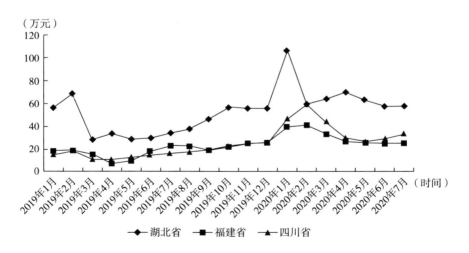

图 3 − 71　湖北、福建、四川生鲜及熟食销售额（2019 年 1 月 ~ 2020 年 7 月）

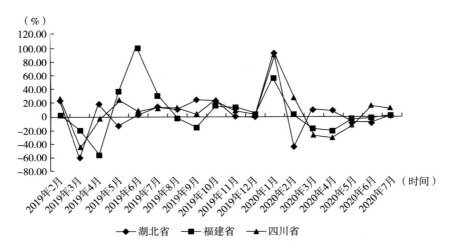

图 3-72 湖北、福建、四川生鲜及熟食销售额环比增长率
（2019 年 2 月~2020 年 7 月）

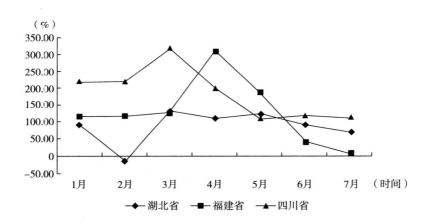

图 3-73 湖北、福建、四川生鲜及熟食销售额同比增长率（2020 年 1~7 月）

3. 乳制品

疫情暴发初期对北京地区乳制品销售影响较小，从图 3-74 中可以看出北京及河北地区 1 月销售额均有所提升，2 月回落，而上海市 2 月销售额增长，3 月回落。通过环比增长率（见图 3-75）与同比增长率（见图 3-76）可以看出，北京地区 6 月对乳制品的消费额快速下降，且下降幅度明显大于其他两省，6 月北京也首次出现同比增长率为负的情况，初步推测北京乳制品消费受其影响严重。

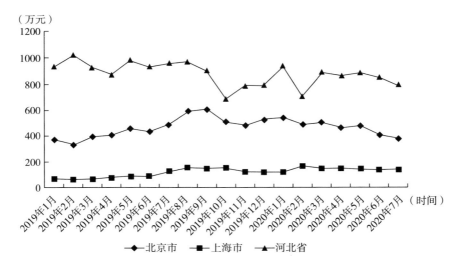

图 3 - 74　北京、上海、河北乳制品销售额（2019 年 1 月～2020 年 7 月）

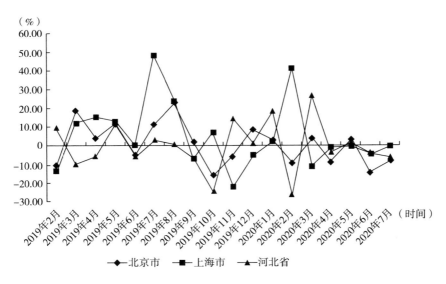

图 3 - 75　北京、上海、河北乳制品销售额环比增长率（2019 年 2 月～2020 年 7 月）

　　春节送礼拉动乳制品消费，湖北、福建、四川三省 2020 年 1 月销售额都有明显提高，2 月快速下降，3 月后又逐步回升（见图 3 - 77）。其中福建省变化趋势相对平稳，而湖北省销售额波动最大（见图 3 - 78），同比增长率在 2 月降为 － 55.59%（见图 3 - 79），3 月又迅速回升至 111.16%。由此可见 2 月疫情暴发对湖北地区乳制品的销售产生了显著影响，3 月后逐步恢复。

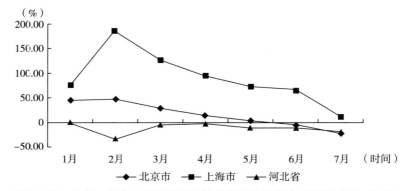

图 3-76　北京、上海、河北乳制品销售额同比增长率（2020 年 1~7 月）

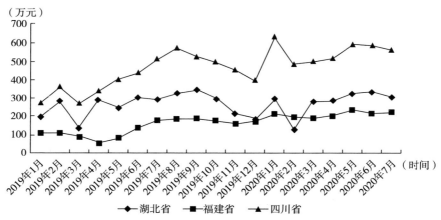

图 3-77　湖北、福建、四川乳制品销售额（2019 年 1 月~2020 年 7 月）

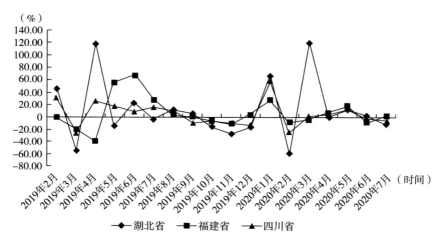

图 3-78　湖北、福建、四川乳制品销售额环比增长率（2019 年 2 月~2020 年 7 月）

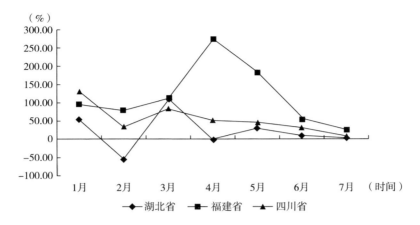

图3-79　湖北、福建、四川乳制品销售额同比增长率（2020年1~7月）

4. 酒水

总体而言，酒水品类受疫情影响不大，与2019年同期相比，2020年1月北京、上海、河北地区销售额实现增长，2月开始除上海外均保持平稳，上海地区销售额波动较大（见图3-80至图3-82）。

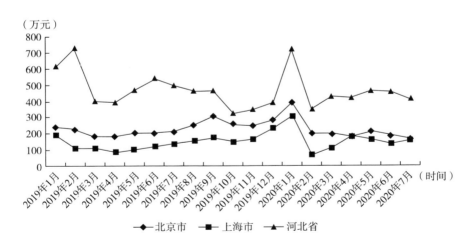

图3-80　北京、上海、河北酒水销售额（2019年1月~2020年7月）

湖北、福建、四川三省均出现1月增长、2月回升的现象，但福建省的波动幅度较小。另外，相比而言湖北省在3月销售额回升幅度最大，环比增长率达131.64%，其他两省均处于0%附近（见图3-83至图3-85）。

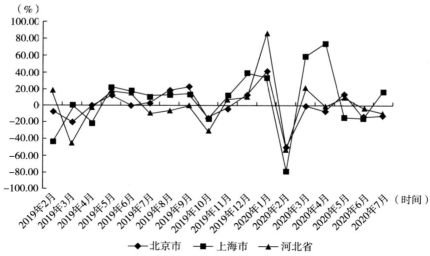

图 3 - 81　北京、上海、河北酒水销售额环比增长率（2019 年 2 月～2020 年 7 月）

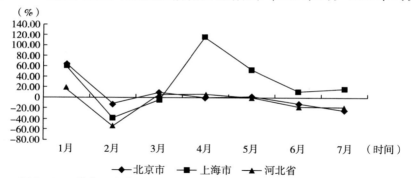

图 3 - 82　北京、上海、河北酒水销售额同比增长率（2020 年 1～7 月）

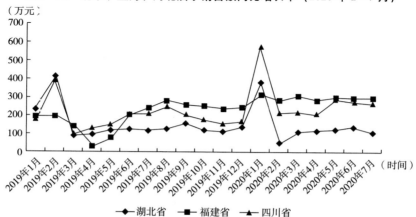

图 3 - 83　湖北、福建、四川酒水销售额（2019 年 1 月～2020 年 7 月）

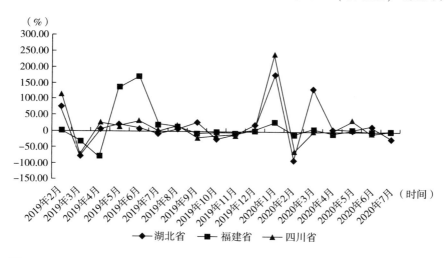

图 3 – 84　湖北、福建、四川酒水销售额环比增长率（2019 年 2 月~2020 年 7 月）

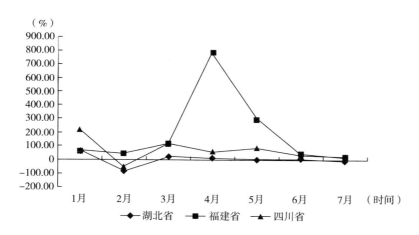

图 3 – 85　湖北、福建、四川酒水销售额同比增长率（2020 年 1~7 月）

5. 休闲食品

　　观察北京、上海、河北三省（市）休闲食品的销售额变动趋势，发现上海、河北销售额高峰出现在 1 月，而北京出现在 2 月（见图 3 – 86），1~7 月北京的销售额环比增长率一直处于上海与河北之间，只有 2 月跃居为三省（市）第一，推测原因为北京地区疫情管控更为严格，居民宅家拉动休闲食品的消费（见图 3 – 87 和图 3 – 88）。

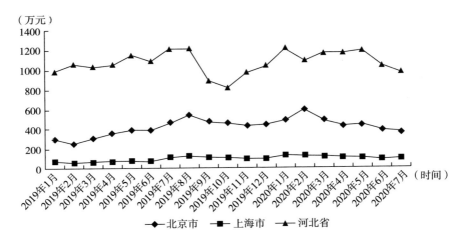

图 3 – 86　北京、上海、河北休闲食品销售额（2019 年 1 月 ~ 2020 年 7 月）

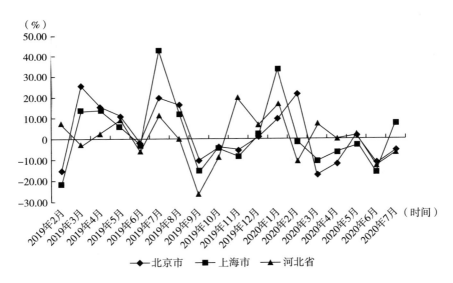

图 3 – 87　北京、上海、河北休闲食品销售额环比增长率（2019 年 2 月 ~ 2020 年 7 月）

　　受春节影响，湖北、福建、四川三省休闲食品销售额均在 2020 年 1 月上涨至高点，随后 2 月回落，只有湖北省销售额在 3 月出现大幅度上涨（见图 3 – 89），环比增长率达 37.69%（见图 3 – 90），推测是由于疫情居家隔离使湖北省休闲食品消费量上涨。观察同比增长率（见图 3 – 91），只有湖北省在 2 月出现负增长率，3 月又恢复正增长。

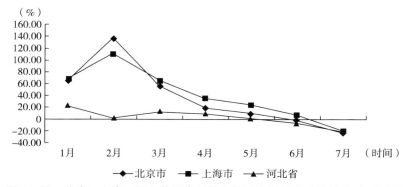

图 3 - 88　北京、上海、河北休闲食品销售额同比增长率（2020 年 1 ~ 7 月）

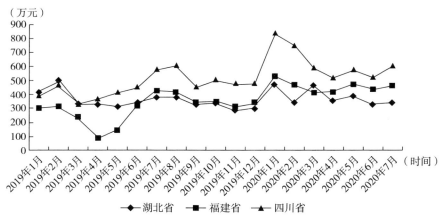

图 3 - 89　湖北、福建、四川休闲食品销售额（2019 年 1 月 ~ 2020 年 7 月）

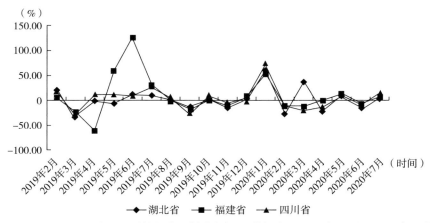

图 3 - 90　湖北、福建、四川休闲食品销售额环比增长率（2019 年 2 月 ~ 2020 年 7 月）

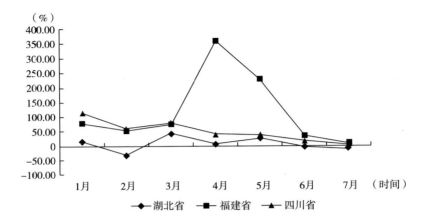

图3-91 湖北、福建、四川休闲食品销售额同比增长率（2020年1~7月）

6. 日用品

北京地区日用品销售额受疫情影响不明显，北京、上海、河北三省（市）变化趋势基本一致，不同之处在于北京2020年3月销售额下降，而其他两省上升，这可能是由于北京疫情管控较严，限制了消费者购买行为，进而影响日用品销售（见图3-92至图3-94）。

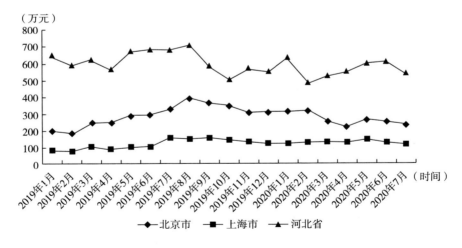

图3-92 北京、上海、河北日用品销售额（2019年1月~2020年7月）

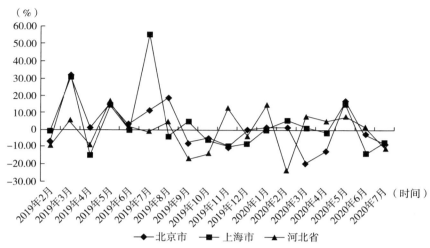

图 3 - 93 北京、上海、河北日用品销售额环比增长率（2019 年 2 月 ~ 2020 年 7 月）

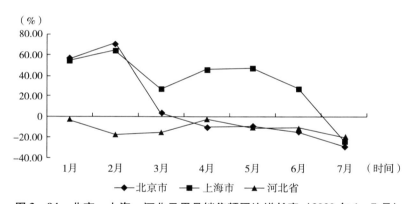

图 3 - 94 北京、上海、河北日用品销售额同比增长率（2020 年 1 ~ 7 月）

湖北省日用品销售受疫情影响较为严重。受春节影响 2020 年 1 月销售额整体上涨，2 月回落，但从图 3 - 95 与图 3 - 96 中可以观察到湖北省 2020 年 2 月回落幅度最大，环比增长 - 42.27%，并且 3 月又出现了大幅上涨，环比增长率达 60.04%。观察同比增长率（见图 3 - 97）也可以发现只有湖北省在 2 月出现负增长（- 25.73%），3 月又迅速恢复正增长（61.26%）。推测是由于 2 月疫情暴发，湖北武汉疫情管控严格致使日用品销售额下降严重，随后由于武汉为疫情严重地区，人们对于卫生清洁更为重视，导致 3 月日用品销售额迅速上涨，且大幅高于 2019 年同期水平。另外，据日用品细分品类销售额分析（见图 3 - 29）可知，3 月日用品销售额大涨主要是因为清洁类产品热卖。

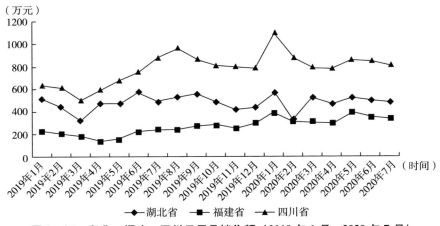

图 3－95　湖北、福建、四川日用品销售额（2019 年 1 月~2020 年 7 月）

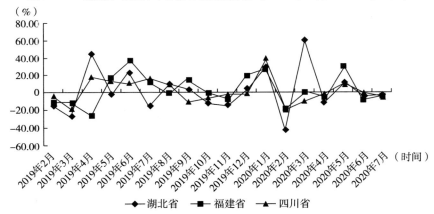

图 3－96　湖北、福建、四川日用品销售额环比增长率（2019 年 2 月~2020 年 7 月）

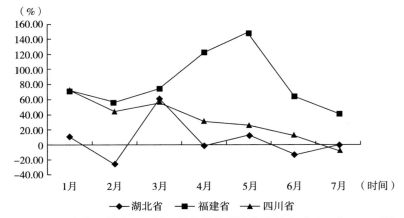

图 3－97　湖北、福建、四川日用品销售额同比增长率（2020 年 1~7 月）

三、商品价格变化

2019 年 12 月 19 日，突如其来的新冠肺炎疫情对人们的生活乃至安全产生了巨大的影响。随着疫情的扩散和不断加重，人们逐渐意识到疫情的严重性，政府开始出台多重政策以保证市民的安全，包括限制出行、禁止聚集等。这些政策的出台和群众意识的改变都会影响市场的供需平衡，也引起各类商品的价格波动。然而由于各类零售商品的价格弹性和自身属性各不相同，价格变动也不尽相同。本部分利用中国消费大数据研究院 2019 年 12 月至 2020 年 7 月的零售数据计算了不同类别商品的平均价格波动。其中酒水类产品的价格波动最大，而米面杂粮类产品的价格波动最小。价值决定价格，价格围绕价值上下波动。所以各类商品的价格虽然一直在波动，但最终都会围绕价值波动，在涨到顶峰或降到谷底后都会再回归到平均价格。这是由于商品价格虽然会受到供需影响，但都是由价值决定的，并不能脱离价值的决定作用。

（一）米面粮油

自 2019 年 12 月中旬新冠肺炎疫情开始，对米面粮油类产品的价格产生了极大的影响。中国是粮食进出口大国，由于疫情原因限制粮食的进口，因此出现了囤粮抢粮情况。由图 3-98 可以看到，与 2019 年相比，2020 年米面杂粮价格有所上涨。价格的环比增长率在 2020 年 2 月为负数，从 2020 年 3 月开始为正数，且在 3 月最高，此后逐渐下降。由图 3-99 可以看到米面杂粮的价格环比增长率从 2019 年 10 月到 2020 年 1 月逐月上涨，在 1 月突破了 10%，之后又迅速下跌为负数，上下波动。这段时间正好对应疫情初期和疫情暴发的时间，这段时间内群众意识到疫情的严重性，并且受到政策影响，尽量避免外出聚会，在家进行自我隔离。而米面粮油作为生活必需品，需求极大提升。除此之外，由于对未来疫情的担忧，消费者也会产生冲动消费的心理，大量囤积超过自身需求的米面粮油，增强自己的安全感，这就导致了需求量的极大增高。而市场的米面粮油供给不足，一方面是由于劳动人员的流失，另一方面是由于产量的不足。因此，米面粮油的价格不可避免地提高。而从 2020 年 1 月至 4 月，价格居高不下也是因为政府持续出台政策管理群众聚集和出行，而复工时间也一直延后，再加上对于疫情一直没有找到有效的防控手段，消费者不可避免地会增加对未来情况的担忧。在这种政策和情绪压力之下，消费者持续一段时间对于米面粮油的需求增高不下，价格持续在 29 元以上。而之后农业农村部相继发布消息，提醒广大市民不必恐慌，国内粮食储备充足，抢粮屯粮完全没有必要，如果需要，直接就能在市场和超市购买，随买随有。因此，从 2020 年 4 月之后，米面粮油的价格才开始迅速下降。这是由于自 4 月开始，人们逐渐复工，对于自己做饭的需求降低，而疫情也得到了控制，消费者的冲动消费心理得到控制，再加上前几个月囤积了足够的米面粮油，导致消费者的购物需求持续下降，从而也带来价格的下降，直至达到其本身价值附近。

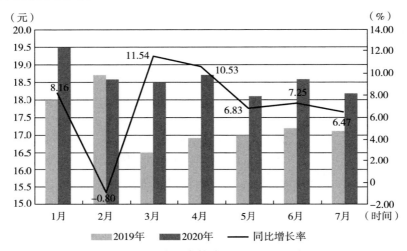

图 3 - 98　米面杂粮价格及同比增长率

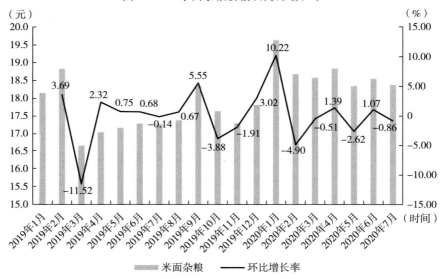

图 3 - 99　米面杂粮价格及环比增长率（2019 年 1 月 ~ 2020 年 7 月）

米面粮油包括调味品、米面杂粮、食物油、烘焙原料等。由图 3 - 100 可以看出，米面粮油各细分品类的价格波动区别并不是很大，平均波动较小，但波动分布比较统一，集中涨幅在 2019 年 12 月到 2020 年 4 月。由图 3 - 100 还可以看出，食用油的价格波动最小，而烘焙原料价格的波动最大。食用油是中国人最主要的食物之一，在政府的调控下一直保持合理价格，并且相对保持稳定。而烘焙原料受到疫情影响比较严重，在疫情暴发的 2 月环比增长率突破负数，价格到达最低点（见图 3 - 101 和图 3 - 102）。

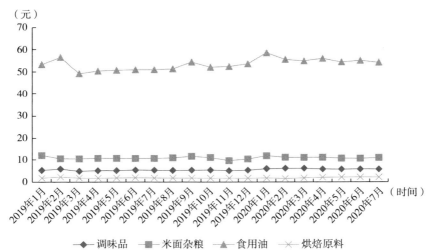

图 3 - 100　米面粮油各类价格变化（2019 年 1 月~2020 年 7 月）

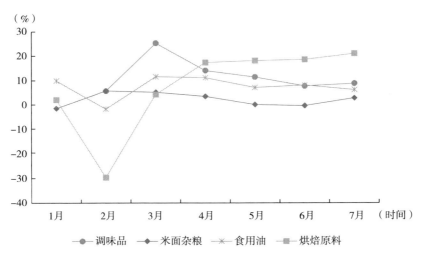

图 3 - 101　米面粮油各类同比增长率（2020 年 1~7 月）

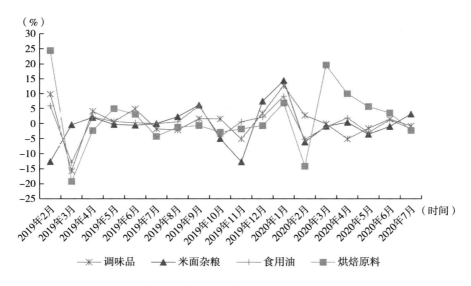

图 3 - 102　米面粮油各类环比增长率（2019 年 2 月~2020 年 7 月）

（二）生鲜及熟食

　　疫情对于生鲜及熟食的影响很大，导致其价格波动剧烈。生鲜及熟食作为生活必需品，是不可或缺的。如图 3 - 103 所示，熟食的价格在 2020 年 1 月迅速上升达到了 25.1 元，甚至直接超过了 2019 年的最高值。在 2020 年 2 月又迅速下降，一直持续到 2020 年 6 月才有所好转，下降了 2.38 元。我们可以发现生鲜及熟食产品价格的环比增长率从 2019 年 10 月至 2020 年 1 月逐渐上升突破到了最高点，从 2 月开始迅速下降到负增长。生鲜及熟食的价格变化和疫情息息相关，在疫情发展的第二个月，伴随着新年的到来，生鲜及熟食的供给量大大降低，但由于疫情和春节的原因需求量与日俱增，因此生鲜及熟食的价格提高。而之后由于春节结束，疫情得到有序的治理，生鲜及熟食市场的供给也逐步恢复正常，因此价格逐步降低恢复到应有的正常值附近（见图 3 - 104）。而价格背后的浮动也有着政府的功劳，政府一方面出台各项新闻政策保证疫情期间的食物供给和安全，另一方面禁止哄抬物价的情况发生。政府和市场的双重机制互相作用，促使价格下降。除此之外，生鲜食品可能携带疫情病毒也是导致其价格下跌的原因之一。

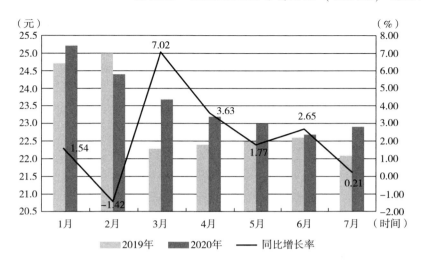

图 3 – 103　生鲜及熟食价格和同比增长率

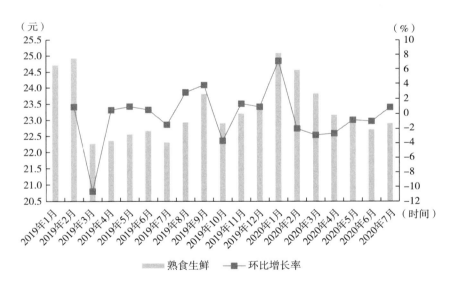

图 3 – 104　生鲜及熟食价格和环比增长率（2019 年 1 月 ~ 2020 年 7 月）

　　生鲜及熟食包括半加工蔬菜、蛋品、海鲜水产、肉制品、熟食腊味、肉、新鲜蔬菜和新鲜水果。从图 3 – 105 中可以看出，不同类别的生鲜及熟食价格变动浮动有所区别，从图 3 – 106 和图 3 – 107 中可以看出，其中半加工蔬菜、肉制品的价格波动比较低，而新鲜蔬菜和新鲜水果的价格波动比较大。这是由于蔬菜、蛋品和肉制品是营养必需品，虽然疫情会对其造成影响，但影响并不会很大。而新鲜蔬菜和新鲜水果属于享乐类的生鲜及熟食，尽管也可以提供给人们一定的营养，但并不是生活所必需的，而疫情期间新鲜蔬菜水果明显供不应求，因此受到供需的影响更为严重。除此之外，海鲜水产的价格在 2020 年 6 月有一个明显的下跌，是因为疫情的产生被爆出和生鲜产品有关。

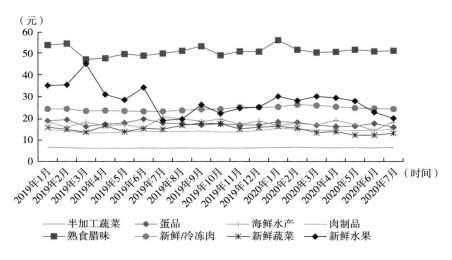

图 3-105　生鲜及熟食各类价格变化（2019 年 1 月～2020 年 7 月）

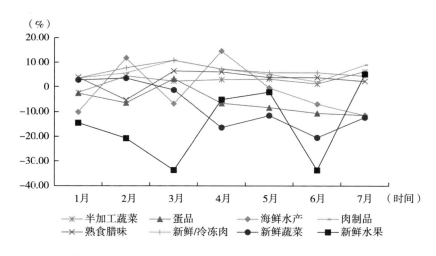

图 3-106　生鲜及熟食各类同比增长率（2020 年 1～7 月）

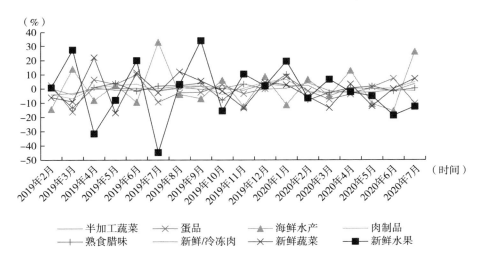

图 3-107 生鲜及熟食各类环比增长率（2019 年 2 月~2020 年 7 月）

（三）乳制品

乳制品受疫情影响更为严重，这是由于乳制品为享乐品而非生活必需品，受到供需的影响更为严重。而疫情对于餐饮业的巨大影响也迁移到黄油、奶酪、奶油等乳制品上，进一步影响了其价格。奶制品市场空间较大，壁垒较高，符合消费升级趋势。图 3-108 为乳制品价格变化图，从中可以看到乳制品价格在 2020

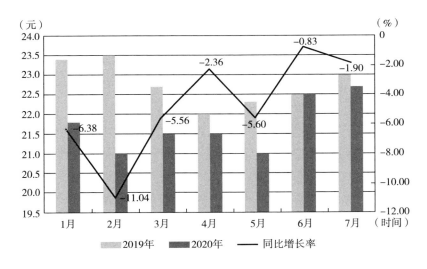

图 3-108 乳制品价格及同比增长率

年1月和2月价格提高，而在2020年3月迅速下降至接近2019年的最低价格。从图3-108和图3-109中可以看出，乳制品的价格波动非常剧烈，具有周期性。随着奶制品的价格和上下游企业逐渐回暖，促使价格恢复正常。而消费者之前在年初囤积了大量的牛奶，需求降低，等到恢复理智的购物行为，购买需求减少。而奶制品的保质期有限，因此需要零售商降价处理，促进购买量，价格下跌迅速。

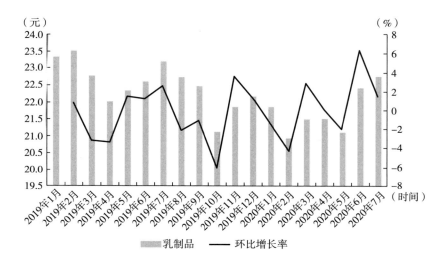

图3-109　乳制品价格及环比增长率（2019年1月~2020年7月）

乳制品包括纯牛奶、纯羊奶、酸奶、奶制品等。从图3-110中我们可以看到，不同类别的乳制品价格变化有所区别，而图3-110至图3-112显示纯羊奶的价格变化最大，纯牛奶和酸奶的价格变化最小。2020年2月羊奶的价格产生极大下降，而酸奶、纯牛奶价格有所升高，这是由于羊奶是享乐品，消费者集中于中高收入人群。在2020年2月，消费者因为疫情严重的原因囤积了大量的生活必需品，而羊奶并不在其中，所以价格下降明显。而随着疫情的好转，人们生活逐渐恢复正常，中高收入的消费者又恢复羊奶的购买行为，价格逐渐升高。

（四）酒水

疫情对于酒水类商品的价格也有所影响。酒水类产品属于享乐品，因为是非生活必需品，自然会受到需求量和经济水平的影响。酒水是人们聚会的必备品，越是重大节日需求量越高，价格越高。但由于零售业的酒水价值有限，因此价格

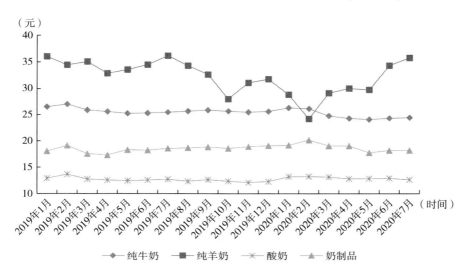

图 3 – 110　乳制品价格变化（2019 年 1 月 ~ 2020 年 7 月）

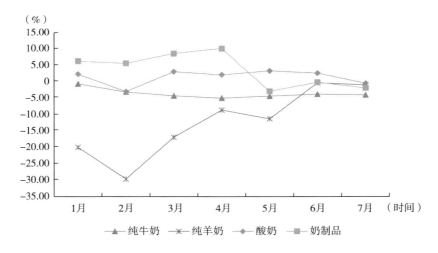

图 3 – 111　各类乳制品环比增长率（2020 年 1 ~ 7 月）

波动并未太过剧烈，而是围绕自身价值上下波动。如图 3 – 113 所示，酒水的平均价格在 2020 年 1 月达到了顶峰，超过了 2019 年的平均值，而在 2 月迅速下降至 83.33 元，甚至低于 2019 年最低值，跌到了谷底，之后呈波动上升趋势。在 2019 年酒水的平均价格为 95.77 元，价格最高值和最低值之间的差值为 22.11 元。从图 3 – 113 的同比增长率和图 3 – 114 的环比增长率中可以看出，在 2020 年

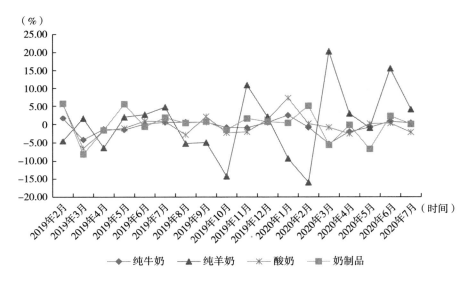

图 3-112　各类乳制品同比增长率（2019 年 2 月～2020 年 7 月）

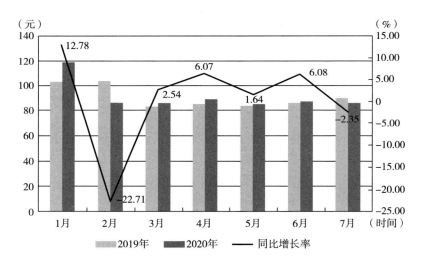

图 3-113　酒水价格及同比增长率

2 月增长率都暴跌到负数。而因为新年的原因，酒水在 2020 年 1 月的需求量明显增加，因此酒水价格也达到了最高值。恰好这时是疫情暴发的初期，人们的经济水平并未受到很大影响，而且有很强烈的购买欲望。而到了 2020 年 2 月疫情进入暴发期，群众人心惶惶，购买意愿受到影响。因为疫情的原因，政府也禁止群众聚集，人们自发在家隔离尽量避免外出，因此酒水的需求量下降到了最低点。价格也相应地下降到了接近 80 元，突破了近一年的最低点，和上一个月的价格差值达到了 36.32 元。随着疫情逐渐被控制，社会秩序恢复正常，人们逐渐恢复购物的理智，价格也逐渐上升到其价值附近，且价格在价值附近波动。

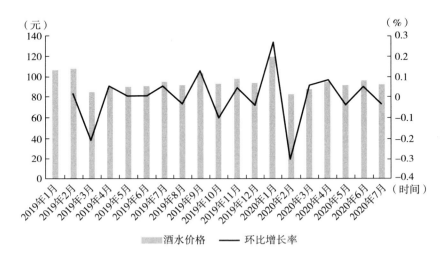

图 3 - 114　酒水价格及环比增长率（2019 年 1 月 ~ 2020 年 7 月）

对于不同类别的酒水，疫情产生的影响也不尽相同。因为不同类型的酒水价值不同，面对的消费群体和消费场景也有略微差异。从图 3 - 115 中可以看到，不同类别的酒水平均价格波动差异明显。所有酒类价格波动的共同点是在 2020 年 1 月达到一个小高峰，之后又在 2 月下降到了极低的水平，再呈现波动上升趋势。从图 3 - 115 中可以看到这几类酒中，白兰地类的酒水价格波动最大，为 89.31 元。白兰地面对的是中高端的消费者，受疫情影响，人们收入水平产生了很大的波动，因此消费者对中高端、奢侈品的消费需求下降。为了促进人们的购买行为，价格下降到了一个较低的水平。而鸡尾酒的价格波动比较小，因为这类酒的价格本身比较低廉，面对的也是中低档的消费者。所以其价格围绕价值波动的幅度比较小，疫情造成的影响有限。

图 3 - 115 中省略了威士忌类的酒水，因为其价值最高且波动最大，与其他类别的酒水价值和价格都差异过大。威士忌的价格波动极大，并且每 4 ~ 6 个月会出现一次峰值，然后迅速下跌。这是由于威士忌的价值波动比较大，不同年份和品质的威士忌价格相差极大。而威士忌是面对高端消费人员的产品，高收入人群在疫情期间受到的经济波动并不十分剧烈，或者对其购买欲望没有产

生明显的影响。威士忌类酒水依旧按照其波动规律围绕价值波动（见图 3 –
116 和图 3 – 117）。

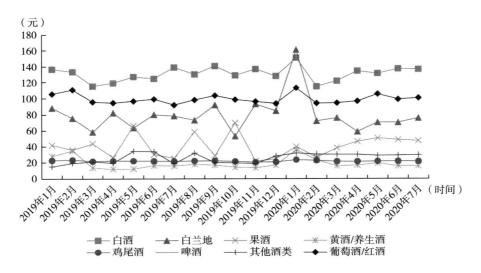

图 3 – 115　各类酒水平均价格（2019 年 1 月 ~ 2020 年 7 月）

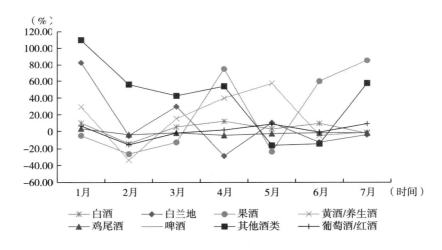

图 3 – 116　各类酒水环比增长率（2020 年 1 ~ 7 月）

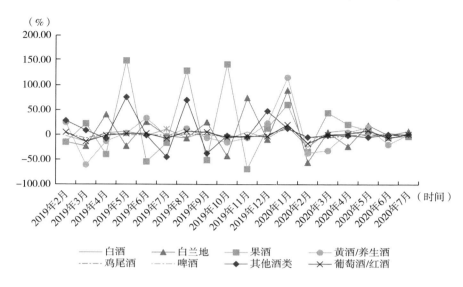

图 3 - 117　各类酒水同比增长率（2019 年 2 月至 2020 年 7 月）

（五）休闲食品

休闲食品受到疫情的影响也比较严重，波动明显。休闲食品并非生活必需品，受到外界因素的影响更为严重，也对市场需求更为敏感。从图 3 - 118 中可以看出，2020 年 1 月，休闲食品的价格迅速突破 12.5 元的大关，而后又逐月迅速下跌到了 12 元以下。由图 3 - 118 和图 3 - 119 可以看出，休闲食品的价格在

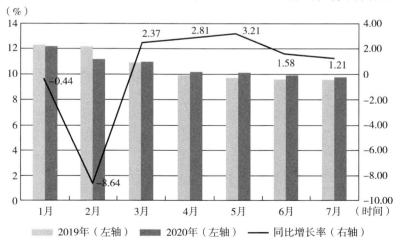

图 3 - 118　休闲食品价格及同比增长率

2020 年 2 月迎来暴跌，同比增长率和环比增长率均为负数。这是由于在春节前和春节期间人们对于休闲零食的需求极大提高，以欢度春节和进行聚会。而疫情暴发后，消费者对生活必需品进行大量囤积，而对休闲食品的需求量下降。一方面是由于之前的囤货有所剩余，另一方面是因为对疫情的恐慌。而且在疫情暴发期间，消费者更加注意健康，出门也多是为了进行生活必需品的采购，快递和外卖的数量大幅提高影响了休闲食品的价格。消费者对于健康的需求也逐渐提高，而消费能力减弱后，令其有限的资金分配需要进行权衡，对于健康不利的休闲食品则需求降低。

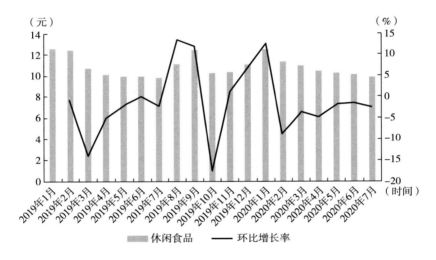

图 3 - 119　休闲食品价格及环比增长率（2019 年 1 月 ~ 2020 年 7 月）

休闲食品包括饼干蛋糕、海味零食、坚果炒货、冷饮冻食、蜜饯果干、面点、膨化食品、肉干肉脯、糖果/巧克力、休闲零食等。从图 3 - 120 中我们可以发现，坚果炒货、蜜饯果干、肉干肉脯的价格波动更大，在 2020 年 1 月有一个明显的提升，2 月价格又下降到平均水平。而冷饮冻食、膨化食品、饼干蛋糕、海味零食的价格波动较小。这是由于春节期间人们对于干果炒货等食品有着囤积需求，以便春节期间的聚会和走亲访友，因此 2020 年 1 月的价格有一个小高峰。随着疫情的暴发，消费者在家避免出行，购买需求下降导致价格的下跌。然而膨化食品、休闲零食的价格始终围绕着价值波动，需求量变化始终有限，价格变化不大（见图 3 - 120 至图 3 - 122）。

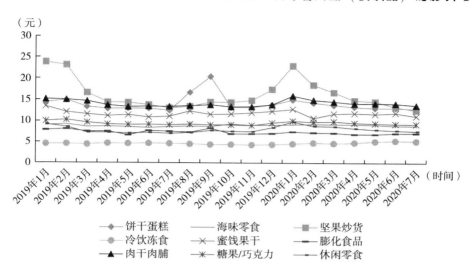

图 3 – 120　休闲食品各类价格变化（2019 年 1 月 ~ 2020 年 7 月）

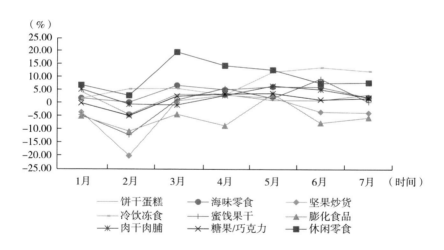

图 3 – 121　各类休闲零食环比增长率（2020 年 1 ~ 7 月）

（六）日用品

日用品受到疫情的影响而产生剧烈的价格变化。如图 3 – 123 所示，日用品价格从 2019 年 12 月至 2020 年 2 月上升，突破了 18 元，远超 2019 年的价格。从 2020 年 2 月开始又逐月下降，下降过程价格变化较大。这是由于春节前消费者有

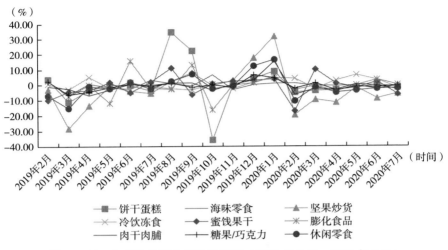

图 3 – 122　各类休闲零食同比增长率（2019 年 2 月 ~ 2020 年 7 月）

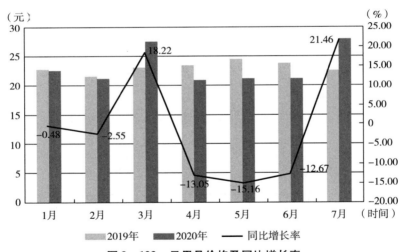

图 3 – 123　日用品价格及同比增长率

购物囤货的习惯，更倾向于囤积一些日用品以备不时之需。从图 3 – 123 和 3 – 124 中可以看出日用品价格增长率在 2020 年 3 月达到最高值，在 4 月迅速跌为负数且为负增长。而随着疫情的严重暴发，消费者产生了恐慌心理，更需要囤积卫生用品，一方面保证在家的正常生活，另一方面也是为了防控疫情。而到 2020 年 2 月，随着政府发布文件及新闻保证群众的生活正常有序进行，安抚了群众的恐慌情绪，使其恢复理智。由于已经囤积了大量日用品，恢复理智后的消费者减少了对日用品的需求，导致其价格下降。

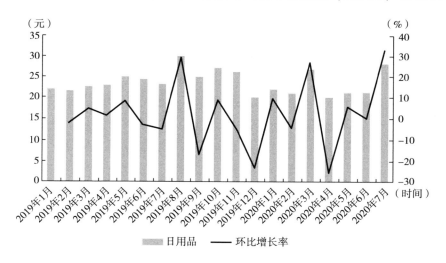

图 3 – 124 日用品价格及环比增长率（2019 年 1 月 ~ 2020 年 7 月）

　　日用品的类别包括卫生清洁、个人护理、餐饮用具、居家日用、床上用品、洗浴用品等。由图 3 – 125 我们发现，所有类别的日用品在 2020 年 2 月价格有所提高，之后虽然有所下降但都高于 2019 年的平均水平，不同类别日用品的价格变化差异极大。其中家庭环境清洁类产品的价格在 2020 年 2 月价格提高甚至突破了 30 元，之后虽然有所下降，但依然超过了 2019 年的最高价格。由图 3 – 125 至图 3 – 127 我们可以看到，居家日常和床上用品的价格变化最大，而卫生清洁的价格变化最小，除了 2020 年 2 月之外基本没有太大波动。这是由于 2020 年 2 月疫情暴发期间人们提高了对卫生安全的重视程度，极大地提高了对环境清洁的需求，而价格因此也有所提高。而纸制品由于是生活必需品，受到疫情的影响比较小，其价值和价格比较稳定。但是居家日常和床上用品属于非生活必需品，资金需要合理分配，且受到疫情期间尽量在家的影响，价格变化极大，以配合消费者需求的变化。

四、品牌销量变化

（一）不同品牌销量情况汇总

我们通过中国消费大数据研究院数据各品牌从 2019 年 1 月至 2020 年 7 月的

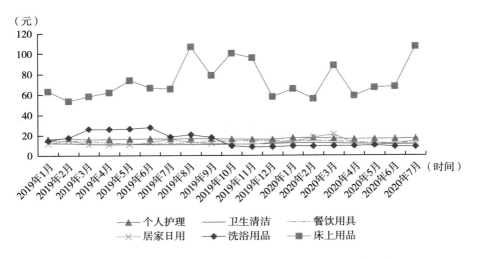

图 3 –125 日用品各类价格变化（2019 年 1 月～2020 年 7 月）

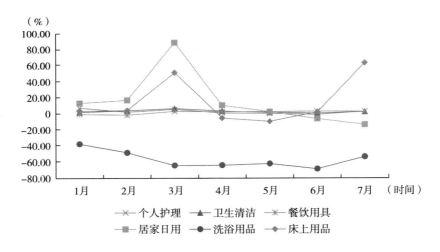

图 3 –126 各类日用品环比增长率（2020 年 1～7 月）

数据得到销量变化，发现不同品类的不同品牌销量情况有所差异。本部分选取销量波动具有代表性的几个品类，对其销量在近几年保持前五的品牌进行了销量分析，发现品牌总销量越高，名气越大，在疫情期间的销量变化越大。品牌销量变化的转折点均和疫情变化相关，疫情越严重则销量变化越大。生活必需品的品牌销量变化小于高档耐用品。

我们将休闲食品类、生鲜及熟食、米面粮油整合为食品类，选取食品类里常年销量排在前五的品牌，对其销量进行分析。如图 3 – 128 所示，图例从左到右

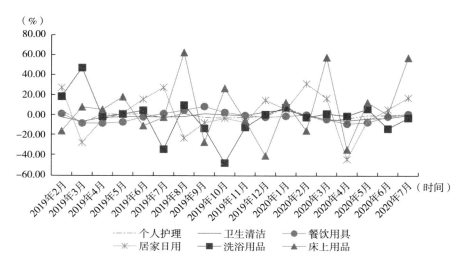

图 3 – 127 各类日用品同比增长率（2019 年 2 月~2020 年 7 月）

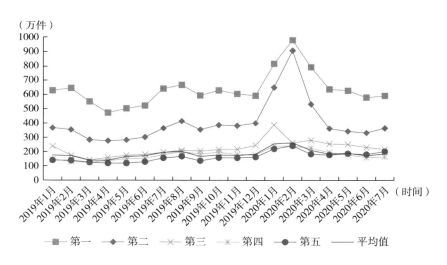

图 3 – 128 食品品牌销量变化（2019 年 1 月~2020 年 7 月）

代表品牌排名，从 2019 年 12 月疫情出现开始，食品销量就快速上升，到 2020 年 2 月疫情暴发期间，食品销量增长到顶峰。而从 2020 年 3 月开始，食品销量迅速减少恢复至疫情前的水平。不同排名的食品类价格波动也有所不同，可以看到品牌排名越高则变化越剧烈、波动越大，最低价格和最高价格间的差值更大。这是因为食品类产品关乎消费者的健康，因此在挑选时销量越高的品牌，其产品给消费者会带来更大的心理安全感，这也正是疫情期间所需要的。消费者认为品牌销量越高，购买的风险越低，进行选择时会优先购买他们所信赖的大品牌。

日用品的销量变化幅度则明显大于食品类，如图3－129所示，从2019年12月增加到2020年1月，达到一个顶峰之后则迅速降低。这是由于春节期间日用品促销活动力度较大，而人们由于疫情原因在家中日用品的需求量加大，促使销量增加。图例中从左到右代表品牌的排名，也可以看到品牌总销量排名越靠前，疫情期间销量变化越大。

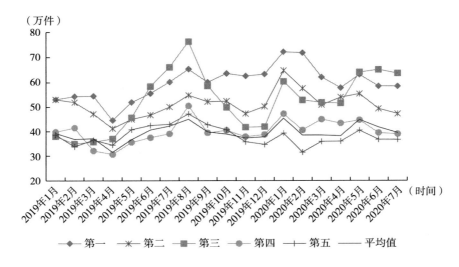

图3－129　日用品品牌销量变化（2019年1月～2020年7月）

饮料品牌的变化则比较复杂，包含酒水和乳制品两类。将这两者放在一起总结是因为两种均属于饮料并且受到相同的因素影响，其细分品类也有所类似，面对的消费者和价格变化趋势也相同。如图3－130所示，这几个大的饮料品牌销量变化波动很大，而销量在2019年12月和2020年2月都有所下降，从2020年3月至今销量则缓慢提高。品牌销量排名越高，品牌销量变化越大。在疫情暴发初期，群众对于生活必需品的需求量较大，而对于享乐品需求量较低。随着疫情得到控制，这种情况才得以好转。随着复工外出行动的人群数量增多，对饮料这类享乐品的需求量也越来越大，销量也越来越高。

（二）针对不同品类销量变化提出建议

不同的零售业态在未来策略调整的侧重点也各有差异。大卖场/标准超市的侧重点在以下两方面：一是加速供应链布局规划和自营能力建设，通过数字化转型，在货源保障、中台建设、物流时效等方面提升综合能力；二是全渠道经营拓

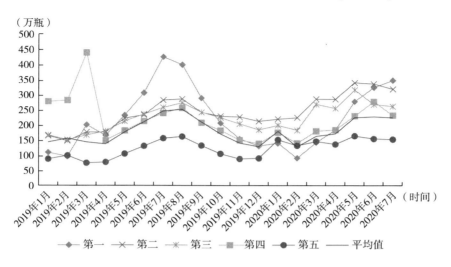

图3－130　饮料品牌销量变化（2019年1月～2020年7月）

展零售业务宽度，让到家与到店的深度融合成为常态。在小型超市/便利店方面，社区生鲜小型超市将加快布局，便利店将持续精准匹配近场生活圈。60%的受访小业态零售商表示，疫情过后将大力拓展线上渠道和到家服务/前置仓布局。便利店未来有望通过完善商品配置、加强便民服务，让消费者感受到"最后一公里"的品牌温度，以增强顾客黏度。对食杂店而言，侧重点在于突破供应链瓶颈，发挥邻里中心作用。疫情期间，全国逾500万家食杂店的供应链经受了全面考验，60%的店铺面临缺货，仅有1.1%的店铺从其他渠道或经销商处进货，仅有0.6%的店铺转为从新电商渠道进货，因此食杂店很有必要通过拓展本地供应商/经销商渠道，加强与大型、新型数字化供应平台的合作等方式，努力突破供应链瓶颈。对个护化妆品店及母婴类专营店而言，侧重点在于加速线上线下渠道融合，持续推进营销创新和社群运营，实现私域流量的变现。疫情期间，非刚需的个护品门店销售受到冲击，但通过站外引流、站内带货等多种线上创新方式可实现线上流量变现；部分线上线下融合较好的母婴店能够较好地应对冲击，未来的 OAO 模式价值将进一步凸显。

五、消费需求偏好变化

疫情的传播速度之快、影响程度之深使消费需求偏好发生了显著变化，通过系列数据对比可以发现，在产品属性偏好上，人们对便利食品、生鲜及熟食消毒抑菌商品、保健性食品、量贩式包装产品、密封包装商品的需求骤增，对散装食品的需求则明显减少。

（一）产品属性偏好

疫情导致消费者消费行为发生改变。一是倾向囤积便利食品及生活必需品；二是倾向家居卫生产品以及可提高人体免疫力产品（乳制品等）。

1. 食品便利

通过对比 12 个月（2019 年 8 月至 2020 年 7 月）各便利品类代表产品月平均销售额变化发现，不论是米面粮油、生鲜及熟食还是休闲食品都存在疫情期间销售额较大幅度变化的情况。从 2019 年 12 月疫情开始，三大类便利品类销售额均有不同程度上升，并于 2020 年 4 月出现不同程度的下滑。

米面粮油、生鲜及熟食由于其方便、易食、耐储存的特点被逆向激活，成为疫情期间受冲击最小的商品。总的来说，生鲜及熟食在囤货风潮导致的激增过后较快回落，并稳定在疫情之前的正常水平，但在消费人群、产品选择、渠道选择等方面可能会有所变化。

通过与前文中图 3-2 对比（见图 3-131 至图 3-132），我们可以发现，速冻饺子和粮油的环比增长率从 2019 年 12 月开始快速增长，到 2020 年 1 月达到顶峰，在疫情暴发初期的 1~2 月，速冻饺子的环比增长率要高于粮油的环比增长率，2 月至 3 月中旬，速冻饺子环比增长率低于粮油，3 月中旬至 4 月，速冻饺子环比增长率高于粮油，4 月初至 5 月，速冻饺子环比增长率不断下滑，5~7 月速冻饺子环比增长率出现先上涨再下滑的态势，但波动幅度不大，略高于粮油环比增长率。

午餐肉作为生鲜及熟食类便利食品平日很受大众喜爱，疫情给其销售带来了巨大变化。通过观察 2019 年 8 月至 2020 年 7 月的销售额走势可以发现（见图 3-133 至图 3-134），午餐肉在 2019 年 12 月至 2020 年 1 月销售额持续升高，环比增长率为 35.93%，并且同比增长率为 4380.00%，这可能一方面受春节购物的影响，另一方面因为 1 月疫情暴发，人们开始大量囤积食品，1~2 月，销售额增长幅度进一步加大，2 月销售额环比增长率为 146.15%，同比增长率为达到 2051.13%；2~3 月，午餐肉销售额开始下降，3 月环比增长率为 -80.32%，同比增长率为 962.89%；3~4 月，销售额开始上涨，但涨幅不大，环比增长率为 158.24%，同比增长率为 1251.52%；5~6 月，呈现先下降后增长的趋势。

通过对比前文中图 3-7 中的生鲜及熟食销售额环比增长率的变化（见图 3-133 至图 3-134），我们可以看出午餐肉相比于生鲜及熟食平均水平的变化。我们

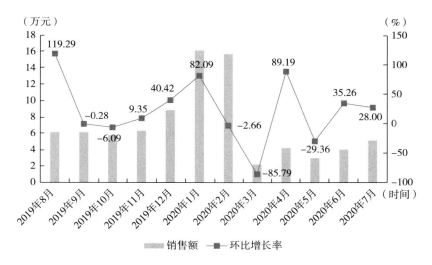

图 3 – 131 速冻饺子销售额及环比增长率（2019 年 8 月～2020 年 7 月）

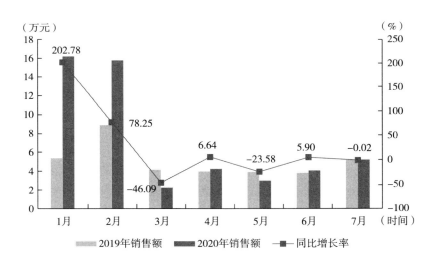

图 3 – 132 速冻饺子销售额及同比增长率

发现，2020 年 1～7 月大部分时间午餐肉的环比增长率高于生鲜及熟食的平均增长率，说明人们在购买生鲜及熟食时更青睐午餐肉。

2. 防疫安全

通过对比 12 个月日用品代表产品的销售额变动情况，可以看到消费者在疫情期间对产品安全属性的追求更加迫切，清洁类日用品销售额波动明显。我们选择三种不同品牌的洗手液，分别为水果香泡沫洗手液、抑菌洗手液和健康抑菌洗

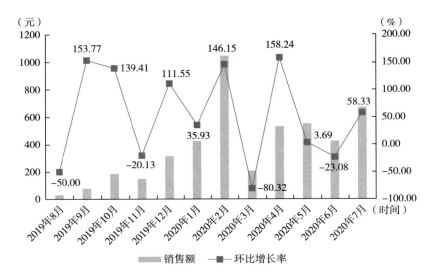

图 3 - 133　午餐肉销售额及环比增长率（2019 年 8 月～2020 年 7 月）

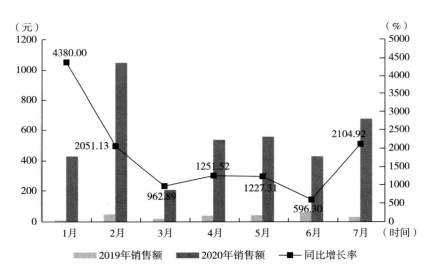

图 3 - 134　午餐肉销售额及同比增长率

手液，观察其在 2019 年 8 月至 2020 年 7 月的销售额走势发现，三种洗手液销售额均在疫情暴发之后急剧上升，在 2020 年 1 月达到销售顶点，1 月之后所有品类洗手液销售额整体均呈现下降趋势（见图 3 - 135 至图 3 - 137）。

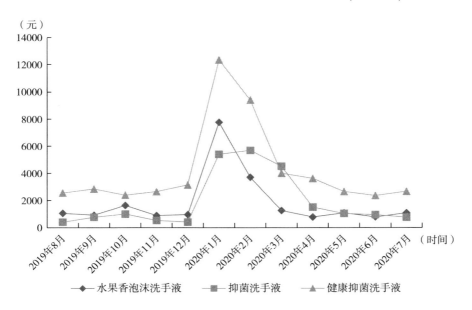

图 3 – 135 日用品销售额（2019 年 8 月 ~ 2020 年 7 月）

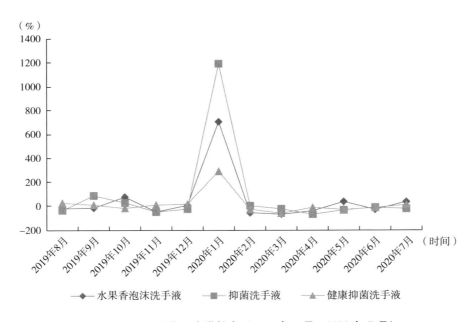

图 3 – 136 日用品环比增长率（2019 年 8 月 ~ 2020 年 7 月）

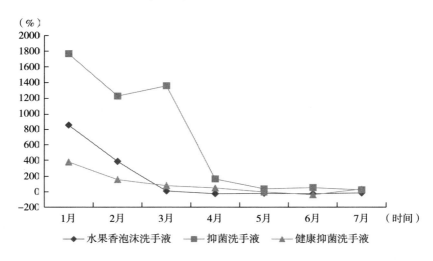

图 3－137　日用品同比增长率（2020 年 1～7 月）

3. 饮食健康

根据国家卫生健康委员会发布的《新型冠状病毒感染的肺炎防治营养膳食指导》，乳制品作为重要的优质蛋白质类食物，能有效改善居民营养状况，增强抵抗力。根据部分牛奶品类 12 个月（2019 年 8 月至 2020 年 7 月）销售额变动图可观察到各种牛奶在疫情期间均有小幅度增长。2020 年 1～7 月小瓶装高品牌牛奶的同比增长率始终高于其他两种牛奶，小瓶装高品牌牛奶和大瓶装高品牌牛奶销售额始终高于地区性优质牛奶（见图 3－138 至图 3－140）。

生鲜食品含有丰富的维生素、蛋白质以及维持人体健康所需的各种营养物质，是老百姓餐桌上最常见的东西。我们选择受大众喜爱的黄白菜作为代表性商品进行统计分析，疫情期间黄白菜的销售额总体呈上涨趋势，1 月销售额环比增长率达到 176.22%，可能因为一方面人们春节购物增加了对生鲜食品的购买，另一方面则是出于应对疫情考虑。2～3 月，黄白菜销售额出现小幅度的下降，4～7 月，销售额不断上升，7 月环比增长率高达 206.50%（见图 3－141）。

（二）产品包装偏好

1. 大包装（量贩式）

疫情期间囤货消费倾向明显，避免出门成为消费者购买量贩式产品的主要驱动力。我们比较了米面粮油、酒水和日用品三种量贩式产品 2019 年 8 月至 2020 年 7 月的销售额环比增长率和同比增长率变动情况。其中，酒水选择代表性商品啤酒，如果一次性购买超过 12 瓶则为大包装购买；米面粮油选择代表性商品速

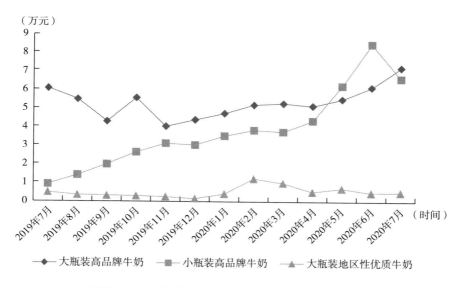

图 3 – 138　牛奶销售额（2019 年 7 月 ~ 2020 年 7 月）

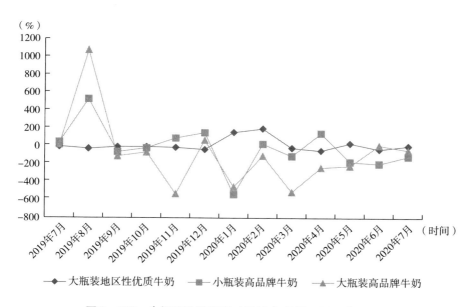

图 3 – 139　牛奶环比增长率（2019 年 7 月 ~ 2020 年 7 月）

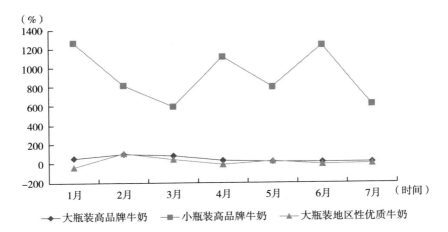

图 3 - 140　牛奶同比增长率（2020 年 1～7 月）

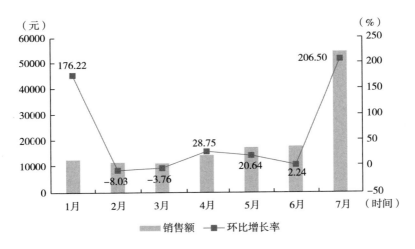

图 3 - 141　黄白菜销售额及环比增长率（2020 年 1～7 月）

冻饺子，并根据已有数据选择净含量最大的某品牌速冻水饺；此外，由于洗衣粉是日常家居必不可少的生活用品，我们选择已有数据中最大含量的洗衣粉作为日用品代表性商品。通过数据可知，疫情期间，量贩式酒水和米面粮油总体上维持在较高销售水平，量贩式日用品则在 2 月、3 月呈现大幅度增长态势，4 月以后销售额开始逐渐回落（见图 3 - 142）。

　　进一步做数据分析发现，疫情期间酒水的环比增长率和同比增长率变化幅度都非常大，虽然疫情期间酒水的环比增长率几乎一直是负值，但同比增长率非常高（见图 3 - 143 和图 3 - 144）。米面粮油的同比增长率一直为正值，说明在这一

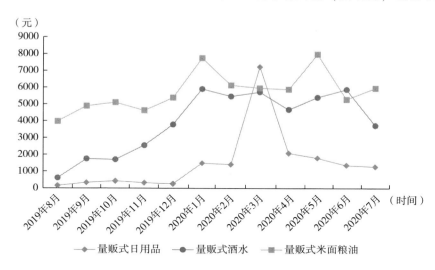

图3－142 量贩式产品销售额（2019年8月~2020年7月）

时期人们对米面粮油的需求量要高于上年同期，2020年1~2月，米面粮油环比增长率不断下降，2~3月环比增长率不断上涨，4~7月，环比增长率总体上呈下降趋势，说明囤粮行为不断减少，逐渐恢复到疫情前正常供需状态。量贩式日用品同比增长率变化较为平缓，环比增长率1~2月不断下降，2~5月大致呈不断增长趋势，5~7月呈先减后增的趋势。

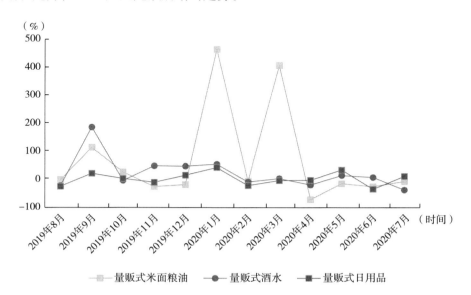

图3－143 量贩式商品销售额环比增长率（2019年8月~2020年7月）

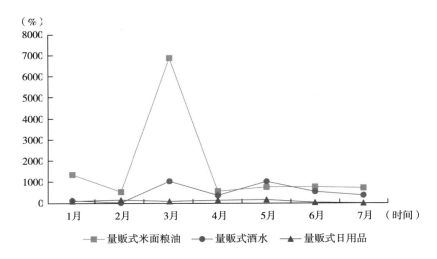

图 3 – 144　量贩式商品销售额同比增长率（2020 年 1 ~ 7 月）

2. 礼盒装销量下降

受疫情影响，在产品包装方面，消费者对产品外在要求降低，更倾向于简易包装，礼盒装销量存在不同程度的下降。

礼盒装生鲜及熟食因其健康营养、包装精美，往年在市场上非常受欢迎，尤其在春节前后，几乎在各种规模的超市商店里都可以看见，人们通常会买来赠送亲朋，我们选择口碑较好的某种品牌的礼盒装水果作为代表性商品进行分析，1 月礼盒装水果的环比增长率为 288.54%，同比增长率为 82.54%，2 月环比增长率为 – 46.71%，同比增长率为 – 60.74%，这可能因为 1 月下旬出现新冠肺炎疫情，政府采取紧急措施进行疫情防控，例如限制人们出行，限制线下营业等。3 月环比增长率为 – 5.94%，同比增长率为 68.78%，销售额进一步下降，但下降幅度不大。4 ~ 7 月，销售额波动不大，同比增长率则越来越小（见图 3 – 145 和图 3 – 146）。

酒水往年是逢年过节必不可少的馈赠佳礼，春节前后也是礼盒装酒水销售的黄金期，但 2020 年的黄金期礼盒装酒水销售却下降明显，1 月礼盒装酒水的销售额环比增长率为 1846.68%，同比增长率为 51.32%；2 月，酒水销售额呈现断崖式下跌，销售额环比增长率为 – 97.57%，同比增长率为 – 98.87%，主要由于 1 月下旬新冠肺炎疫情暴发，人们减少了很多聚餐会友的机会。3 ~ 5 月销售额波动幅度不大，随着疫情得到一定程度缓解，人们消费积极性回升，5 ~ 6 月酒水销售额回升，6 月环比增长率为 251.99%，同比增长率为 – 9.92%；7 月，礼盒装酒水的销售额下降，环比增长率为 – 83.28%，同比增长率为 – 42.10%（见图3 – 147 和图 3 – 148）。

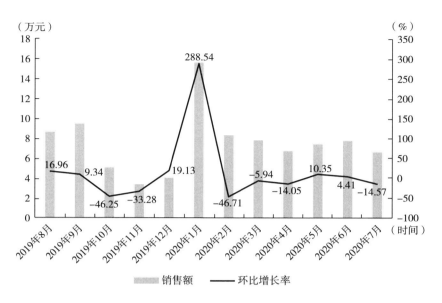

图 3 – 145　礼盒装水果销售额及环比增长率（2019 年 8 月～2020 年 7 月）

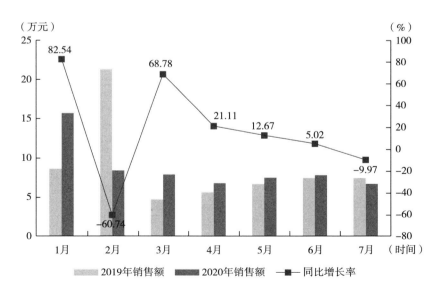

图 3 – 146　礼盒装水果销售额及同比增长率

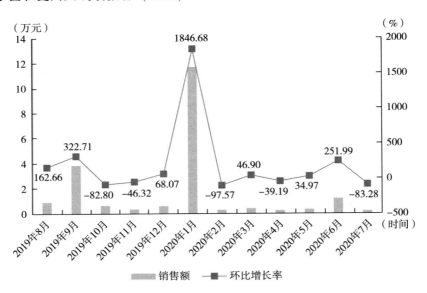

图 3 – 147　礼盒装酒水销售额及环比增长率（2019 年 8 月～2020 年 7 月）

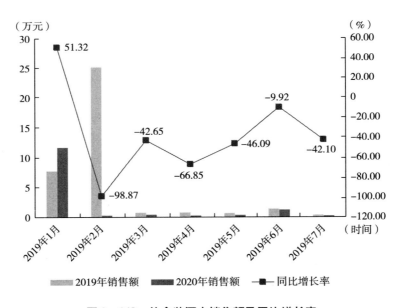

图 3 – 148　礼盒装酒水销售额及同比增长率

3. 对产品密封的需要

市场监管总局印发的《关于疫情防控期间进一步加强食品安全监管工作的通知》突出商超散装食品的管理，要求散装直接入口食品使用加盖或密闭容器盛放销售，采取相关措施避免人员直接接触食品。销售散装食品，应当佩戴手套和口罩，销售冷藏冷冻食品，要确保食品持续处于保障质量安全的温度环境。尽管相关部门印发了严格的散装食品销售管理办法，但出于特殊时期对食品安全的考虑，消费者在非包装类的敞开式、暴露产品上的消费依旧有所减少。

　　猪肉是人们日常饮食中必不可少的一部分，而其大多采用散装销售，因此可作为散装生鲜及熟食的代表性产品，统计数据发现 2019 年 8 月至 2020 年 7 月散装猪肉销售额整体呈现下降趋势。

　　与之对应的是，我们选择猪肉加工而成的密封香肠进行观察，密封包装香肠在 2020 年 1 ~ 2 月销售额不断上升，与散装猪肉形成鲜明对比，但 3 ~ 7 月的销售额呈不断下降趋势。

　　通过观察散装生鲜及熟食与密封生鲜及熟食的环比增长率，可以发现，在疫情高发期 1 ~ 2 月中旬密封香肠的环比增长率要显著高于散装猪肉的环比增长率，散装猪肉和香肠同属肉食类产品，在外出有风险、受限的情况下，密封香肠类食品是散装类肉食的重要替代选择（见图 3 - 149）。

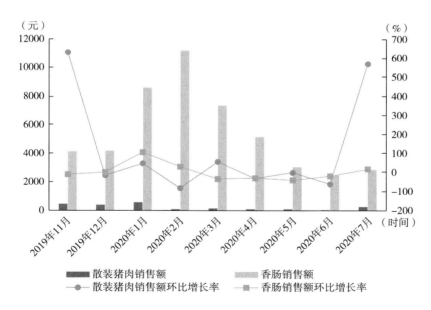

图 3 - 149　散装猪肉与密封香肠销售额及环比增长率（2019 年 11 月 ~ 2020 年 7 月）

第四章

疫情对中国社区商业企业的影响

社区商业是城市流通体系和民生保障体系的重要组成部分，在城市应急保障体系中发挥着基础性作用。社区商业企业能够提供居民日常生活所必需的商品和服务，不仅满足居民综合性消费，而且能够全面提升居民的生活质量。在第四次零售革命和新冠肺炎疫情暴发的双重驱动下，智慧型社区商业服务体系建设已成为"后新冠时代"社区商业发展的重点，吸引了大量的市场关注，也得到政府部门的高度肯定。虽然新冠肺炎疫情在我国得到了有效控制，但鉴于疫情在全球其他国家仍处于大流行的背景下，我国正处于外防输入、内防反弹的关键阶段。作为最贴近居民的社区商业企业充分发挥了保民生、促稳定的重要作用。

一、社区商业在我国发展的现状

我国社区商业的起步相对较晚，并且前期发展也较为缓慢，与发达国家社区商业在城市商业体系中的份额相比，我国社区商业的发展还存在不小的差距，因此全面发展社区商业面临着艰巨的挑战。虽然目前我国的社区商业发展较为初级，业态布局及形式单一，但随着房地产行业的持续火爆，社区商业的发展已经得到越来越多的重视。尤其是在特大城市中，社区商业的发展已成为城市发展的一种趋势，未来社区商业将实现集约化、居住区化、虚拟化等特点。因此，社区商业不能仅停留在货品交易层面。要实现可持续发展，无论是线上还是线下，社区商业都要实现更高程度的便利化。一方面，社区商业具备持续性消费的先天优势，市场基础稳定，容易形成消费黏性。差异化、特色化也将成为社区商业企业的核心竞争力。另一方面，城市中心商业的经营成本越来越高，并且逐步被社区商业分流，而新兴的社区组团商业运营成本相对较低，可以降低经营风险与压力。受疫情影响，我国社区商业企业迎来了重要的发展机遇，同时也面临着极大的挑战。在新冠肺炎疫情暴发的特殊时期下，社区消费者的需求和行为都发生了变化，社区商业的价值也开始加速溢出。

毕马威在《新冠肺炎疫情的行业影响和未来发展趋势》[①] 报告中从宏观角度

---

① 资料来源：一文带你看懂疫情对各行业的影响和未来发展趋势 [EB/OL] . 毕马威，https：// home. kpmg/cn/zh/home/social/2020/02/how － novel － coronavirus － affects － various － industries － and － future － development － trends. html。

分析了疫情对银行、资管、零售等十大行业带来的机遇与挑战。报告认为中国城市化进程推动的人居基础设施为社区商业的发展提供了环境基础。随着新冠肺炎疫情的暴发，生鲜、日用杂货等刚性需求品类壁垒逐渐消融。老年用户群体也开始逐渐线上化，社区商业用户基础面、认知度和接受度被进一步放大。中国连锁经营协会常务副秘书长王洪涛表示，"如果说在2020年之前，社区商业的价值并没有被很好地诠释、挖掘或者演示，那么疫情则让社区和商业这两个词真正得以融合和链接。政府、零售餐饮服务业和消费者们开始在同一个语境下理解社区商业的意义和价值"①。在此背景下，首都经济贸易大学中国消费大数据研究院联合蚂蚁商联对疫情下我国的社区商业企业进行了问卷调查，包括社区商业企业和社区生鲜商超门店，共发放问卷154份。通过对回收问卷进行数据分析，研究疫情对我国社区商业企业的影响。

二、调研企业的基本情况

我们的问卷调查数据显示，社区商业企业的经营范畴（见图4-1）主要包括百货、超市、大卖场、社区生鲜超市和便利店几种类型的组合。在我们的调研样本中，大卖场+生鲜超市+便利店的经营业态最多，占比为36.36%，其他依次是社区生鲜超市（25.97%）、百货+超市（19.48%）、超市+便利店（14.94%）的经营业态，单一便利店模式的企业最少，在调查样本中仅占3.25%。

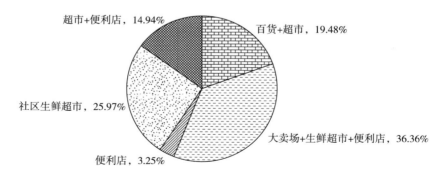

图4-1 社区商业调研样本企业经营范畴及占比情况

---

① 资料来源：有的放矢 精准定位 社区商业差异化经营成竞争热点［EB/OL］. http：//www. cnvsj. cn/hangye/xinwen/2020-07-10/29234. html，2020-07-10.

从年销售额度来看（见表4－1），半数样本企业销售额度在1亿元以下（占比50.65%），1亿～3亿元的有19家（占比12.34%），3亿～5亿元的有7家（占比4.54%），年销售额度超过5亿元的样本企业共50家（占比32.47%）。由此可见，我们的样本企业包含了大多数的小型社区商业企业和超过1/3的大中型社区商业企业，样本覆盖范围较为全面，所得结论能够在一定程度上反映出疫情对我国社区商业企业的整体影响情况。

表4－1　调研企业的年销售额度情况

销售额度	企业（家）	比例（%）
1亿元以下	78	50.65
1亿～3亿元	19	12.34
3亿～5亿元	7	4.54
5亿～15亿元	35	22.73
15亿元以上	15	9.74

对应所调研企业样本的整体规模分布较广，调查对象包括从100人以下到2000人以上的代表企业（见图4－2）。其中，100人以下的企业数占近半数，占比47.4%，比例与年销售额度在1亿元以下的企业趋同；100～500人的企业占比为9.74%，500～1000人的企业占比为14.29%，1000～2000人的企业占比为9.09%，2000人以上的企业占比为19.48%。

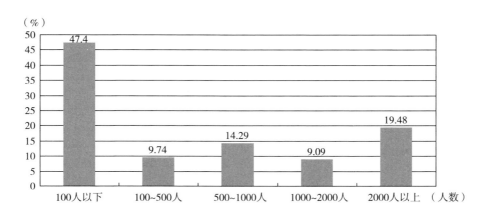

图4－2　调研企业规模分布情况

从城市分布来看，所调研样本企业在各级城市间分布较为均匀（见图 4－3），其中一线城市占比 24%；二线城市企业样本数略少，占比 13%；三线城市企业样本占比 22%；四五线城市样本占比 18%；最后经营区域在区县一级样本企业数共占比 23%。由此可见，调研样本能够在一定程度上反映各级城市社区商业企业的发展情况。

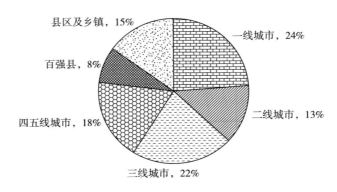

图 4－3　调研企业城市分布

三、疫情下社区商业企业门店变化情况

社区居民具备规模大、人口多、购物需求旺盛、消费力强劲等特点，决定了社区稳定的消费流量和较为可观的商业利润。[①] 然而，新冠肺炎疫情的暴发改变了消费者的消费行为和购物习惯，从而必然间接影响到原本正常发展的社区商业企业门店的正常运营情况。课题组针对该情况，首先对社区商业门店在疫情期间的店铺变化情况进行了调查。调查结果显示（见图 4－4），在所调研的门店中，"新增 1～3 个门店" 的变化情况以 38% 的占比位居第一，其次是占比 32% 的"无变化"情况，而"新增 6 个以上门店"的变化情况占比 11%，三者合计占比 81%。由此可见，由于疫情期间社区封闭，导致居民活动范围受限，就近购物成为特殊时期消费者的购物习惯，推动了整个社区商业行业的快速发展，这使诸多社区商业企业在疫情期间能够维持店铺经营。另外，有一部分企业能够洞察并抓住发展机会，新增店铺，大力抢占市场份额。位于第三阵营的是占比 12% 的"关

---

① 资料来源：社区商业 + 街区商业"小而美"社区商业［EB/OL］. http：//www. guandian. cn/article/20181121/210495. html，2018 － 11 － 21.

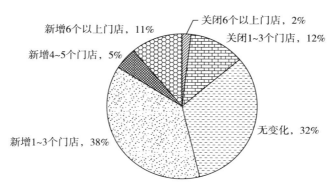

图4-4 疫情期间社区商业企业的门店新增及关停情况

闭1~3个门店"这种情况,说明在疫情期间社区商业企业加速发展的浪潮下,有部分企业由于成本、资金流等压力被淘汰,选择关闭门店,退出市场。

总体来说,通过对疫情期间社区商业企业的门店变化情况分析发现,新冠病毒的"黑天鹅事件"对社区商业企业门店的冲击并没有造成太大的影响。具体表现在:1/3的企业仍能维持日常运营;只有14%的企业出现了门店关停情况;而超过半数的企业都选择了新增企业门店,虽然新增门店数从1家到6家以上各不相同,但是社区商业企业门店的整体发展变化都呈新增趋势。

专栏4-1

外资便利店企业罗森发力社区零售

罗森于1939年在美国俄亥俄州以"Mr. Lawson's Milk Store"的形式成立。1975年进入日本市场,作为一家专业的连锁便利店公司在日本全面展开业务。在中国,1996年罗森作为首家外资连锁便利店入驻上海。此后,罗森不断拓展,先后进入重庆、辽宁、浙江、北京、江苏、湖北、安徽、天津、湖南等地,实现了在中国业务的全面开展。截至目前,罗森(中国)属于在华外资便利店门店数仅次于全家的第二位外资便利店企业。

自2019年开始盈利后,罗森便开始积极抢占下沉市场,其门店拓展速度显著提升,即便在新冠肺炎疫情暴发期间,仍然保持着门店总数稳步增长的态势。由于租金和人力成本不断高企,便利店在一线城市面临巨大的经营压力。同时,随着消费水平和消费需求的升级,二三线城市发展空间不断增大,便利店市场下沉已成必然趋势。基于此,罗森同时在华东、西南、京津冀等重点区域的二三线城市频频发力,抢占下沉市场。形成由一二线城市向周边三四线城市辐射的都市圈协同发展模式。在新冠肺炎疫情仍在流行的背景之下,罗森加快了对社区便利店的布局，采取的策略主要是区域化集中开店，即在某一片区域内高密度开店如某一城市的某区域，进而抢占用户心智，吸引更多消费者进入门店消费。仅2020年4～7月，罗森在重庆就新开了28家门店；6月30日，罗森在合肥三店同开；8月以来，罗森又先后入驻河北唐山、安徽芜湖以及江苏南通等多个地级市，并实现多店同开。预计2020年底，罗森在中国店面数将超过3000家。

资料来源：①中国罗森官网，https：//www. chinalawson. com. cn/company. html. ②突破、下沉、增资，罗森中国狂奔［EB/OL］. 联商网，http：//www. linkshop. com. cn/web/archives/2020/453246. shtml，2020－08－18.

四、社区门店疫情期间的营收变化情况

新冠肺炎疫情暴发的"黑天鹅事件"对便利店冲击颇大，据罗森中国副总裁张晟介绍："疫情期间，在所处相对优势位置的便利门店，比如交通要道、学校和医院，它们的销量都出现了不同程度的下滑。"我们的问卷调查结果也显示，疫情对社区商业门店的营业收入冲击较为明显。根据我们对社区商业企业的实体门店营业收入变化情况调查发现（见图4－5）。实现营业收入增加的门店占比41.57%，但增长规模主要以小幅度增长为主。其中，营业收入增加10%以内的门店占比为17.98%；营业收入增加10%～30%的门店占比为20.22%；仅有3.37%的门店实现了30%以上的增长幅度。由于顾客来店数减少、运营成本和资

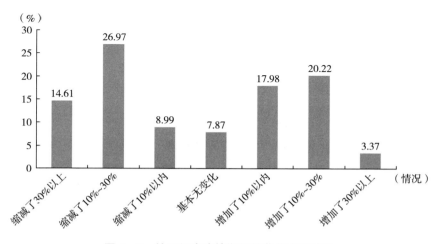

图4－5 社区门店疫情期间的营收变化情况

金链压力、未能及时调整运营策略等方面原因，样本中营业收入出现缩减的社区门店数量超过一半，占比50.57%。其中缩减了30%以上的门店占比14.61%；缩减10%~30%的门店占比26.97%；而小幅度缩减的门店，即缩减了10%以内的门店占比仅有8.99%。综合上述疫情期间社区商业企业的门店新增及关停情况的分析结果发现，虽然疫情期间社区商业企业的店铺关停情况较少且总体呈维持和小幅新增为主，但营收缩减比例较为明显。

与一般传统社区门店的销量和营收情况相比，也有部分企业在疫情期间的表现较为亮眼。如物美生鲜的蔬菜供应量超出日常3倍；盒马鲜生出货量达到平时的5~10倍；苏鲜生线上蔬菜水果日订单量增长超过200%，线下门店增长325%。

专栏4-2

物美超市：到家订单飙涨

物美集团是我国最大、发展最早的现代商贸企业之一。年销售额将超过500亿元，门店突破1000家，电子会员的占比达到70%。物美的数字化改造已穿插深入于供应链、选品、运营、用户等各个环节，在全场景覆盖、全链条联通、线上线下一体化、打造数字化平台这四个方面全面数字化，并为抗击此次突发的疫情打下深厚的基础，到家订单飙涨，企业2020年1~3月整体营业额不跌反涨。

针对抗疫物资紧缺的现实背景，1月30日，物美抢先发布公告称"已用专项基金采购的首批进口的300万只KF94口罩已经到店，将同时在门店和多点APP联合日用品捆绑发售，逐日限量供应，每位消费者限购10只"。在口罩紧俏的当下，物美这批进口口罩可以说十分抢手。虽然此举有些争议，然而却体现物美超市敢为有为、勇于创新的精神。针对疫情期间老百姓的"菜篮子"等民生问题。2月4日，物美超市如期推出"菜肉套餐"，包括7种蔬菜、1千克肉类，以及售价89元的5片韩国进口KF94口罩，总售价为199元。套餐一经上线，立即被抢购一空。

可以说，物美超市"肉菜套餐"的推出，不仅一站式满足疫情期间用户对于口罩、蔬菜、肉这三大刚需产品的需求，减少用户到店采购频次，而且通过次日达的方式，减轻O2O即时配送的压力。于是，到店、到家和到店自提就成为物美疫情期间并重的销售模式，而在这三种不同的销售模式下，物美的物流体系又分为O2O即时配送、次日达、仓库直发用户模式、仓到店的模式，以及到店自提等多种模式混合作业，通过多种模式来更好地实现保供应。

据物美超市披露的数据，在2020年春节期间，物美GMV同比增长232.2%，新增注册用户同比新增236.3%，2020年1月，GMV超42亿元，环比上年12月增长162.2%，2月新增注册用户又同比猛增一倍以上。

资料来源：多点＋物美的超市"疫情"创新：新推"菜肉套餐"，到家订单飙涨［EB/OL］. 联商网，http：//www. linkshop. com. cn/web/archives/2020/440718. shtml，2020－02－08.

同样，罗森（中国）针对疫情期间消费者减少采购次数、增加单次购物数量的购物习惯，将原本36小时或48小时保质期的盒饭等产品替换为保持期为30天的盒饭，从而满足顾客尤其是年轻客群单次购买量上的需求，进而提升了销量。由此可见，那些能够基于疫情期间的特殊要求和社区商业自身特征，根据外部环境迅速调整运营和营销策略的企业，不仅能够在疫情期间保持竞争优势，甚至可以吸引大量的顾客，进而实现营业收入的持续上升。

五、新冠肺炎疫情的暴发对社区商业企业正常运营的影响情况

本部分我们首先分别对社区商业企业和社区门店进行分析，进而对比两者在运营层面上受影响的相似与差异，随后根据企业所属区域对所有社区商业企业和门店的各经营压力进行单因素方差分析，从而比对疫情对社区商业企业运营的区域性差异。

（一）社区商业企业的运营影响情况

通过对问卷调查结果的汇总，本课题组对社区商业企业在运营方面的压力情况绘制了雷达图。如图4-6所示，8%的社区商业企业认为门店运营压力变大的影响"非常大"；56%的企业认为影响"较大"；25%的企业认为运营压力变大影响程度"一般"，可以接受；只有10%左右的企业认为门店运营压力变大的影响"很小"甚至"无"影响。因此，门店运营压力变大对社区商业企业的正常运营产生了较大的影响，在疫情中表现得十分凸显。具体的运营压力主要表现还包括采购成本上升、供应链资源不足、营业收入下降、房租压力较大、员工数量不足、人力成本提高、配送成本上升和周转资金不足八个方面。

（1）在采购成本方面，44%的企业认为采购成本上升的压力对正常运营的影响"一般"；17%的企业认为影响"较大"；只有1%的企业认为影响"非常大"；共有38%的企业认为影响较小，甚至没有影响。由此可见，超过80%的企业认为采购成本上升对企业正常运营没有形成较大的影响。

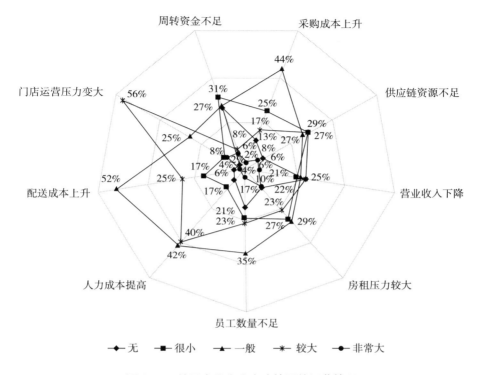

图 4 - 6 社区商业企业在疫情下的运营情况

（2）在供应链资源方面，疫情的暴发加剧了某些地区商业企业的进货渠道压力，原有供应链可能因疫情下的交通阻隔而断裂，重建供应链系统又是一个复杂的过程，导致社区商业企业在供应链资源上的压力增加。从问卷调查回收的结果来看，供应链资源不足对社区商业企业正常运营的影响情况趋于一致，并且主要集中于中值水平，即大约有 1/3 的企业认为对企业正常运营情况的影响"很小""一般""较大"；只有极少数企业态度分布在两端，即认为供应链资源不足没有造成影响或者具有"非常大"的影响。因此该因素值得社区商业企业给予重视，例如借助数字化技术重塑稳定的供应链体系，以帮助企业应对疫情反复可能出现的供应链不稳定的状况。

（3）在营业收入下降对社区商业企业正常运营影响情况方面，根据问卷调查结果，认为营业收入下降对企业正常运营影响情况"很小""一般""较大""无"的企业占比均为 1/4 左右；只有 6% 的企业认为营业收入下降对正常运营的影响情况"非常大"。因此从结果来看，各个社区商业企业在营业收入上具有较大差异，涨跌不一。

（4）在对房租压力对社区商业企业正常运营的影响情况分析中，约有 1/4 的社区商业企业认为房租压力较大对正常运营"无"影响或影响"非常大"；认为房租压力对企业正常运营的影响"较大""很小""一般"的企业各占1/4。因此租房压力和营业收入影响趋于一致，可能在营收下降比较明显的企业同样开始面临较大的房租压力。

（5）根据对员工数量短缺方面的调查结果发现，有35%的社区商业企业认为员工数量不足是"一般"性的问题，对正常运营的影响程度中等；23%的企业认为员工数量不足对正常运营影响"较大"；21%的企业认为影响"很小"；17%的企业认为员工数量不足对正常运营"无"影响；4%的企业认为影响"非常大"。因此认为员工数量不足有"非常大"影响和"较大"影响的社区商业企业数量占比为27%，和占比28%的认为影响"很小"和"无"影响的企业数量基本持平。因此在这一方面，因企业而异，并不是社区商业企业的共性问题。

（6）在对人力成本提高对社区商业企业正常运营的影响情况分析中，超过80%的企业认为存在影响，其中42%的企业认为人力成本提高的影响程度"一般"；超过40%的企业认为人力成本上升带来的影响"较大"或"非常大"；只有超过10%的企业认为影响压力"很小"或"无"影响。因此，总体来看，人力成本上升是社区商业企业普遍面对的一个影响因素。

（7）配送成本上升对社区商业企业正常运营的影响与人力成本上升对社区商业企业的正常运营影响情况趋于一致。其中52%的企业认为配送成本上升的压力"一般"可以接受；有25%的企业认为配送成本上升对企业运营的影响"较大"；17%的企业认为影响"很小"；只有6%的企业认为配送成本上升的影响"非常大"和"无"影响。因此配送成本上升对大部分企业正常运营的影响程度是中等偏上的，是疫情期间的主要影响因素之一。

（8）在周转资金不足对社区商业企业在疫情下正常运营的影响情况方面，总体上和房租压力较大的影响类似。存在较大和非常大的资金周转不足问题的企业都很少，而认为疫情带来的资金周转不足问题"一般"影响、"很小"影响以及几乎"无"影响的企业均在30%左右。可见周转资金不足问题对各个社区商业企业的正常运营影响不如其他因素显著。

通过对问卷调查数据进行分析，发现对于社区商业企业来说，疫情下各个影响因素对企业正常运营的影响情况既具有相似性也具有差异性。首先，超过八成的企业认为采购成本上升对社区商业企业具有"一般"影响、"很小"影响和"无"影响，因此不是企业面对的首要影响因素。其次，供应链资源不足、营业收入下降、房租压力较大和员工数量不足四个因素对各个社区商业企业的正常运营具有差异化的影响，因此不是社区商业企业普遍面临的重要的影响因素。周转资金不足相较于其他影响因素来说对超过50%的社区商业企业的正常运营"无"

影响或具有"很小"影响，因此也不是主要影响因素。而相对来说，配送成本上升、人力成本提高对 80% 以上的社区商业企业在疫情下的正常运营具有"一般"、"较大"或"非常大"影响，因此可以被认为是对大部分社区商业企业存在较大影响的因素。

专栏 4 - 3

每日优鲜：获得业内最大规模融资

每日优鲜是一个围绕着老百姓餐桌的生鲜 O2O 电商平台。覆盖了水果蔬菜、海鲜肉禽、牛奶零食等全品类，每日优鲜在主要城市建立起"城市分选中心 + 社区配送中心"的极速达冷链物流体系，为用户提供全球生鲜产品"2 小时送货上门"的极速达冷链配送服务。

2020 年 7 月 23 日，生鲜电商每日优鲜宣布完成最新一轮 4.95 亿美元融资，据悉，此轮融资由中金资本旗下基金领投，工银国际、腾讯、阿布扎比资本、苏州常熟政府产业基金等多家机构跟进投资，这也成为生鲜到家行业迄今为止最大规模的融资。

疫情期间，之所以能够实现规模盈利，在于每日优鲜深谙"供需之道"。与 C 端需求的链接上，每日优鲜独具特色的前置仓模式，将商品前置到距离消费者更近的场景，提高了物流配送效率及体验，让消费者得到更加便利、更加极致的消费体验，实现与消费者的深层次链接。在与供给端的连接上，每日优鲜利用技术做抓手，建立智慧物流体系，所有仓的库存管理、路由管理和进销存管理都是基于数据进行，同时建立了一套生鲜采购标准化系统，从源头起进行商品的标准化选品、采购、定价、收货和分选，大大提高了商品从田间到消费者舌尖的流通效率，最大限度地为供给端赋能。

资料来源：获得业内最大规模融资，每日优鲜做对了什么［EB/OL］. 创业网，https://www. admin5. com/article/20200725/960995. shtml，2020 - 07 - 25.

（二）社区商业门店正常运营的影响情况

课题组同样针对社区商业门店在疫情下正常运营的影响情况单独做了问卷调查，根据数据分析的结果发现，门店在疫情下面临的运营方面的压力情况与社区商业企业的结果总体上趋于一致，但在个别方面也存在差异。对社区商业门店在运营方面的压力情况绘制的雷达图（见图 4 - 7）显示，18% 的门店认为门店的运营压力变大具有"非常大"的影响；认为运营压力具有"较大"影响的门店数量占比 49%；21% 的门店认为运营压力变大的影响程度"一般"。因此与社区商业企业一样，有将近90%的社区门店认为门店运营存在压力，而其中超过半数的社区商业门店认为疫情下整体的门店运营压力很大，在疫情中表现也十分凸显。随后课题组对包括采购成本上升、供应链资源不足、营业收入下降、房租压力增大、员工数量不足、人力成本提高、配送成本上升和周转资金不足八个方面又分别做了具体的分析。

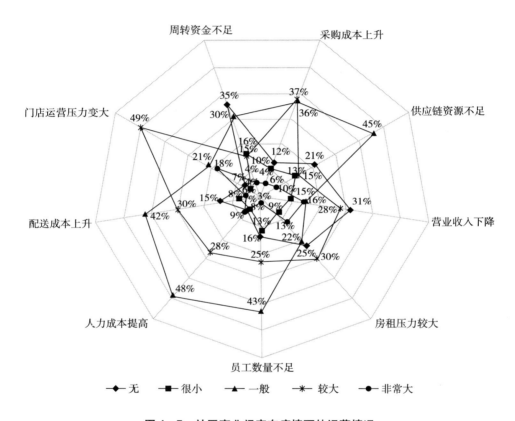

图4-7 社区商业门店在疫情下的运营情况

（1）在采购成本上升对社区商业门店正常运营影响情况的分析中，37%的门店认为采购成本上升的影响"较大"；36%的门店认为采购成本上升对门店的正常运营有"一般"的影响；10%的门店认为影响"很小"；12%的门店认为"无"影响。因此，与社区商业企业的数据比对来看，采购成本上升是社区商业门店在疫情下正常运营的主要影响因素。

（2）在供应链资源不足对社区商业门店运营的影响情况中，有45%的门店认为供应链资源不足对正常运营影响"一般"；有13%的门店认为供应链资源不足的影响"很小";21%的门店认为供应链资源不足对正常运营"无"影响；15%的门店认为影响"较大"；只有6%的门店认为该问题"非常大"地影响了门店的正常运营。因此，认为供应链资源不足对不同社区商业门店在疫情下运营具有"较大"和"非常大"影响的门店数量占比为21%，小于认为具有"很小"影响和"无"影响的门店数量占比为34%。因此，供应链资源不足的影响对于社区门店来说影响程度不大，门店商家可以适当重视，避免特殊情况下出现不必要的损失。

（3）对社区商业门店营业收入下降的问卷调查结果分析发现，有1/3的门店认为营业收入下降对运营"无"影响；1/3的门店认为有"较大"影响；可见营业收入下降对各个社区商业门店正常运营的影响情况也具有较大的差异，因此营业收入下降对门店来说也并非重要的影响因素，这一点与社区商业企业一致。

（4）在房租压力对社区商业门店正常运营影响情况的分析中，30%的门店认为租房压力较大对门店正常运营的影响"较大"；25%的门店认为"无"影响；22%的门店认为具有"一般"影响；13%的门店认为有"非常大"的影响；只有10%的门店认为影响"很小"。因此认为房租压力较大对不同社区商业门店在疫情下运营具有"较大"和"非常大"影响的门店数量占比43%，大于认为具有"很小"影响和"无"影响的门店数量占比35%，因此课题组认为房租压力对于社区门店来说影响较大。

（5）员工数量不足对社区商业门店在疫情下正常运营的影响情况问卷调查结果显示，有43%的门店认为员工数量不足对正常运营具有"一般"影响；25%的门店认为员工数量不足"较大"地影响了门店运营；16%的门店认为"无"影响；13%的门店认为影响"很小"；仅有3%的门店认为员工数量不足问题存在"非常大"的影响。考虑到门店企业规模普遍偏小，用工需求不高，因此认为员工数量不足对门店来说也不算是重要的影响因素。

（6）在社区商业门店人力成本提高方面的影响情况中，48%的门店认为人力成本提高给门店带来的影响"一般"；28%的门店认为影响"较大"；认为人力成本提高对门店影响"很小"、"非常大"和"无"的门店数量占比均为10%左右。因此认为人力成本的提高对社区商业门店的运营也具有普遍的影响。

（7）对社区商业门店在疫情下配送成本上升的分析发现，其与人力成本的提高方面的影响趋于一致，根据对社区商业门店正常运营影响情况的问卷调查结果的雷达图显示（见图4-7），42%的门店认为配送成本上升对门店正常运营的影响"一般"；30%的门店认为配送成本上升"较大"影响运营情况；15%的门店认为"无"影响。因此认为配送成本上升也是影响门店正常运营情况的主要因素之一。

（8）周转资金不足对社区商业门店运营的影响情况，35% 的门店认为周转资金不足对正常运营"无"影响；30% 的门店认为周转资金不足"一般"影响门店的正常运营；16% 的门店认为具有"很小"影响；15% 的门店认为影响"较大"；只有 4% 的门店认为影响"非常大"。半数以上的社区商业门店认为周转资金不足对门店的正常运营"无"影响或具有"很小"的影响，因此认为周转资金不足不是重要的影响因素。

整体而言，通过对图 4 - 7 的分析可以发现，大多数社区商业门店认为疫情下相关的影响因素对门店整体运营情况影响"一般"。与社区商业企业相似，首先，营业收入下降这个影响因素对各个社区商业门店的正常运营具有差异化的影响，因此不是重要的影响因素。其次，约有 80% 的门店认为配送成本上升、人力成本提高、采购成本上升和房租压力较大四个方面对整体的门店运营情况具有"一般"、"较大"或"非常大"影响，因此均是主要的影响因素。此外，周转资金不足问题对社区商业门店的影响情况与社区商业企业类似，35% 的门店认为"无"影响，30% 的门店认为影响"一般"，16% 的门店认为影响"很小"，因此周转资金不足问题对大部分社区商业门店的运营情况影响不大，因此也不是主要的影响因素。最后，关于社区商业门店供应链资源不足和员工数量不足影响的评价，约 80% 的门店认为具有"一般"影响、"很小"影响或"无"影响，因此对门店的整体运营情况影响均不大。

（三）社区商业企业与门店商家运营情况比较

1. 相似之处

首先，对于社区商业企业与门店商家来说，50% 左右的企业和门店都认为疫情之下的门店运营压力变大对正常运营具有"较大"影响。主要表现在有八成左右的社区商业企业和社区商业门店认为在配送成本上升和人力成本提高两个方面，对疫情下企业或门店正常运营具有"一般"、"较大"或"非常大"影响，因此均为主要影响因素。其次，对于员工数量不足、供应链资源不足、周转资金不足和营业收入下降四个方面均不是对社区商业企业和社区商业门店正常运营的重要影响因素，但是都具有一定程度的影响。

我们对上述数据的分析结果不仅反映了社区商业企业和门店两者之间的相似性。根据中小企业的特点分析，受到新冠肺炎疫情的影响，集中于现金周期很短的行业，包括对加工制造和餐饮等影响较大。这与我们对社区商业企业的调研结果基本一致，即疫情对各个社区商业企业和门店整体的运营压力都很大。然而，在资金周转压力方面，我们的调查结果虽然在社区商业企业和社区门店商家的数据上得到了接近一致的反馈，但与一些研究存在着不一致的现象，如朱武祥和张平（2020）认为在新冠肺炎疫情暴发导致经济活动系统性停摆的背景下，企业面临巨大的生存压力，中小微企业的财务脆弱性风险更为明显，更需要金融支持，也更难获得金融支持。① 但根据我们的调研结果，周转资金不足相较于其他影响因素来说对超过50%的社区商业企业的正常运营"无"影响或具有"很小"影响，因此并不是主要影响因素。这可能是因为社区商业企业和门店更贴近居民消费，货品周转快，在资金回笼方面与其他传统行业存在显著差别。

2. 不同之处

首先，采购成本上升对社区商业企业和门店商家的影响，我们回收的问卷结果显示，采购成本上升对社区商业企业的影响是中等偏下的（44%的企业认为具有"一般"影响；25%的企业认为具有"很小"影响）；而对门店的调查结果显示影响是中等偏上的（37%的企业认为具有"较大"影响；36%的企业认为具有"一般"影响），因此采购成本对社区商业企业来说不是重要的影响因素，而对门店来说是主要的影响因素之一。

其次，房租压力较大对社区商业门店的影响大于对社区商业企业的影响。房租压力较大对不同社区商业门店在疫情下运营具有"较大"和"非常大"的影响门店数量占比大于认为具有"很小"影响和"无"影响的门店数量占比，是大多数社区商业门店的主要影响因素。而对社区商业企业来说由于影响差异性较大，因此不是普遍面对的重要影响因素。

最后，对各个影响因素评价的结果显示，对于门店来说，由于规模小，相对灵活性更高，有个别因素如周转资金不足（35%的门店认为"无"影响）和营业收入下降（31%的门店认为"无"影响）对大约1/3的门店运营是"无"影响的。此外，总体来看，对社区商业企业具有普遍影响只有两个因素（即人力成本提高和配送成本提高），而对社区商业门店具有普遍影响的因素主要有四个，除人力成本和配送成本外，门店还面临着采购成本和租房成本两个压力。

3. 整体分析

总的来说，疫情下社区商业企业和门店商家的运营情况均受到了不同程度的影响，具体表现在运营成本和资源不足等方面，并且对商业企业和门店商家的影响整体趋于一致。通过问卷调查结果显示，各个影响因素对企业或商家运营情况的影响程度大多集中在"一般"、"较大"和"很小"，认为"无"或者具有"非常大"影响的较少，其中上述个别因素"无"影响的情况大多集中在门店商家。

---

① 朱武祥，张平，李鹏飞，王子阳. 疫情冲击下中小微企业困境与政策效率提升——基于两次全国问卷调查的分析［J］. 管理世界，2020，36（4）：13－26.

4. 区域性比较

为比较社区商业企业运营压力的区域性差异，课题组特将调研企业按其运营所在区域是否为一二线城市分为两类，对各社区商业企业及门店的运营压力分量指标进行单因素方差分析，所得结果如表4-2和表4-3所示。

表4-2　方差齐性检验

	Levene 统计量	df1	df2	显著性
采购成本上升	0.022	1	152	0.882
供应链资源不足	0.029	1	152	0.865
营业收入下降	18.850	1	152	0.000
房租压力较大	0.884	1	152	0.349
员工数量不足	9.732	1	152	0.002
人力成本提高	0.179	1	152	0.673
配送成本上升	0.575	1	152	0.449
门店运营压力变大	5.508	1	152	0.020
周转资金不足	2.016	1	152	0.158

通过方差齐性检验剔除营业收入下降、员工数量不足和门店运营压力变大三个因素，对剩下的六个因素进行单因素方差分析，结果如表4-3所示。

表4-3　单因素方差分析

		平方和	df	均方	F	显著性
采购成本上升	组间	4.781	1	4.781	4.713	0.031
	组内	154.212	152	1.015		
	总数	158.994	153			
供应链资源不足	组间	11.693	1	11.693	10.381	0.002
	组内	171.216	152	1.126		
	总数	182.909	153			
房租压力较大	组间	0.195	1	0.195	0.115	0.735
	组内	258.746	152	1.702		
	总数	258.942	153			
人力成本提高	组间	2.728	1	2.728	3.017	0.084
	组内	137.428	152	0.904		
	总数	140.156	153			

续表

		平方和	df	均方	F	显著性
配送成本上升	组间	1.145	1	1.145	1.205	0.274
	组内	144.439	152	0.950		
	总数	145.584	153			
周转资金不足	组间	0.002	1	0.002	0.001	0.969
	组内	221.712	152	1.459		
	总数	221.714	153			

通过方差齐性检验和单因素方差分析统计检验结果发现，社区商业企业及门店在采购成本上升和供应链资源不足两个方面存在显著的地域性差异。我们进一步通过绘制均值图（见图4-8和图4-9）发现，在采购成本压力方面，一二线城市的社区商业企业显著高于非一二线城市；而非一二线城市面对的供应链资源不足的压力显著高于一二线城市。

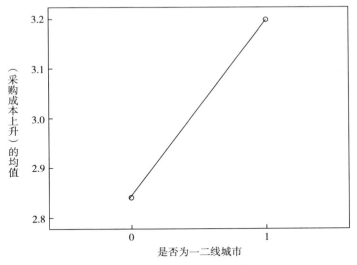

图4-8　采购成本上升的区域差异

关于一二线城市采购成本上升和非一二线城市的供应链资源不足的问题，罗森（中国）的店铺布局战略值得借鉴。从门店增设的地理区位来看，罗森逐渐由一二线城市的传统便利店市场开始对华东、华中和京津冀等重点区域的三四线及以下消费能力较强的区域市场发力。以重点城市辐射周边低线城市的方式形成都市经营圈，着手抢占下沉市场。这种转变既与当下一二线城市不断上涨的租金、人力成本有关，还与由市场整体消费升级带动三四线城市便利店发展空间不断增大的趋势相关。在扩张模式上，罗森采取了不同于 7 - 11 和全家的一种更加灵活的加盟方式，主要分为大加盟模式和区域授权模式。两者的主要区别在于本地市场是否拥有罗森自己的供应链，区域授权则需要代理商去做供应链。以安徽市场为例，罗森在安徽的授权经营商为南京中央商场，供应链主要依托于其股东雨润集团与其鲜食供应链。目前，雨润集团与罗森食品研发生产部门进行合作，为罗森量身定制一些更适合在便利店销售的小规格单品，如规格为 25 ~ 75 克的小型食品。从南京到合肥，再由合肥到芜湖，罗森的授权经营商都是南京中央商场，目的在于使距离相近、消费习性相同的皖南与苏南区域实现资源互通与共享，提升经营效率。

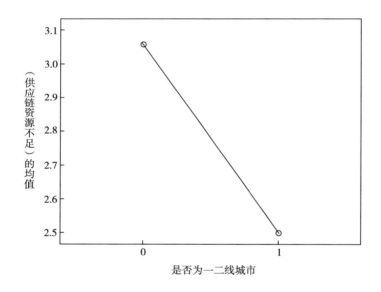

图 4 - 9　供应链资源不足的区域差异

六、疫情前后社区商业企业的销售渠道变化情况

（一）销售渠道的变化

随着互联网技术在零售业的不断创新迭代，线上化已成为不可阻挡的购物

趋势。① 面对互联网企业对线下市场的不断蚕食，零售业向以一定居住区为载体的社区商业转型成为其未来应对互联网企业竞争的一个重要阵地。② 社区商业因其靠近消费终端、有能力通过实体店释放虚拟商业的不真实感、可自由组合"邻近物流"资源等显著优势，将物流渠道、商流渠道及信息流渠道进行捆绑、融合、渗透到电子商务企业的各个环节中，加紧与主流新兴商业模式的融合，为电子商业提供线下展示、物流配送与分发。③

　　在新冠肺炎疫情的催化下，我国消费市场正加速向线上转移。为应对消费者购物端的变化，社区商业企业必然要调整战略以应对现实环境的变化。首先，根据对疫情前后社区商业企业销售渠道变化情况的问卷调查结果（见图4－10），"疫情之后新增了社群营销"的变化情况排名第一。这说明社区团购成为疫情下的新型社区商业模式。社区团购是以社区为单位，采用社群会员制，借助社交电商等平台，通过拼团的方式，提供线上购物、上门配送服务的一种社区社交商业模式。通过问卷调研结果，在疫情期间，这种商业模式受到消费者欢迎，成为社区商业企业拓宽销售渠道最多的选择。

　　其次，"疫情之前有线上渠道，疫情之后线上渠道得到了进一步发展"的社区商业企业销售渠道变化情况排名第二。在疫情之下，社区商业服务商的数字化和智能化能力短期内迅速提升，很多社区连锁店都拉开了数字化布局的序幕，从前台向中后台，商品、人员、协同等方面全面实现数字化，这样对于降低店面成本，提供更符合需求的商品，提升盈利能力意义重大。④

图4－10　疫情前后社区商业企业销售渠道变化情况

　　① 范秀成，杜建刚．服务质量五维度对服务满意及服务忠诚的影响——基于转型期间中国服务业的一项实证研究［J］．管理世界，2006（6）：111－118，173.
　　② 何迎朝，王笑磊．线上线下销售渠道选择研究：基于博弈论的视角［J］．现代管理科学，2015（7）：106－108.
　　③ 资料来源：社区商业的发展趋势，邻里中心VS社区商业［EB/OL］．https://www.sohu.com/a/318028934_772595.
　　④ 谢卫红，林培望，李忠顺，郭海珍．数字化创新：内涵特征、价值创造与展望［J］．外国经济与管理，2020（9）：19－31.

此外，"疫情之前主要重视线下实体店，疫情之后新增了线上渠道"排名第三；"疫情之后新增了直播带货"排名第四。通过疫情前后社区商业企业销售渠道变化情况的排名可以发现，基于疫情背景下，社区商业企业均在快速改变销售渠道。疫情之前就有发达的线上销售渠道的商家最少，另有少部分商家一直深耕于线下实体销售，而绝大部分商家在疫情发生后新增或进一步拓展了线上销售渠道，说明疫情加速了社区商业企业互联网渠道的转型。不论是通过新增线上销售模式还是完善和发展线上销售，都体现了社区商业企业销售渠道目前处在深化拓宽和快速变革的阶段。社区 O2O 具有巨大的商业价值。它定位于社区场景，既充分满足区域消费者的个性化需求，又有利于商家通过网络传播信息，顺应区域性消费习惯，聚集强大消费能力。同时，它能够整合社区周边传统服务场景，带动金融、餐饮、零售速配、房地产等领域快速配套，提升整个社区的商业价值。

专栏 4-4

生鲜传奇：百家门店紧急"上线"，拓展全渠道

生鲜传奇是一家生鲜服务商，2015 年 6 月诞生于安徽合肥，是乐城股份孵化的生鲜小业态社区便利店。立足生鲜及厨房周边商品，利用精准的货架管理和同城最低的价格，聚焦消费者家庭厨房的核心品类，满足 25～70 岁家庭消费者一日三餐需求。目前已在合肥拥有 100 家门店。生鲜专业连锁店定位更近、更鲜、更专的经营。经营蔬菜、水果、肉鱼、低温奶等生鲜商品，油盐酱醋、干货、酒水饮料等食品。

自 2020 年春节以来，新型冠状病毒引发的肺炎疫情多地频发，生鲜传奇积极响应国家和政府号召，履行民生企业的社会责任已经开始全力行动起来，不仅每天供应 500 吨食材以保障百姓的日常所需，更为了给顾客提供安全便捷的购物渠道，通过多方位协同紧密合作，于 2 月 5 日紧急上线了 APP/小程序商城，保障了疫情困扰下市民的便捷购物需求，还同步开通了到家服务。

生鲜传奇于 2 月 1 日提出：百家门店在 2 月 5 日全面上线生鲜传奇 APP/小程序。不过，要满足生鲜传奇百家门店紧急同时上线的迫切需求，并不是一件容易完成的事。一方面是时间短暂，任务量大；另一方面是存在多种线上履约模式（商城＋前置仓＋预约到店自提＋三方 O2O 平台）需要同时运行，多场景运营需要满足，对于生鲜传奇来说具有很大的挑战。

面对复杂的问题和有限的时间，生鲜传奇与合作伙伴全力克服困难，迎难而上，快速制定部署计划、精准地完善应对策略、合理进行分工安排并高效地落实开展工作，终于在时间节点前成功完成任务，顺利交付相关功能，满足了多种运

营场景，保证了生鲜传奇百家门店 2 月 5 日全面"上线"，高效便捷地服务消费者，实现了"全面数字化、服务在线化、场景智能化"的"全渠道智慧零售经"。

资料来源：生鲜传奇：小区里走出的零售新军［EB/OL］. 新浪网，http：//ah. si-na. com. cn/news/2019 - 10 - 28/detail - iicezzrr5422948. shtml，2019 - 10 - 28.

生鲜传奇、超市发、物美超市的数字化战略布局与逆袭突围［EB/OL］. 新零售财经，https：//baijiahao. baidu. com/s？id = 1663919533604288698&wfr = spider&for = pc，2020 - 04 - 14.

（二）线上销售收入

2020 年 1 ~ 3 月，物美生鲜、盒马鲜生、永辉生活等多个生鲜电商品牌平台业务较 2019 年同期增长两倍以上，营业收入也实现了增长。在拓宽和改变销售渠道的大背景下，通过问卷调查疫情前后企业线上渠道销售收入占比变化情况（见图 4 - 11）发现，有超过半数的企业疫情前后通过线上渠道销售收入实现了不同规模的增加。其中，线上渠道销售收入占比增加 10% 以内的企业位居第一；然后是增加 10% ~ 30% 的企业占比；最后是销售收入增加超过 30% 以上的企业占比。此外，约有 1/4 的企业在疫情前后企业线上渠道销售收入基本无变化；约有 20% 的企业在疫情前后线上渠道销售收入占比出现了缩减。整体来说，在疫情背景下，社区商业企业通过新增销售线上渠道以及开发直播带货、社区团购等新的销售模式实现了线上和线下销售的同步发展，能够在一定程度上快速提高销售收入，实现销售模式的改革和创新，为企业快速可持续发展奠定了基础。通过疫情前后企业线上渠道销售收入占比变化情况的分析可知，通过不断拓展和完善社区商业发展模式和销售渠道，不仅能够顺应社会需求的大潮流，也能够帮助社区商业企业实现销售收入的增加。

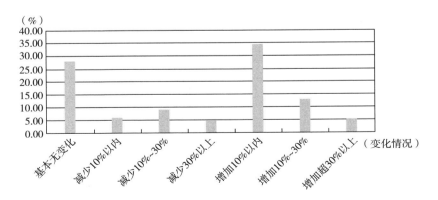

图 4 - 11 疫情前后企业线上渠道销售收入占比变化情况

七、新冠肺炎疫情暴发对社区商业企业在其他方面的影响

根据调查问卷显示，除上述影响因素外，企业管理者指出受影响的因素还包括来自竞争对手的压力、对不同购买品类方面的影响、行业内价格战激烈、供应商市场信心不足以及客诉较多等方面的影响。

（1）首先是来自竞争对手的压力。在疫情之下，竞争格局加速分化，提前进行业务布局的企业能够趁机扩大企业市场份额，积累了客户、人才、门店、供应商等资源，获得盈利和自身发展的综合素质。[①] 许多线上平台开始向线下延伸，本身强大的互联网技术成为其将业务链向线下拓展的强大竞争优势。同时资本方的介入也会形成更加激烈的竞争格局，例如地产商、小区物业、供应链平台等都期望获得超额收益，在未来均会成为社区商业企业发展的竞争对手。因此，为了应对疫情的冲击并实现社区商业企业的快速发展，小型连锁商超可以通过收购和整合，构建战略联盟合作体系，合作共生。同时实现上下游企业及相关产业体系能够合作共同抗击疫情，为消费者提供高质量的消费服务体验。[②]

（2）其次是疫情期间消费者在购买品类方面的改变对门店备货的影响。由于疫情时期消费者对防疫商品的需求发生了大规模的增加，使相关商户对该品类商品进行了大规模的补货和铺货。然而随着疫情慢慢好转，消费者对此类商品的需求逐渐趋于平稳。而商家没有及时意识到这一现象，因此造成口罩和酒精等关联商品大规模积压，从而导致亏损。另外，站在政府的角度，如果地方政府进行生产干预（如政府购买和政府补贴），虽然能够促使其产量增加，但是也会出现投资过度的现象，从而导致了非周期性的产能过剩。[③] 因此，政府应合理调控口罩、酒精等特殊商品的投资生产和安全管理。[④]

（3）高档商品和礼品类高毛利率商品的市场需求急剧下降，因此销售利润下降的幅度也较大。而对于具有便利性的烘焙类商品，由于市场需求增加，实现了利润的上升。此外还有对其他个别品类销售利润不同程度的影响，比如饮料、

---

① 金碚. 论企业竞争力的性质［J］. 中国工业经济，2001（10）：5-10.

② 魏守华，石碧华. 论企业集群的竞争优势［J］. 中国工业经济，2002（1）：59-65.

③ 王文甫，明娟，岳超云. 企业规模、地方政府干预与产能过剩［J］. 管理世界，2014（10）：17-36+46.

④ 李明，张璟璟，赵剑治. 疫情后我国积极财政政策的走向和财税体制改革任务［J］. 管理世界，2020，36（4）：26-34.

酒、针织、百货、日杂等。

（4）价格战进一步蚕食企业利润。为抢夺社区商业市场，行业内的价格战激烈。如果有一家厂商降价，行业中其余厂商的市场份额迅速萎缩，不得不同样以降价回应。[①] 由于各企业间相互模仿较快，导致产品差异程度减小，价格成了购买决策最重要的影响因素，于是降价成为各企业有力的竞争手段，但激烈的价格竞争严重影响了门店毛利润。尤其在疫情期间，企业的营业利润因彼此之间的价格战影响被进一步压缩。

（5）供应商市场信心不足，营业外费用的投入大幅减少。在经济学文献中，信任对经济增长的作用已众所周知。[②] 如在对 29 个国家的研究中发现，平均信任程度每提高一个标准差，一国的经济增长速度会提升 1.5 个标准差。因此，区别于基础设施、外部环境等方面的影响，信任在疫情下对中国社区商业企业来说显得尤为重要。

（6）顾客的不理解，客诉量增加较多。在"服务经济"时代，服务企业应同时注意多因素对服务忠诚度的影响，增强顾客的感知价值，营造服务双方的相互信任感，打造顾客高度满意。[③] 对于网络购物而言，网络安全性、价格优势和产品质量保证是影响网络顾客满意度最为重要的因素。[④] 因此，社区商业企业应当积极收集相关建议，正确处理客诉问题，与客户构建良好的关系。

此次疫情对我国经济冲击猛烈，企业正常生产经营活动的恢复更加困难，面临的不确定性因素和风险前所未有。因此对企业来说，进一步加强内部控制和风险管理就显得尤为重要。内部控制在防范和控制企业经营风险、财务风险等方面发挥着重要作用，是保证企业正常经营以及实现可持续发展目标的重要力量，其建立健全和有效实施成为企业生产经营成败的关键。[⑤] 大力发展社区商业，增强社会功能越来越重要。首先，是应对突发事件的需要，特别是这次新冠肺炎疫情传染性很强，如果社区商业发达，有完善的供应链，并做到线上线下融合，就可以将生活必需品直接送达用户。其次，是线上线下融合的需要。我国电子商务发展方向是线上线下融合，实行网订店取网订店送，这样不仅能解决"最后一公

①　安同良，杨羽云．易发生价格竞争的产业特征及企业策略 [J]．经济研究，2002 (6)：46–54, 95.

②　Guiso L., Sapienza P., Zingales L. Does Culture Affect Economic Outcomes? [J]. Journal of Economic Perspective, 2003, 20 (2)：23–48.

③　范秀成，杜建刚．服务质量五维度对服务满意及服务忠诚的影响——基于转型期间中国服务业的一项实证研究 [J]．管理世界，2006 (6)：111–118, 173.

④　查金祥，王立生．网络购物顾客满意度影响因素的实证研究 [J]．管理科学，2006 (1)：50–58.

⑤　陈艳萍，桑颖，孙爱忠．新冠疫情对企业内部控制的影响与对策 [J]．财会月刊，2020 (14)：78–81.

里"物流问题，也能避免每天快递穿梭在社区之中，产生一系列社会问题。① 大型商超在疫情中和 O2O 到家服务平台联合为消费者提供服务已经验证合作模式的成功，微信等社交新渠道红利、整合供应链支撑的高性价比商品、社区近场的良好交付体验、预售模式的低运营成本、规模化可复制性等优势都会促使社区电商在今后会集中爆发。②

从政府政策角度来看，政府一方面可以为小型社区商家提供税收减免以间接缓解配送等运营成本压力；另一方面可以牵头促进各平台共享配送资源，或推动第三方配送平台企业的建立，整合各线上平台接口，实现配单分配的优化，从而在一定程度上降低配送成本；针对一二线城市采购成本的增加和二三线城市供应链资源短缺的难题，地方政府可以进行跨区域政务合作，推动跨区域社区商业都市圈的形成，帮助近距离城市社区商业企业进行统一采购和物资调配活动，从而一方面有助于解决不同区域面临的运营压力，另一方面有助于推动区域化社区商业的发展。针对疫情下竞争格局加速分化，一方面，推动小型商超进行互联网、数字化转型，帮助其尽快、尽早适应未来社区商业发展模式，以应对互联网企业对传统市场的冲击；另一方面，推动小型社区商业企业形成联盟共同体，共享信息与资源，实现社区商业行业整体的良性发展，有利于推动我国社区商业在保民生促稳定方面发挥积极的作用。

---

① 资料来源：大力发展社区商业增强社会功能［EB/OL］. http：//www.rmzxb.com.cn/c/2020－03－06/2533966.shtml，2020－03－06.

② 资料来源：新冠疫情对零售行业的影响及未来发展趋势［EB/OL］. http：//www.china－cer.com.cn/hongguan jingji/202004143723.html，2020－04－14.

第五章

社区商业企业疫情应对与战略变化

一、疫情应急运营战略

新冠肺炎疫情缩短了人们的生活半径，消费者大量"回归"社区，使社区商业迎来爆发式增长，这其中包括消费者商品需求种类的变化、销售模式的转变，但是社区商业企业同时也面临一系列亟待解决与调整的问题，比如运营资金成本的压力等。为此，社区商业应在做好防疫工作的基础上，进行自我运营的更新升级，在把握住疫情带来的发展机遇的同时，迎接疫情带来的一系列挑战。本章从以消费者需求为导向，调整商品种类；开源节流，缓解运营成本压力；提升安全防护，开展线上销售与送货到家服务这三个方面总结了在疫情影响下社区商业企业运营战略的调整。

（一）以消费者需求为导向，调整商品种类

消费者对社区商业服务的依赖性明显增强。新冠肺炎疫情背景下，随着公共防控措施日益严厉，市场消费行为逐渐下沉到了"最后一公里"，甚至"最后一百米"，社区超市、便利店、生鲜电商等成为人们日常购物的主渠道，社区商业获得了越来越"不可或缺"的基础地位。① 面对消费需求的增长，各社区商业企业积极做出调整。根据154家样本社区商业门店在疫情期间商品种类销售量增加情况（见图5－1），127家（占比82%）门店米面粮油销售量增加，位居销量增加门店数量之首；121家（占比79%）门店生鲜产品销售量增加，83家（占比54%）门店冷冻食品销售量增加，71家（占比46%）门店肉类制品销售量增加，67家（占比44%）门店清洁用品销售量增加；酒水、饮料饮品等相对变化较小。由此可见，疫情期间多数社区商业门店商品销量有所增加，销量增加显著的商品种类中多数为刚需类商品。

在调整商品种类的相关措施中，具体来讲大部分企业采取了如下举措。

1. 提升标准化的食品、包装产品、半成品等商品比重

消费者商品需求发生变化。一方面，面对消费升级，消费者更加倾向消费健康、安全的食品；另一方面，在此次新冠肺炎疫情影响下，注重饮食、提高免疫力成为消费焦点，消费者也更愿意接受免接触、卫生安全性高的商品。针对到店和到家的不同客户群体，在生鲜和副食商品的规格选择上，家乐福在线下门店主

---

① 王成荣，王春娟."后新冠时代"加快智慧型社区商业服务体系建设的思考［J］.商业经济研究，2020（12）：5－9.

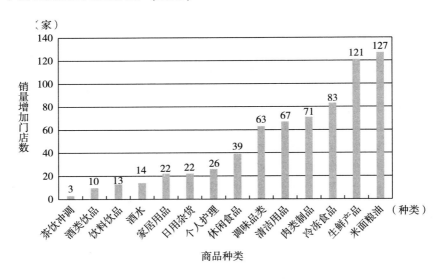

图5-1　社区商业门店不同商品种类销量增加情况

推大包装、家庭装商品，强化性价比，满足大家庭的一站式购物。而线上加推小包装、一人份、半成品，符合年轻型家庭线上购物的习惯。同时在试点门店推出"健康指导货架"，以减盐、减糖、减油产品，全谷物纯净配方产品为主，满足消费者对健康消费品的认知和购买需求。

2. 根据消费者消费比重调整进货结构

企业应根据目前消费者消费比重调整进货结构，这可以有效避免货物囤积，以保证企业的稳健良性运转。新冠肺炎疫情发生后，医疗防护用品、生鲜商品消费比重显著增加；餐饮、娱乐、服饰等非刚需品类的消费需求有所下滑；米面粮油、肉禽果蔬等基本民生保障类消费大比例攀升。据京东到家平台销售数据统计，其粮油副食同比增长540%、肉品同比增长1080%、休闲食品增长420%、蔬菜增长800%、水果增长350%，超市商品销售额同比上年春节增长600%，医药产品增长430%。①

3. 降低商品种类复杂程度

面对新冠肺炎疫情带来的经济形势下滑、运营成本提升的环境趋势，企业应向"品类集中，兼顾精选"的业态经营模式转型，使门店的运营更加简单化，在降低成本的同时还能够为消费者提供性价比更高的产品。从市场营销的角度来讲，社区商业并不能像大型卖场一样采用滚动促销的方式，这是其业态重要的特

---

① 资料来源：新电商研究院疫情中的"危""机"考验——生鲜电商2020年发展趋势研究报告 [EB/OL]．人民网，http：//download．people．com．cn/temp/three15840034471．pdf.

点。这要求社区商业企业既要给消费者提供满意的服务，同时又能够在成本结构上满足要求。

以我们调研的154家社区商业企业的调整商品种类具体举措为例（见图5-2），其中比较有代表性的有：79家（占比51%）样本企业选择增强原创商品开发能力，以此来搭建稳健型供应链；78家（占比51%）样本企业选择扩大中食、熟食类商品，来迎合当前消费者的消费需求结构，67家（占比44%）样本企业上新冷藏即食类成品菜，为消费者日常饮食提供便利条件。

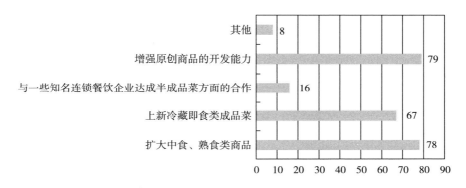

图5-2 新冠肺炎疫情暴发后门店商品种类策略调整

（二）开源节流，缓解运营成本压力

企业持有足够的营运资金十分重要，尤其是在客观存在现金流入量与流出量不同步和不确定的现实情况下。因为营运资金具有较强的流动性，所以成为企业日常生产经营活动的润滑剂和基础。根据154家样本社区商业门店目前资金运营情况（见图5-3），受新冠肺炎疫情的影响，8%的门店面临运营资金不足的难题，其中3%的门店表示资金不足，暂能维持1~2个月的运营；5%的门店表示资金严重不足，影响企业正常运营。此外，31%的门店表示资金尚可，能维持3~6个月的运营，这部分企业小有资金运营压力。61%的门店表示运营资金充裕。其中22%的门店表示资金充裕，能维持7~12个月的运营；39%的门店表示资金非常充裕，能维持1年以上的运营。

具体而言，新冠肺炎疫情暴发后，门店运营成本较多的为员工工资、店铺房租和物流运输（见图5-4），其中141家（占比92%）门店表示员工工资支出在门店运营支出中排名前三，119家（占比77%）门店表示店铺房租支出在门店运营支出中排名前三，67家（占比44%）门店表示物流运输在门店运营支出中排名前三。

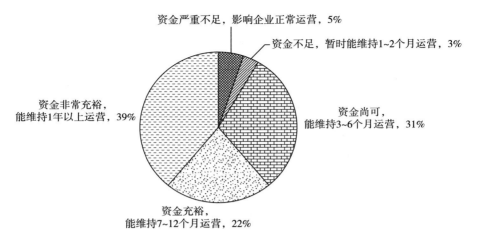

图 5-3　企业目前运营资金情况

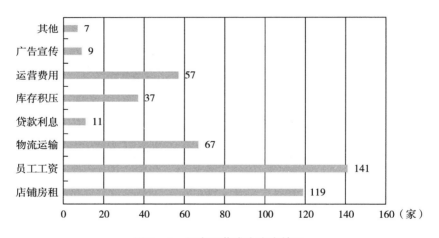

图 5-4　门店运营成本支出情况

其中在物流运输成本中（见表 5-1），19.48% 的门店表示线上渠道配送对门店运营成本造成的压力大，26 家门店（占比 16.88%）表示线上渠道配送成本压力比较大，4 家门店（占比 2.60%）表示线上渠道配送成本压力非常大。

表 5-1　线上渠道配送对企业成本压力情况

指标取值	基本无压力	压力比较小	一般	压力比较大	压力非常大
样本数（家）	16	33	75	26	4
占比（%）	10.39	21.43	48.70	16.88	2.60

具体关于线上渠道（到家服务）配送成本的承担方（见图 5 - 5），超过一半（占比 51%）的企业表示该成本由企业自己承担；12% 的企业表示企业承担小部分，消费者承担大部分；9% 的企业表示企业承担大部分，消费者承担小部分；还有 5% 的企业表示企业和消费者各承担一半；此外，平台会对配送提供一定的补贴，8% 的企业表示企业和消费者承担大部分，平台承担小部分；7% 的企业表示平台承担大部分，企业和消费者承担小部分。

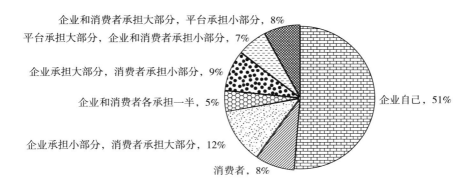

图 5 - 5 线上渠道（到家服务）配送成本承担方

此外，转型升级所需进行的硬件改造与技术应用也带来新的成本上升，一些零售企业基础配套及商业设施老化陈旧，存在较高的改造成本和技术难度；客流采集、数据分析、销售引流等前沿技术更迭快速，企业面临创新研发和技术投入成本压力的同时，还要承受技术迭代更新所带来的风险。[①] 由于成本较高，要求社区商业获得相对较高的毛利率，所以社区商业不能片面地强调跟大卖场进行价格竞争，这样其生存空间会大大减小。

面对企业运营资金短缺难题，企业应着手从如下四方面缓解运营成本压力：

1. 拓宽社区商业融资渠道，促进企业调整升级

拓宽社区商业的投融资渠道，增强企业造血功能，解决企业运营成本高、积累难、发展慢等难题。鼓励企业建立多元化股权结构，以兼并、重组、上市等方式快速扩张；建立生活性服务业发展投资基金，由政府出资并吸收社会投资，委托专业管理机构管理或成立投资基金公司，对符合条件的企业进行股权投资；建立生活性服务业发展银行贷款基金，政府出资并委托商业银行按一定比例配套放

---

① 商务部流通发展司·中国零售行业发展报告（2018/2019 年）［R］．file：///C：/Users/89380/AppData/Local/Temp/RarMYMDIa47424.15461/《2018 - 2019 年中国百货零售业发展报告》.pdf.

大，优先贷款支持符合条件的企业。①

2. 充分利用政府扶持政策

充分运用政府出台的扶持政策，解决资金难题，包括税收优惠政策、社保优惠政策、房屋补贴政策、贷款优惠政策等。疫情下为保护企业生存环境，银监会、保监会及一些地方政府均已发布相关金融政策或措施，如帮助中小微企业贷款实施临时性延期还本付息（银保监发〔2020〕6号），要求金融机构对受疫情影响较大的零售、餐饮、物流等行业，以及有发展前景但受疫情影响暂遇困难的企业，不得盲目抽贷、断贷、压贷。对受疫情影响严重的企业可予以展期或续贷。通过适当下调贷款利率、增加信用贷款和中长期贷款等方式，支持相关企业战胜疫情灾害影响（银发〔2020〕29号）。企业应积极与金融机构沟通，了解监管机构发布的政策优惠，争取信贷支持。

3. 改善付款周期节约现金流，以缓解资金短缺的困境

除延长付款时间外，企业还可以通过一系列措施管理自己的营运资金及现金，具体可包括：制定现金流预测及监控机制，从而能够提前评估潜在现金短缺的影响，及时应对；及早与上下游合作企业充分沟通协商，共同应对疫情带来的困难，一方面与下游争取缩短应收账款收款时间，尽量降低企业的应收款项规模，另一方面与上游争取更长时间的付款账期；积极管理库存水平，消化库存或帮助入驻企业消化库存，以缓解企业的流动性风险，避免过高库存带来的资金压力。②

4. 处置非核心资产以改善现金流紧张的现状

当企业经营遇到困境，识别企业当中表现不佳的业务和/或非核心资产，通过出售这些业务或资产，一方面降低特殊期间的潜在亏损及出血点，另一方面回笼资金，使管理层更好地掌握和利用公司资源，集中力量维持公司主要业务经营。

（三）提升安全防护，开展线上销售与送货到家服务

1. 提升安全防护

为深入学习习近平总书记重要指示精神，坚决贯彻落实中央应对新冠肺炎疫情工作领导小组的决策部署，企业需要认真做好安全防控，思想行动两手抓。针

---

① 商务部流通发展司·中国零售行业发展报告（2018/2019年）［R］.file：///C：/Users/89380/AppData/Local/Temp/RarMYMDIa47424.15461/《2018－2019年中国百货零售业发展报告》.pdf.

② 德勤中国，中国连锁经营协会·新冠肺炎疫情对中国零售行业财务及运营影响调研报告及行业趋势展望［R］.file：///C：/Users/89380/AppData/Local/Temp/RarMYMDIa40572.8143/新冠肺炎疫情对中国零售行业财务及运营影响调研报告及行业趋势展望.pdf.

对疫情与零售商经营特点展开相关调研，根据 154 家样本社区商业门店对员工要求情况（见图 5 - 6），135 家门店（占比 88%）要求员工不参加聚餐、戴口罩、勤洗手等，做好个人防护；123 家门店（占比 80%）要求员工每天按时进行疫情信息上报；107 家门店（占比 69%）要求员工积极向公众传播企业防疫安全信息，吸引消费者；79 家门店（占比 51%）要求员工成立员工防疫队伍；64 家门店（占比 42%）安排工作量小的员工积极参与职业技能培训。基本上大多数样本企业员工均能做到在基本保证员工个人防护的同时，积极承担企业社会责任，向公众传播防疫安全信息，吸引消费者并且做好疫情监控和上报。除此之外，无接触或少接触配送将持续发展，成为到家服务方式的主流；员工上岗前健康检查；定时消毒通风，为进店顾客测量体温，检查健康码和口罩佩戴情况；严格把控货源质量，从源头杜绝感染风险。由此可见，疫情期间各门店的安全防护意识显著提升，积极配合国家防疫政策，全方位抗击新冠疫情。

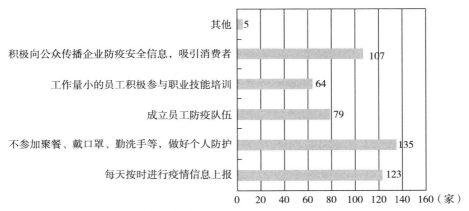

图 5 - 6　疫情影响下对员工要求情况

同时，多数商超在保证稳定民生的基础上，适当缩短营业时间，降低感染风险。疫情期间《北京商报》报道显示，"为有效控制疫情，避免人员聚集引发交叉感染，北京多家商超调整营业时间。其中多数商超于 18 时左右闭店，少数营业至晚间。从超市方面来看，华冠公司出于对广大顾客的安全和健康考虑，于 2020 年 1 月 26 日至 30 日，营业时间调整为：10：00 ~ 18：00（百货），8：00 ~ 19：00（超市）。此外，超市发节日期间门店营业时间为 9：30 ~ 18：30，各店根据实际情况可进行调整"。① 营业时间的调整一方面能够帮助门店留出时间为店

① 王晓然，刘卓澜，赵驰 .《北京商报》防控疫情　北京多家商超调整营业时间 ［EB/OL］. https：//finance. ifeng. com/c/7tZeSkGNS0i，2020 - 01 - 27.

面进行消毒、整合，以配合疫情的防控；另一方面能够为其减轻经营成本带来的压力，以维持店面的良性运转。

2. 扩大线上销售

扩大线上销售不仅对有效防控病毒感染、便利生活服务具有重大帮助，而且符合消费者越来越多转向线上支付、线上购买的消费新习惯。在数字营销时代，电子商务和移动终端技术的发展使销售渠道整体逐步转移到线上和移动端。疫情的到来推动着各商业门店迈出了走向数字化销售渠道的第一步。

我们对线上销售渠道进行了效果评估，将"疫情前有线上渠道，疫情后进一步发展"作为自变量，"营业收入上升"作为因变量（1 = "销售收入减少30%以上"，2 = "销售收入减少10%～30%"，3 = "销售收入减少10%以内"；4 = "销售收入不变"；5 = "销售收入增加10%以内"；6 = "销售收入增加10%～30%"；7 = "销售收入增加30%以上"）进行方差分析，SPSS 19.0 软件分析结果检验了疫情前有线上渠道，疫情后进一步发展对企业营业收入影响是正向的 $[M_{疫情前有线上渠道，疫情后进一步发展企业} = 4.65$，$SD = 1.422$，$M_{非疫情前有线上渠道，疫情后进一步发展企业} = 4.17$，$SD = 1.399$；$F(1, 152) = 0.021$，$P < 0.05]$（见图 5-7）。结果表明，疫情前有线上渠道，疫情后进一步发展的企业比其他企业在疫情期间销售收入占比增加更为明显。其能够更快适应疫情带来的变化，结合当下环境形势与线上渠道的基础，能够带来更加可观的销售收入额，可见数字化技术的应用在一定程度上可以帮助企业快速适应环境变化，促进销售收入的稳步提升。

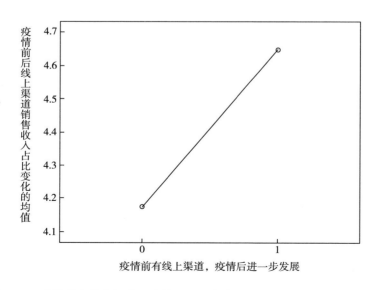

图 5-7　疫情前有线上渠道，疫情后进一步发展企业线上销售收入占比情况

　　究其原因，整体来看，综合电商、即时配送/送货到家服务、社区拼团以及新兴业态的"新零售超市"满足了本次疫情中对"非接触性"服务的需求。疫情期间，新增用户量大幅增加，具体来说，生活服务业尤其是餐饮和零售业的线上化率进一步提升，线上服务的便利性使消费者养成线上消费习惯，疫情影响下又进一步将其固化。以近期风头正劲的直播带货为代表，线上服务类消费在居民消费结构中占比会越来越高，将创造越来越多的市场机会。物美生鲜、盒马鲜生、永辉生活、苏鲜生、叮咚买菜、每日优鲜、京东生鲜、美团买菜、多点Dmall 等生鲜电商平台，1～3 月品牌生鲜平台业务较 2019 年同期增长两倍以上。社区居民日常消费转向社区超市、便利店、电商平台等，线上线下融合成为社区商业服务新趋势，面对社区商业企业租金成本高、人工成本高的情况，全渠道的连接可以提高坪效，尤其在疫情期间缓解运营成本上升的问题上。以社区拼团为例，社区门店提前一天在微信群里发布拼团信息，第二天去批发市场进货，运回店里做分拣，支持送货到家和到店提货两种方式：一方面不仅可以减少由于人的接触造成的触点问题，还能减少选购的时间；另一方面能够以销定采，实现零库存，降低订货成本，实现满足居民需求和企业效益增长的"双赢"。

　　3. 提供送货到家服务

　　在新冠肺炎疫情影响下，农贸市场暂停服务，消费者居家隔离防控病毒，超市和网购的"到家"服务成为消费者首选，生鲜平台和商超线上销售量激增，"送货到家"业务获得爆发式增长，平台及企业积极储备物资，线下商超实体通过运营 APP、开通自营微信小程序、与多方积极合作等方式快速拓展线上入口，增添"到家"业务。到家业务更积极的意义在于，在迎合当下环境需求的情况下还能够有效打破门店坪效增长的瓶颈，带来全店销量和新用户的双增长。

　　根据 154 家样本社区商业门店在疫情期间推出的取得较好成效的举措显示（见图 5-8），79 家门店（占比 51%）表示在此期间通过提供送货到家服务取得了较好成效，由此可见送货到家服务已经为一半以上的样本商业门店提供了良好成效，在方便民众的同时也能够为门店创收做出贡献，一举两得。

　　京东到家提供的消费数据也显示，抗击疫情期间（1 月 27 日至 2 月 13 日）：京东到家平台总体销售额同比增长 450%。以家乐福为例，家乐福到家业务的流量入口有家乐福小程序、苏宁易购 APP 和苏宁小店 APP，以及第三方平台。通过"一小时达""同城配半日达""一日闪送"等多种服务时效，将服务范围扩展到家乐福门店生活圈 10 千米。以上海 31 家门店为参照，家乐福的到家范围已经基本覆盖了整个上海城区。

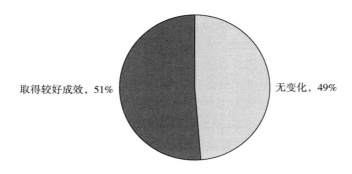

图5-8　提供送货到家服务

到家服务功能在未来还有广阔的深化与拓展空间。例如，以社区超市为中心，可以提供对老年人的关照，利用超市与社区居委会的合作，通过到家服务平台为居家养老的老年人提供全方位的食品解决方案、服务解决方案，这将是社区商业未来发展的重要增长点。将社区商业与国民关怀挂钩，用人情给社区商业经济注入一股暖流。

二、新零售思维下的疫情营销战略

在全球新冠肺炎疫情的冲击与影响下，我国的经济环境、社会环境、市场流通环境、监管环境变化带来消费者心理行为的变化与市场需求的变化，整个中国市场开始进入新零售时代。在新零售时代，疫情下的企业营销战略面临诸多挑战与不确定性，比如经济环境的整体低迷带来的失业率上升，消费者购买能力下降，病毒的传播致使无接触服务需求增长，消费者购物更加谨慎等。据此，企业需要有针对性地制定具有新零售思维的营销战略，敏锐地抓住疫情经济下不多的市场闪光点，成功突围。总结来看，疫情期间企业营销战略具有典型的新零售特点，主要包括加强社群营销、自由品牌开发和发放优惠券补贴红包等。

（一）加强社群营销

社群营销是在网络社区营销和社会化媒体营销基础上发展起来的一种网络营销方式，它使用户连接及交流更为紧密。社区团购是社群营销立足于线下团体开展网络团贩的一种表现形式，是社区商业近年来采取较多的营销手段之一。社区团购定义为立足于线下真正的小区，以社区团长（一般是社区居民或周围店铺的店长）为分发节点，通过微信群聊、微信程序、APP 等移动平台作为媒介进行开团销售，集合同一社区居民的需求，使用微信支付下单后，再统一处理派送，之后在社区的自提点自主取货的一种购物方式。① 社区消费呈现出碎片化、社交化的特征，社区商业从原来简单的物质消费需求，走向既有物质消费还有精神文化消费的需求，从原来消费者与商家的单向互动关系，走向与消费者的双向互动关系，通过信息的多向交流与传递帮助社区团购日渐趋于成熟。社区团购可以帮助消费者选择优质供货商，使消费者购买到安全且性价比较高的商品，并且流程简单、快捷，先消费后付款的方式降低了支付风险；电商与供货商依照月结账期结算，盈余有保证；而且社区团购重视售后服务，对供货商是一种良性催促，对消费者有质量保证。

根据 154 家样本社区商业门店在疫情期间推出的取得较好成效的举措（见图 5 - 9），88 家（占比 71%）门店表示在此期间通过加强社群营销取得了较好成效。

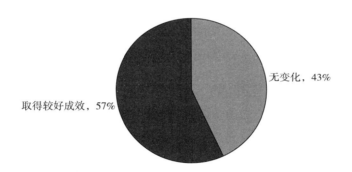

图 5 - 9　加强社群营销

随后我们进一步对加强社群营销进行了效果评估，将"加强社群营销"作为自变量，"营业收入下降"作为因变量（1 = "无"，5 = "非常大"）进行方差分析，SPSS 19.0 软件分析结果检验了加强社群营销对营业收入下降的影响为负向的 [$M_{采取社群营销企业}$ = 2.54，SD = 1.399，$M_{未采取加强社群营销企业}$ = 3.36，SD = 1.259；$F_{(1, 152)}$ = 3.209；$P < 0.05$]（见图 5 - 10）。结果显示，疫情期间，采取加强社群营销企业的营业收入下降程度明显小于未采取加强社团营销企业。即在疫情期间，采取社群营销有利于缓解企业营业收入下降情况。

---

① 王晓芳. 零售新风口——社区团购商业模式分析研究 [J]. 环渤海经济瞭望，2019（11）：57 - 59.

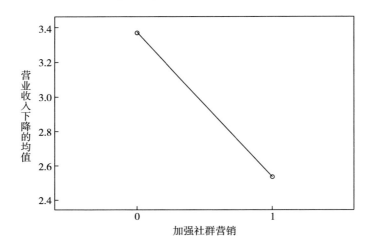

图 5-10　加强社团营销

注：0 代表未采取加强社群营销企业，1 代表采取加强社群营销企业。

社群营销为消费者和商家双方都带来了诸多好处。疫情期间，面临线上订单激增导致的送货人力和物力不足的情况，把所有社区店和居民建群，将所有社区都做价格拼团：一是可以减少由于人的接触造成的触点问题，同时还能减少选购的时间；二是能够以销定采，降低库存积压和订货成本；三是能够提高配送效率，使所有门店将城市全部覆盖，做到商品送货到家。在这个过程中，整个城市没有"死角"，线上线下全覆盖，体现了社区店的重要性。家乐福、京东、七鲜、苏宁拼购、步步高、天虹、生鲜传奇等多家社区商业企业在疫情期间都致力于社区团购。以家乐福武汉门店为例，在疫情期间，通过社区团购的形式继续服务消费者，保障了民生基础供应；在社区营销渠道中，依托家乐福4700万会员的优势资源基础，各门店充分利用微信公众号、朋友圈、社群等方式，增强与社区用户的沟通，开辟门店销售增长的新通路。在社群团购过程中，企业应该注意如下三点：

1. 及时抢占先机

在社区消费者面对多个团购社群时，往往经常使用的只有一个，企业应抢占先机培养消费者消费习惯。

2. 通过直播购物、微信推送和朋友圈分享等手段丰富社区团购方式

丰富的社区团购方式为消费者提供更多线上消费触点与消费选择。直播购物是家乐福大力推进的与用户交互的新模式，从几家店的"试水"到全国门店全员参播，拉近用户尤其是年轻消费者的距离，强化社交消费体验。天虹社区商业从线下和线上两个方面打造社群的建设，线下重点打造邻里节、邻里广场，让社

邻们走到一起交流、学习、娱乐、互动；线上则根据顾客不同的爱好、不同的生活方式组建社群，让大家能够在线上进行很好的交流和互动。利群商业采用一些知识类的直播分享，促进与消费者的交流。宇恒电器为应对疫情期间线下门店客流锐减的情况，积极拥抱线上品牌，开展直播大秀，成为全国首家以家电卖场的直播方式立足于社群的企业。

3. 加强社群维护

足够的客群量和必要的中期社群维护是团购活动开展的基础。门店社区团购管理员应做好前期引流工作和中期社群管理工作。以利群商业为例，面对家电卖场客流锐减的情况，从 2019 年开始做上门服务、上门设计。通过上门测甲醛、除螨、洗衣机清洗、空调滤网清洗，让用户进行案例分享，达到一种裂变，吸引更多的用户。通过前期的上门服务，与用户迅速建立信任，为直播带货打下了群众基础。

（二）加强自有品牌商品开发

在传统的商业活动中，制造商一直是品牌消费产品最主要的供应商。然而这种模式随着越来越多零售商（如沃尔玛、塔吉特、屈臣氏等）的自有品牌（Store Brand）加入消费市场竞争而开始改变。[①] 自有品牌，在产品货源的组织以及快速响应、快速解决等方面，链条更为清晰。零售商引入自有品牌不仅可以获得更高的利润，还可以减轻供应链中的双重边际效应。[②] 零售商选择利用自有品牌降低对制造商的依赖程度并获得更好的交易条件。[③] 以天虹商超为例，由于正常商品周转库存天数一般在 30 天左右，自有品牌的周转平均在 50 天左右，因此，自有品牌要比其他商品备货更多。在此次疫情出现后，很多省份的工厂没有恢复运转，物流也中断，而自有品牌的库存充足，保障了供应。此外，受疫情影响，很多中间商或代理商出现了供应问题，自有品牌可以直接与工厂对接，直接插到源头去解决工厂拥有多少原材料、多少库存，以及物流如何解决等供应问题。生鲜传奇也在此次疫情中得到了自有品牌的红利，保证商品稳定供应与不溢价。在疫情期间，生鲜传奇能够从农村直接进到商品，从自有基地直接发货，将这些商品转运到自有的物流中心，快速地进行加工，特别是拥有大量自动化的设备，即使在很多员工不能正常到岗的情况下，总部依然有很多后勤人员可以迅速

---

①　刘竞，傅科. 信息不对称下零售商自有品牌引入问题研究［J］. 管理科学学报，2019，22（9）：39－51.

②　Mills D. E.. Why Retailers Sell Private Labels？　［J］. Journal of Economics & Management Strategy，1995，4（3）：509－528.

③　Narasimhan C.，Wilcox R. T.. Private Labels and the Channel Relationship：A Cross Category Analysis［J］. Journal of Business，1998，71（4）：573－600.

补救，因为自动化设备对人的技能要求比较低，效率比较高，所以可以满负荷运作。截至目前，生鲜传奇现在自有品牌已经接近 1000 种，消费者对自有品牌的接受度也越来越高。

此外，由于疫情期间促销员减少，顾客到超市会主动选择性价比更高的产品，在没有促销员以及厂牌特价的干扰之下，自有品牌的优势更为凸显，所以社区商业更应该加强自有品牌开发，坚定自有品牌拓展。尤其是从此次疫情情况来看，唯有控制生产端，才能在关键节点保证食品的安全和品质，以及稳定的供应。

（三）发放优惠券补贴红包

新冠肺炎疫情影响带来全球经济低迷和市场需求的疲软，消费者价格敏感度较以往有所提升。优惠券作为一种重要的营销工具，在对消费者进行歧视定价和市场细分方面发挥着主导作用。[1] 电子优惠券营销在为网络营销企业带来关注度和销售额提升的同时，也为消费者的购买决策提供了促销信息和价格折扣参考[2]，一定程度上起着刺激消费的作用。疫情期间，部分企业利用发放优惠券和补贴红包的形式进行产品促销，一改之前传统的超市换购模式。利用优惠券和补贴红包能够让消费者真切感受到价格上的优惠，一方面能够扩大企业的影响力，利用"分享得红包""好友助力得红包"等多种形式充分挖掘潜在客户；另一方面顾客在领取消费券和红包的过程中能够得到真切的优惠感受，消费者有时为了消费券的满减而提升自己的购物预算，从而为商超企业带来可观的收益。

专栏 5 –1

叮咚买菜

叮咚买菜于 2017 年 5 月上线，是一款自营生鲜平台及提供配送服务的生活服务类 APP。主要提供的产品有蔬菜、豆制品、水果、肉禽蛋、水产海鲜、米面粮油、休闲食品等，平台不设定起送门槛，无门槛配送。由上海壹佰米网络科技有限公司运营并开发。其主打前置仓生鲜电商模式，首先在上海发展，2019年年末前置仓数量为 550 个，目前其已开通上海、深圳、杭州、苏州等 9 个城市，2020 年 4 月叮咚买菜进入北京，正在通过补贴、优惠方式获取新用户。

获客是叮咚买菜的第一道关。为了拉新，叮咚买菜的第一份新人礼是合计

---

① Narasimhan C.. Price Discrimination Theory of Coupons [J]. Marketing Science, 1984（2）：128 – 147.

② 田应东，杨文胜，王亚萌，李娟. 电子优惠券营销市场参与主体决策行为演化博弈研究 [J/OL]. 软科学，http：//kns. cnki. net/kcms/detail/51. 1268. G3. 20200701. 0927. 016. html, 2020 – 08 – 12.

108 元的红包，有 7 张满减券，甚至有"满 39 减 20"的券，相当于半价优惠，并且北京地区目前 0 元起送，免配送费。在拓展北京业务时，叮咚买菜表示"这次北上除了做好服务，还会投入数百万元做惠民营销"。除了新人礼包，还有不限量的 0 元券，可兑换蔬果肉奶鱼等生鲜，"各种大力度的促销持续近 1 个月"。业内人士曾算过叮咚此时的获客成本，按当时宣传单策略，拉新可让新用户获得 108 元代金券，老用户获得 39.9 元的牛奶，补贴共 148 元。此外还有针对某块社区或街道的定向拉新，如果定向成本是 50 元，将专门薅羊毛的无效用户（领券一次后不再消费或隔月不再消费的）的拉新成本归入有效拉新成本里，按照 1/3 的用户留存率（实际业内水平没那么高）计算，那么实际拉新成本是 166 元。伴随疫情期间线上生鲜需求的增加，叮咚买菜 CEO 梁昌霖曾回复称，因为疫情期间自然增长增多，把整体获客成本拉低到 30 多元。

　　资料来源：新人送 108 元优惠券，叮咚买菜烧钱"北伐"，但立足还得过几道关［EB/OL］. https：//new. qq. com/omn/20200422/20200422A0LI7G00. html，2020 – 04 – 22.

三、疫情下的员工发展战略

　　新冠肺炎疫情给企业的经营管理带来了许多新的难题，在员工发展管理方面，人才流失、工资计发等众多问题都困扰着企业。在如今的知识经济时代背景下，企业员工作为知识的载体是推动企业发展的基本要素。员工管理对于企业在瞬息万变的新时代环境中稳定发展所起到的整体性作用是不容忽视的。本部分通过调研共总结出社区商业在疫情期间有关于员工管理的三点应对战略，分别是打造共享员工模式、偏好专业性员工、加强员工健康管理。

（一）打造共享员工模式

　　疫情导致的不同行业间人资调配失衡，而共享员工的模式可以有效解决此类问题。共享员工模式将闲置的人力资源匹配到人力供求紧张的企业，在帮助企业抵御不确定性风险的同时实现社会资源的优化配置。具体而言，一方面，疫情严重阻碍多数企业的正常经营，不少企业所处的市场在疫情期间持续低迷，业绩呈现断崖式下降，为了维持生存，企业不得不以裁员的方式节约成本。根据 FESCO 发布的《疫情防控期 HR 行动调研报告》，19.5% 的企业用工需求按原计划减少，22.3% 的企业用工需求按原计划超额减少，也就意味着超四成以上的企业用工需求将在疫情防控期减少。

　　另一方面，综合电商、社区商超、在线生鲜等社区商业因符合疫情"非接触性"服务的需求特性，使企业的订单暴增，员工需求迎来爆发式的增长。在 154 个调查样本中，仅有 25 个商家表示完全不存在员工数量短缺的状况，约有 83.77% 的商家存在不同程度的员工数量不足情况（见表 5 - 2）。因此，在这两类截然相反的人力需求上，一些暂时难以复工的中小企业将员工以共享模式进行短期人力输出合作，以解决部分企业"用工荒"的窘境。该模式在帮助拥有大量待岗员工的企业缓解工资压力、保障现金流的同时，还帮助了部分企业解决因业务突然暴涨而出现的"用工荒"现象。

表 5 - 2　员工数量不足的描述性分析情况

指标取值	无	很小	一般	较大	非常大
样本数（家）	25	26	62	35	6
占比（%）	16.23	16.88	40.26	22.73	3.90

据调研发现，多家社区商业企业选择采用"共享员工"雇佣模式。盒马鲜生作为首家推行共享员工的企业，联合云海肴、西贝、探鱼、青年餐厅等餐饮品牌达成"共享员工"合作，之后陆续有餐饮、酒店、影院、KTV、百货、商场、出租、汽车租赁等 32 家企业加入。截至 2 月 12 日，已有 2500 名"共享员工"加入盒马鲜生上岗。这一模式一方面能够解决企业的"用工荒"问题，另一方面能够在员工调用过程中使其感受不同企业文化与管理模式，从中借鉴经验，以提升自身企业的发展。

调查数据显示，企业和门店在员工数量不足方面存在差异，但差距不显著，如表 5 - 3 所示，$M_{企业} = 2.769$，$M_{门店} = 2.539$，即从另一方面显示出两种类型的调查对象都存在员工数量短缺的现象。与其他企业合作方面，企业均值为 1.569，而门店的均值为 1.753，T 值为 - 2.381，通过了 0.05 的显著性水平检验。反映出在所调查的样本中门店更倾向和其他企业合作来解决自身的员工数量不足问题。在此基础上，对与其他企业合作进行了效果评估，将"是否与其他企业合作"作为自变量，"营业收入下降"作为因变量（1 = "无"，5 = "非常大"）进行方差分析，如图 5 - 11 所示，选择与其他企业进行合作对营业收入下降的影响为负向（$M_{(与其他企业合作)} = 2.72$，SD = 1.429；$M_{(与其他企业没有)} = 2.79$，SD = 1.403）。结果显示，疫情期间，采取加强社群营销企业的营业收入下降程度明显小于未采取加强社团营销企业。即疫情期间，采取社群营销有利缓解营业收入下降水平。

表 5 - 3　员工数量不足的差异性分析

变量	企业（N = 65）		门店（N = 89）		T
	均值	标准差	均值	标准差	
员工数量不足	2.769	0.897	2.539	1.023	1.479
与其他企业合作	1.569	0.499	1.753	0.434	- 2.381 **

注：** 表示 P 值小于 0.05。

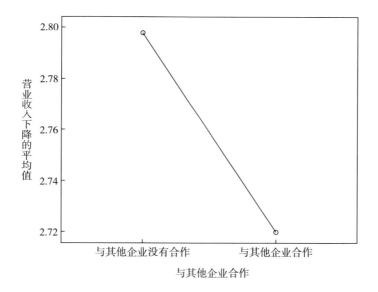

图 5 - 11　与其他企业合作与否对营业收入下降的影响

专栏 5 - 2

盒马鲜生

盒马鲜生作为阿里巴巴集团旗下以数据和技术驱动的新零售平台，一直致力于为消费者打造社区化的一站式新零售体验中心，用科技和人情味带给人们"鲜美生活"。疫情期间因贴近消费群体，订单暴增，一度出现"用工荒"现象。

作为疫情期间企业自救的有效措施，盒马鲜生宣布联合北京部分餐饮企业率先发布"招募令"，表示与云海肴、青年餐厅（北京）达成合作，邀请部分员工入驻盒马鲜生各地门店，参与打包、分拣、上架、餐饮等工作。截至 2 月 10 日，已有 32 家企业的 1800 位员工加入盒马鲜生，合作方遍布多个行业，具体如图 5 - 12 所示。

图 5-12 盒马鲜生共享员工合作方

继盒马鲜生后，沃尔玛、生鲜传奇、京东、苏宁、物美、联想、58 同城、大润发和欧尚等企业都纷纷推出共享员工相关举措。如今，共享员工已通过直接洽谈、公开招募的方式被广泛应用于企业实践中。

资料来源：记者调查：盒马"借兵"1800 人"共享员工"抱团战"疫"[EB/OL]. 环京津新闻网，https://baijiahao. baidu. com/s? id = 1658294036965 809348&wfr = spider&for = pc，2020 - 02 - 12.

企业推行共享员工计划可以有效解决临时性缺工难题，实现社会资源的有效化，但是也存在一定的风险。首先，输入企业在接收"共享员工"的同时，也面临新的劳务法律问题。因为不同行业结算方式的差异性、部分业务的保密性、非合同工的员工稳定性等，对输入企业都是新的挑战。在短期激增的需求热度下降之后，对于"共享员工"的热情必然无法保持高涨。其次，了解新企业并适应新工作的员工可能会被新的行业工种吸引，甚至直接跳槽到输入企业，当疫情结束后，输出企业便会面临熟练工流失、劳动力短缺的情况。

（二）偏好专业性员工

疫情成为社区商业发展的新风口，多数企业借势开展新业务，而企业进一步的发展依赖于深层次的技术积累，离不开专业人才的支撑。区别于疫情影响下大规模的"裁员浪潮"，便利店、社区超市、生鲜电商等众多类型的社区商业因贴近消费者日常消费、距离消费者较近等因素成为疫情期间的最热商业体，致使企业的员工需求暴增。根据智联招聘及银泰百货共同发布的《2020 年新零售产业人才发展报告》，2020 年第一季度新零售产业人才需求规模指数高达 20.9，即当期新零售产业人才需求规模是 2017 年第一季度的 20.9 倍。2020 年第一季度，当全行业总体招聘职位数同比增速跌至 - 23.74% 时，新零售产业招聘职位数同比增速高达 17.85%。

企业对人才的需求直接导致了自身人力成本的提升。在调查的 154 个样本中，49 家商户表示疫情期间的人力成本有较大提高，9 家企业有非常大的提高，两者合计占比约为 37.67%；而仅有 12 家商户表示没有任何人力成本提高的现象，占比仅为 7.79%；大多数商户表示疫情期间的人力成本有提高，但提高的程度一般（71 家）（见表 5 - 4）。进一步通过对填表对象所在地区的方差检验发现，不同地区在人力成本提高上具有显著性差异，通过了显著性水平为 5% 的检验。其中百强县的提高最为明显，在六个组别中均值最高（M = 3.667）。由事后检验可知百强县的人力成本情况显著大于三线城市、二线城市、县区及乡镇（见表 5 - 5）。

表 5 - 4　人力成本提高情况的描述性分析

指标取值	无	很小	一般	较大	非常大
样本数（家）	12	13	71	49	9
占比（%）	7.79	8.44	46.10	31.83	5.84

表 5 - 5　地区在人力成本提高上的 ANOVA 检验

所在地区	样本	均值	标准差
一线城市	N = 44	3.409	0.897
二线城市	N = 22	3.227	0.813
三线城市	N = 40	3.025	1.05
四五线城市	N = 28	3.429	0.742
百强县	N = 3	3.667	0.577
县区及乡镇	N = 17	2.529	1.125
F	3.01 **		
事后检验 LSD	5 > 3 > 2 > 6		

注：** 表示 P 值小于 0.05。

多数企业选择以社会招聘、内部培养的方式满足自己对高质量人才持续供应的需求。以银泰百货为例，2020 年该企业的员工需求主要集中于流量运营专家、社群产品专家、IOT 产品解决方案专家、供应链产品专家、链路设计专家、用户研究专家、数算法专家。对于传统的岗位，银泰百货也倾向于招聘技术类员工，例如在导购岗位启动新零售导购招聘计划，将导购视为一个"自媒体"，希望导购人员做到线上线下联动、灵活运用新零售工具、多场景服务消费者。

在知识经济时代，引进专业性人才是企业内部打造优质人力资源的第一步，想要在动态复杂的市场上保持长久的竞争优势，企业还需要重视对人才的后续培养。只有当人才技术和制度很好地匹配时，人才促进价值链攀升的作用才能充分发挥，从而实现"人才红利"①。除此之外，程虹和高诗雅通过对"中国企业—劳动力匹配调查"（CEES）的数据进行实证分析，证明了加强自身管理能力可以有效提升人力资本积累的结论。②

（三）加强员工健康管理

相较于疫情暴发前，社区商业更加注重员工的健康管理工作。在全民防控的背景下，各个企业将维护员工身体健康和生命安全放在重要位置，第一时间成立员工保障组，因时因地制宜制定员工保障方案，做实员工关怀各项举措。在疫情暴发前，大多数企业对员工的健康管理重视不足，"亚健康""过劳猝死""加班抑郁症"等问题层出不穷。突如其来的疫情让企业意识到员工健康管理的重要性。做好员工的健康管理不仅是对企业员工的安全负责，更是对消费者安全负责，是企业应尽的社会责任。与此同时，做好员工的健康管理，可以有效提升企业的人力资本效力，进而增强企业的竞争力。

疫情期间，各大商业纷纷采取多种措施确保员工的生命安全。根据调查结果，企业要求员工不参加聚餐聚会，做好勤洗手、戴口罩等防疫措施是绝大多数商家实行的员工健康管理方式，在154个样本中仅有19家商户未采取（见图5-13）该项措施；有123家商户要求员工每天按时进行疫情信息的上报，而其余的

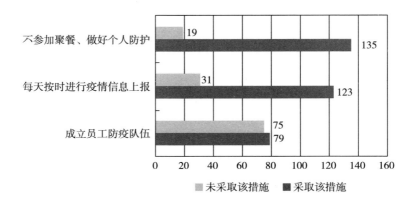

图 5-13 员工健康管理情况

---

① 戴翔，刘梦. 人才何以成为红利——源于价值链攀升的证据 [J]. 中国工业经济，2018 (4)：98-116.
② 程虹，高诗雅. 企业管理能力对员工人力资本的影响效应分析 [J]. 统计与决策，2020，36 (8)：164-169.

31 家商户则未对员工做此项要求；除此之外，在成立员工防疫队伍方面，79 家商户采取该措施，75 家未采取该措施（见图 5－14）。差异性分析中，不同类型的被调查对象在员工每日防疫信息上报以及不参加聚餐、做好个人防护方面具有明显差异，其中疫情信息上报企业均值为 0.692，门店均值为 0.876，在 1% 的显著性水平下差异明显；在不参加聚餐、做好个人防护上企业均值为 0.815，门店均值为 0.921，两者在 5% 的显著性水平下差异明显；成立员工防疫队伍这一举措在门店和企业中没有明显的差异（见表 5－6）。

表 5－6　员工健康管理的差异性分析

变量	企业（N = 65）		门店（N = 89）		T
	均值	标准差	均值	标准差	
疫情信息上报	0.692	0.465	0.876	0.331	− 2.726 ***
不参加聚餐	0.815	0.391	0.921	0.271	− 1.880 **
成立防疫队伍	0.446	0.501	0.562	0.499	− 1.417

注：*** 表示 P 值小于 0.01，** 表示 P 值小于 0.05。

随后，本部分将商户采取的员工防疫措施与其所处地区疫情风险高低情况进行了交叉分析，结果显示不同风险地区的商户偏好的防疫措施既有相似之处也有不同之处。如图 5－14 所示，无论各个商户处在哪种风险程度的地区，在员工防疫措施中最重视的是要求员工不参加聚餐、戴口罩、勤洗手等做好个人防护（$M_{低风险地区}$ = 0.8837，$M_{中风险地区}$ = 0.8421，$M_{高风险地区}$ = 0.8333）。

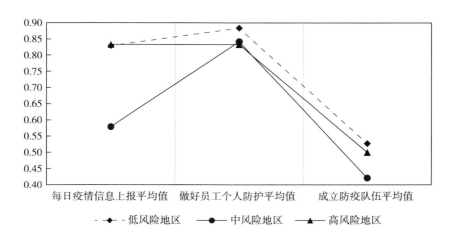

图 5－14　不同风险地区员工防疫措施

　　企业既需要实行防疫方案保障员工身体健康，还需要加强对员工的人文关怀，以心理疏导、动员鼓励等多种方式关注员工的心理健康。以叮咚买菜为例，该企业北京地区的配送员100%是自营专送，企业对员工、设备、器皿等都进行了严格的掌握。叮咚买菜的员工防疫措施可总结为"1＋2＋3"模式，具体如图5－15所示。生鲜传奇在加强职工健康防护的同时，切实关心关爱职工，进一步坚定了企业员工战胜疫情的信心，鼓舞了员工斗志。当面对人手不足、员工情绪波动大的情况时，生鲜传奇鼓励后勤员工补充工作、缩短营业时间，通过领导干部带头，传递社会价值的方式不断动员、鼓励员工。

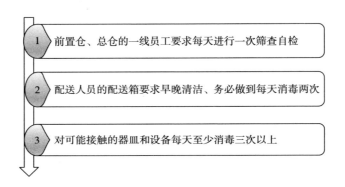

图5－15　叮咚买菜员工"1＋2＋3"防疫措施

四、疫情契机下的供应链战略布局

　　以零售业务为主的社区商业十分注重自身的供应链环节。未来的市场竞争不仅表现为单个企业之间的竞争，而且更多地表现为企业产业价值链之间的竞争，企业必须与上下游企业建立产品链的战略合作关系，将经营活动延伸为一体化的产品价值链进行控制优化，才能达到最终产品的优化组合，使产品链上的各环节达到双赢的目的。[1] 本部分发现，现有企业以疫情影响为契机，对供应链进行战略布局。具体包括加强供应链管理，确保企业经营；倾向直采的供货渠道；加强多渠道获取商品资源的采购能力；推行前置仓模式。

---

[1]　高虹. 加强采购成本管理的探讨——以华北制药集团为例［J］. 管理世界，2006（9）：149－150.

（一）加强供应链管理，确保企业经营

疫情引发部分物资需求大幅增加，对正常的供应能力形成冲击，促使企业逐渐重视对企业供应链的维护以应对商业环境变化。在调查样本中，65 家商户表示自身的供应链掌控能力一般（占比为 42.21%），而 7.79% 的商户表示自身完全不具备供应链的掌控能力（见表 5-7）。差异性分析中，企业和门店这两类调查对象的均值差距不大并且没有通过显著性检验，企业均值为 3.065，门店均值为 3.089（见表 5-8）。

表 5-7 供应链管控能力的描述性分析

指标取值	无	很小	一般	较大	非常大
样本数（家）	12	26	65	40	11
占比（%）	7.79	16.88	42.21	25.97	7.14

表 5-8 供应链管控能力的差异性分析

变量	企业（N=65）		门店（N=89）		T
	均值	标准差	均值	标准差	
供应链管控能力	3.065	0.899	3.089	1.094	-0.171

随后，进一步检验供应链掌控能力效果，发现供应链能力对于企业的经营呈现"U"形关系，即意味着图 5-16 显示的供应链能力大小对于营业收入的下降呈倒"U"形关系。我们认为呈现这种关系的主要原因是，对于完全不具备供应链能力的商户而言，供应链资源对其经营的影响程度较小，因此对营业收入反应不明显；而当供应链资源对企业至关重要时，随着供应链能力的增大，企业营业收入下降的程度便会减小。

供应链能力的缺失将会给企业带来许多问题，例如资源短缺。根据调查结果，154 家商户中仅有 23 家不存在供应链资源不足的情况，剩下的 131 家存在不同程度的资源短缺问题，具体分布情况如图 5-17 所示。因此为避免此类问题，企业需要引入现代供应链运营技术以加强企业对供应链的掌控能力，促进供应链持续发展，从供应链发展的角度对待供应链弹性管理。相对于过去的供应链，信息技术背景下的供应链更加具备网络化、动态化、虚拟化的特点。

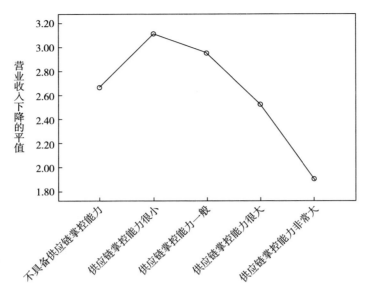

图 5 - 16　供应链掌控能力对营业收入下降的影响

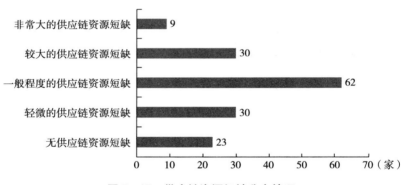

图 5 - 17　供应链资源短缺分布情况

　　不同企业提升自身供应链效率的途径各不相同。有的企业致力于从"长链"到"短链"转变，减少中间环节，增强供应链韧性。[①] 如每日优鲜创新的"前置仓"模式便是精简链条的最好案例，不少社区商业企业的业绩在疫情期间因前置仓模式而实现稳中有增。而有的则将供应链的"串联"变为"并联"，增加链路冗余，优化相关业务流程，两种形式的供应链各有所长，例如 Wang 等将网络供应链与垂直供应链进行比较，表明在某些情况下，网络供应链优于线性供应链，

　　① 岳维松．增强发展韧性弹性供应链支撑产业转型［N］．中国工业报，2020 - 06 - 01（008）.

并可以增加所有供应链主体的利润。①

专栏 5 - 3

美特好供应宝供应链和结算协同平台

美特好集团创立于 1993 年，历经 20 余年的发展，目前在山西、内蒙古等省份多个大中城市开设了近两百家大卖场、优鲜店和社区生鲜店。年服务顾客 6000 万人次，销售额近百亿元，是目前华北地区领先的国内零售连锁企业集团之一。

美特好在疫情防控期间未出现重大经营困境，受益于该企业在 2018 年启动的 "智能供应链和结算协同平台" 建设项目。平台建设思路围绕着强化集团管控、优化业务流程、降低财务成本、提升管理效率几个维度展开，以实现 "业、财、票、税、金" 一体化。将财务管理的综合性、全面性与连续性融入供应链管理中，帮助企业管理消除诸多方面的缺陷与不适应性，实现供应环节中的各业务部门高度协同，该项目的详细信息如图 5 - 18 所示。

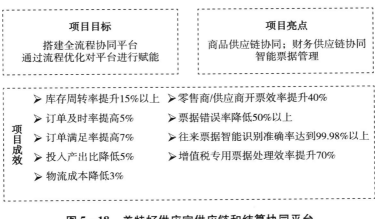

图 5 - 18　美特好供应宝供应链和结算协同平台

资料来源：美特好供应宝供应链 & 结算协同平台案例分享［EB/OL］．中国连锁经营协会，http：//www. ccfa. org. cn/portal/cn/xiangxi. jsp？id = 441196&amp；type = 10004，2019 - 02 - 12.

（二）倾向直采的供货渠道

货源地直采的方式在减少企业供应链环节、提高企业采购效率的同时，还降

---

① Wang J. ，Wu X. ，Krishnan V. . Decision Structure and Performance of Networked Technology Supply Chains［J］. Manufacturing & Service Operations Management，2018，20（2）：199 - 216.

低了企业的采购成本和经营风险。首先，对企业而言直采可以有效加强货源组织、调运和库存力度，无论是商品的正常供应还是紧急供应都得到了保障。在直采模式下企业反应迅速、机制健全、渠道畅通、补货速度比较快，能够在短时间内解决商品缺货问题。其次，直采模式省去了很多中间环节，超市直接从产地进货，降低了采购成本，能够以更低的价格让利给消费者，增加了消费者在超市购买这类商品的意愿。最后，直采可以确保企业实时进入产地监督，以保障商品安全，极大地降低企业的经营风险。

根据调研结果，越来越多的企业使用货源地直采的进货渠道。在调查的154家商户中，有68.18%的商家采用货源地直采的进货方式，其中有12.99%属于之前与中间供应商合作，疫情之后采取货源地直采；16.23%的商户之前采用中间供应商和货源地直采相结合的形式，疫情之后取消了与中间供应商合作；而38.96%的商户则始终是采用货源地直采方式供货（见图5－19）。是否采取货源地直采的差异性分析如表5－9所示。

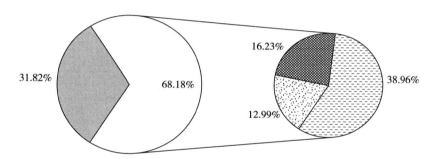

■ 之前就采用中间供应商合作方式供货，疫情后继续沿用
▨ 之前与中间供应商合作，疫情之后采取货源地直采
▩ 之前采用中间供应商和货源地直采相结合的形式，疫情之后取消了中间供应商合作
▫ 之前就采用货源地直采方式供货，疫情后继续沿用

图5－19　供货渠道选择情况

表5－9　是否采取货源地直采的差异性分析

变量	企业（N＝65）		门店（N＝89）		T
	均值	标准差	均值	标准差	
是否直采	0.923	0.268	0.832	0.376	1.763 *

注：＊表示 P 值小于0.1。

大型企业通常采用货源地直采的供货渠道。以生鲜传奇为例，疫情期间该企业直接从农村采购商品，确保企业能够从基地直接发货，商品转运到企业的物流

中心后，经大量自动化设备的有效加工及后勤人员的迅速补救以实现疫情期间企业的满负荷运作。叮咚买菜则实行"城批采购＋品牌商直供"的采购模式，通过这种模式既可以从源头上监管品质，获得稳定的产品来源，又可以缩短采购链，进而节约冷链配送成本，在体量达到限度时还可获得相应议价能力。沃尔玛山姆会员店的蔬菜也采用直采的模式，在全国范围内设立了近 30 个加工厂。除生鲜企业外，物美、盒马鲜生、超市发等多个社区企业部分商品的进货渠道也为产地直采，比如超市发的羊肉片是直接由内蒙古产地采购加工，与批发市场没有任何交集。

企业不仅需要关注采购模式，还需要提升相关能力。对于采用直采模式的企业来说，想要发挥直采模式的最大优势，需要企业加大设备投入，提高加工配送能力。尤其是生鲜类商品，只有企业具备冷冻冷藏功能的运输设备，才能实现生鲜食品的及时运输，进而确保商品质量。

（三）加强多渠道获取商品资源的采购能力

采购管理是供应链管理中面向供应端的重要环节，采购管理是一种通过有效管理供应基地来计划和获取组织当前和未来所需资源的战略手段。[1] 在日益激烈的市场竞争条件下，企业应将采购部门视为企业战略目标的对外实施部门，采购部门要从单一的被动性采购，发展到与供应商建立战略合作关系，通过完善采购成本管理，达到从源头控制成本的目的。加强多渠道获取商品资源的采购能力，一方面可以完善采购成本管理，获取最优采购成本；另一方面可以提高供应端的稳定性，诸如面对新冠肺炎疫情等突发事件时，保证商品货源的稳定供应。

根据 154 家样本社区商业门店在疫情期间推出的取得较好成效举措的调查结果（见图 5－20），88 家（占比 57%）门店表示通过加强多渠道获取商品资源的采购能力取得了较好成效。

随后我们进一步对加强多渠道获取商品资源的采购能力进行了效果评估，将"加强多渠道获取商品资源的采购能力"作为自变量，"营业收入下降"作为因变量进行方差分析，SPSS 19.0 软件分析结果检验了加强多渠道获取商品资源的采购能力对营业收入下降的影响为负向 [$M_{加强多渠道获取商品资源的采购能力企业}$ ＝ 2.57，$SD = 1.363$，$M_{未加强多渠道获取商品资源的采购能力企业}$ ＝ 3.05，$SD = 1.430$；$F（1.152）$ ＝ 0.022；$P < 0.05$]（见图 5－21）。结果显示，疫情期间加强多渠道获取商品资源的采购能力的企业的营业收入下降程度明显小于未加强多渠道获取商品资源的采购能力的企业。即在疫情期间，加强多渠道获取商品资源的采购能力有利于缓解营业收入下降水平。

---

① Huang T., Mieghem J. A. V.. Clickstream Data and Inventory Management: Model and Empirical Analysis [J]. Production and Operations Management, 2014, 23（3）: 333 – 347.

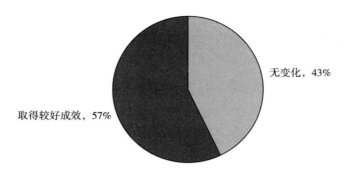

图 5 - 20　加强多渠道获取商品资源的采购能力

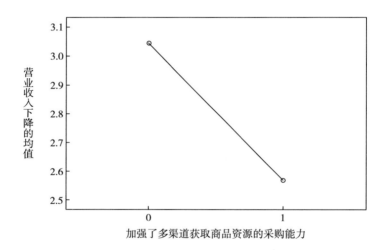

图 5 - 21　加强多渠道获取商品资源的采购能力

注：0 代表未加强多渠道获取商品资源的采购能力的企业；1 代表加强多渠道获取商品资源的采购能力的企业。

　　此外，多渠道获取商品资源的采购能力可从如下两方面进行提升：一方面通过自有品牌开发，加快整合全球采购为主的国内外供应链。在超市领域所有的业态创新，都应该基于商品的开发，或者必须要基于以商品开发为基础的业态创新，这种创新才能做到可持续发展。每日优鲜、易果生鲜、本来生活等垂直生鲜电商在巨额融资的帮助下快速深耕，纷纷建立起了上下游供应链和配送服务。另一方面是联合采购。联合采购一是可以降低成本，获取优质低价货源，二是可以拓宽采购渠道，提高货源稳定性。以华冠超市为例，2019 年 10 月，华冠和首航、超市发、广缘等企业联合采购了 200 吨蜜橘，到岸价从每斤 2.7 元降到 1.65 元，进价降低 39%。联合采购同样面临很多问题，如组织协调等，所以目前联合采购还只局限于在很小一部分相互了解的企业之间采用。
因此需要更多商业联盟牵头，帮助解决组织协调、组织不信任等问题，以促进
联合采购事业的发展。

（四）推行前置仓模式

相较于传统仓库，前置仓在商品配送上更具优势。前置仓被视为承载着一定
零售功能的仓库，由于更加贴近顾客消费场景，因此克服了传统仓库地处偏远、
"最后一公里"难以快速送达的困难。另外，推行前置仓模式在实现商品实时配
送的同时也极大降低了企业物流配送成本。目前，前置仓已成为社区零售供应链
的重要发展趋势，每日优鲜、叮咚买菜、苏宁前置仓等均是前置仓模式的典型代
表。根据中国连锁经营协会与"第三只眼看零售"联合发布的"2019 社区生鲜
调研报告"，36% 的企业表示有计划开设前置仓。

前置仓模式可以降低企业的配送成本，而根据调查结果，商品的配送成本已
成为企业疫情期间的一项重要开支。在 154 份调查样本中仅有 10.39% 的商户表
示不存在配送成本上升的情况，而 89.61% 的商户则表示存在不同程度的配送成
本上升情况（共计 138 家商户）（见表 5 - 10）。在差异性分析中，企业的配送成
本上升均值为 3.0652，而门店均值为 3.044，没有通过显著性检验（见表 5 -
11）。因此配送成本上升情况不随着调查对象的填表类型发生明显变化，即无论
是何种类型的社区商业都面临着配送成本较高的困扰。

表 5 - 10　配送成本上升情况

指标取值	无	很小	一般	较大	非常大
样本数（家）	16	15	74	43	6
占比（%）	10.39	9.74	48.05	27.92	3.90

表 5 - 11　配送成本上升的差异性分析

变量	企业（N = 65）		门店（N = 89）		T
	均值	标准差	均值	标准差	
配送成本上升	3.0652	0.788	3.044	1.096	0.109

前置仓模式因强大的即时配送能力被广泛应用于社区商业中，为民众基础生
活食材来源提供了保障，不少企业也从前置仓模式中获益。以每日优鲜为例，依
靠密集的前置仓网络、强大的运营和保障能力，实现在疫情期间销售指标大幅增
长。该企业构建"原产地供应商—城市中心仓—社区前置仓—消费者"链条，

从原产地到前置仓的物流完全由冷链配送完成，由本地配送员完成前置仓到终端用户的"最后一公里"履约交付。在疫情早期，每日优鲜第一时间利用供应链优势，迅速组织全国多个果蔬生产基地货源，组织直达田间地头的买手队伍，加紧采购并及时安排配送，将蔬菜供应量由疫情之初的每日500吨增加到1500～2000吨。

前置仓作为新兴商业模式，同样在实践中面临着许多问题。首先，前置仓虽然轻便但是空间较小，一般仓内存储的商品种类及数量有限。当仓内商品供给跟不上用户需求时则出现断货现象，导致用户放弃选择该平台，造成流量流失。其次，推行前置仓模式对客单价具有较高要求，难以做到市场下沉。如果一笔订单的交易额太低，必然会无法弥补配送成本的支出，因此多数企业的线上订单均设有最低起送价，但由于各地的消费能力不同，配送消费门槛的设定使前置仓扩展到三四线城市的复杂度大大上升。

五、企业资源与能力累积战略

一个企业拥有的资源多少和能力高低决定了日后的发展之路，因此不少企业在疫情造就的发展风口上尽力积攒自身的资源及能力。本次疫情期间为保证民众安全，国家限制人流大量聚集、远距离移动，人们的活动逐步从公众场合"转移"至社区，社区商业逐步成为消费者集中的销售点，其商业价值逐渐凸显。各企业为了更好地适合疫情影响下的商业环境，积极调整自身资源及能力以做出应对。本部分共总结出社区商业普遍实施的三种做法，包括新增门店夺取市场资源、运用信息技术进行应急管理、依靠数字化技术对企业进行全方面管理。

（一）新增门店夺取市场资源

疫情期间，新增门店是多数社区商业为扩大业务普遍采取的做法。大多数社区商业在疫情期间持续受益，为实现"风口上的快速发展"，在疫情得到控制后开始大规模地新设门店抢占市场，充足的资金为企业新设门店提供了后续保障。疫情导致全国大部分企业停工停产，无法取得任何收入，不得不向银行等金融机构贷款以维持生存。然而社区商业因切中消费者的消费痛点，发展态势良好，不存在资金短缺、现金流断裂的现象，确保了企业在没有生存困扰的状况下可以积极地新增新门店、开展新业务、拓展新模式。

进一步检验新增门店的效果评估。根据单因素方差分析显示，在1%的显著性水平下新增门店对商户营业收入的下降情况具有显著的负面影响（$M_{未新增门店}$ = 3.5122，SD = 1.229；$M_{新增门店}$ = 1.9306）（见图5 - 22）。

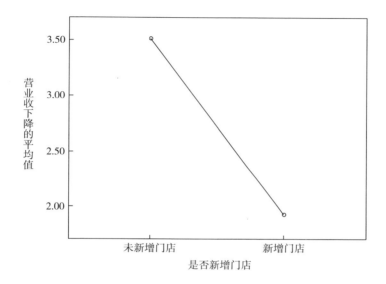

图 5 - 22　新增门店对营业收入下降的影响

专栏 5 - 4

永辉超市

永辉超市成立于2001年，是我国首批将生鲜农产品引进现代超市的流通企业之一，目前是"中国企业500强"之一，国家级"流通"及"农业产业化"双龙头企业。疫情期间，在其他企业致力于恢复生产经营时，永辉超市作为我国零售业的领军企业已走上扩张的道路，在全国范围内启动了高密度的新店设立。截止到2020年8月1日，永辉超市共设立了18家新门店，遍布杭州、上海、昆山、郑州、泰安、石家庄等多个省份及地区，详细信息如图5 - 23所示。

（二）运用信息技术进行应急管理

运用信息技术处理突发情况是企业增加抗击风险能力的有效途径。在企业运转过程中，无法预测类似新冠肺炎疫情的"黑天鹅"事件何时发生，因而采用新兴数字化信息技术应对环境改变是增加企业应对突发状况能力的有效途径。同

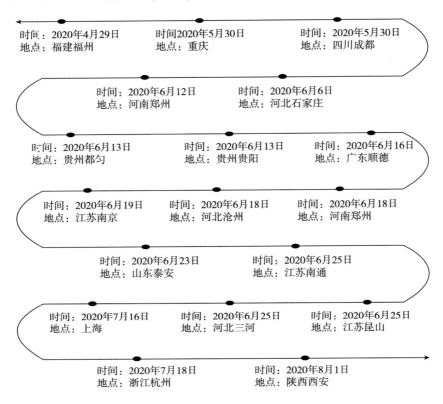

时间：2020年4月29日 地点：福建福州　　时间2020年5月30日 地点：重庆　　时间：2020年5月30日 地点：四川成都

时间：2020年6月12日 地点：河南郑州　　时间：2020年6月6日 地点：河北石家庄

时间：2020年6月13日 地点：贵州都匀　　时间：2020年6月13日 地点：贵州贵阳　　时间：2020年6月16日 地点：广东顺德

时间：2020年6月19日 地点：江苏南京　　时间：2020年6月18日 地点：河北沧州　　时间：2020年6月18日 地点：河南郑州

时间：2020年6月23日 地点：山东泰安　　时间：2020年6月25日 地点：江苏南通

时间：2020年7月16日 地点：上海　　时间：2020年6月25日 地点：河北三河　　时间：2020年6月25日 地点：江苏昆山

时间：2020年7月18日 地点：浙江杭州　　时间：2020年8月1日 地点：陕西西安

图 5 - 23　永辉超市疫情期间新增门店历程

时数字化作为当今经济的推动力，在未来经济中将发挥更大的推动作用。[①] 企业对新一代信息技术的深度学习和灵活应用一方面有利于企业的数字化转型，引导企业向信息化、数字化、智慧化迈进。另一方面可以帮助企业识别并获取市场环境和对手信息，降低信息不对称，使企业能够及时调整战略以面对市场上的机遇与挑战。除此之外，信息技术能够实时监测企业内部的生产运营等方面，帮助企业及时发现内部的优劣势，保障企业战略的实施。

对于多数社区商业而言，在运用信息技术方面存在较大的提升空间。在接受调查的 154 家商户中，有 23 家商户认为自身完全不能够用信息技术应对环境变化，占比为 14.94%。余下的商户认为自身具备这种能力，但运用能力的程度差距较大，仅有 21 家商户表示自身运用信息技术应对环境变化能力较强，

---

① Chakravorti B., Bhalla A., Chaturvedi R. S.. Which Countries Are Leading the Data Economy? ［J］. Harvard Business Review, 2019（January）：2 - 8.

6 家商户认为非常高（见表 5 - 12）。在差异性分析上，根据统计结果，发现企业和门店这两种不同类型的调查对象关于新兴信息技术应用能力具有显著差异，企业的均值为 2.877，在 5% 的显著性水平下高于门店 2.517 的均值表现（见表 5 - 13）。

表 5 - 12　新兴信息技术应用能力的描述性分析

指标取值	无	很小	一般	较大	非常大
样本数（家）	23	38	66	21	6
占比（%）	14.94	24.68	42.86	13.64	3.90

表 5 - 13　新兴信息技术应用能力的差异性分析

变量	企业（N = 65）		门店（N = 89）		T
	均值	标准差	均值	标准差	
新兴信息技术应用能力	2.877	0.927	2.517	1.056	2.198 **

注： ** 表示 P 值小于 0.05。

发展成熟的企业一向重视对信息技术的学习及内部信息系统的完善。例如，多点 Dmall 作为我国最大的生鲜快消数字零售平台在物联网、大数据、人工智能、云计算、区块链等新技术基础上，开发了 15 大系统、500 多个子系统，通过为传统零售企业提供深入零售全链条的数字化改造工作，助力零售商服务消费者，为商超打好坚实的数字化地基，具体情况如图 5 - 24 所示。再如，华冠在现实的业务运转过程中始终致力于解决企业在信息系统上遇到的问题，至今已构建了包含 ERP 系统、WMS 系统、CRM 系统、财务系统、HR 系统在内的 30 多个应用信息系统，搭建了共计 150 多个接口。

企业在运用信息技术处理日常业务的过程中需要树立信息技术安全意识。最大限度地保证企业网络技术的安全性，增强企业的信息管理能力，为企业稳健发展提供必要的辅助。信息技术的更新升级同样需要引起企业的重视，只有不断地加大对企业内部技术手段的优化力度，才能保证企业在汹涌的社会经济洪流中不被淹没，顺利实现可持续发展的目标。

（三）依靠数字化技术对企业进行全方面管理

疫情的到来加快了社区商业服务商数字化转型进程，同时也催化了如多点、盒马鲜生、每日优鲜、美团等企业从前台向中后台，向商品与人员协同等全方位的数字化进程发展，以此来达到整个供应链效率的提升。因此，一些企业依靠数

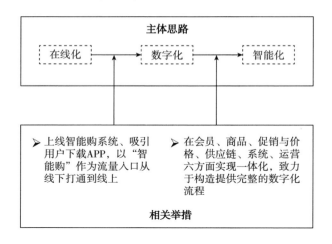

图 5－24　多点 Dmall 数字化构建思路

字化技术对企业进行全方位管理，如 ERP 系统、WMS 系统、CRM 系统、财务系统、HR 系统等。

专栏 5－5

多点 DMALL：生鲜快消数字零售平台

多点新鲜（北京）电子商务有限公司成立于 2015 年 4 月 1 日，是一家数字零售解决方案服务商，帮助传统零售企业进行深入零售全链条的数字化转型升级，提供零售数字化操作系统 Dmall OS，优化到店到家一体化的全渠道服务，助力提高企业效率，改善消费者体验。公开资料显示，截至 2020 年 6 月，多点已与 110 个零售商超企业达成合作，其中涉及门店 13000 余家，C 端用户 8500 多万户。公开数据显示，多点在 2020 年春节期间，GMV 同比增长 232.2%，新增注册用户同比猛增 236.3%。

为了帮助创始团队能够在应对疫情之时快速做出决策，该公司于 2020 年 2 月成立战略指挥部门。此次疫情中，多点 Dmall 积极利用自身数字化技术优势，"自下而上"地从底层入手改变传统零售业的商业逻辑，以任务为导向将工作内容颗粒化。2019 年 11 月，多点 Dmall 正式发布了自主研发的数字零售操作系统 Dmall OS，同时还推出了适配便利店等小店业态的 Mini OS，这一系统的全面启动也意味着新兴 "ERP" 系统对老旧 "IT" 系统的替代，多点这一系统从底层改变了商业逻辑，以任务驱动的方式直接做到 "点" 对 "点"，将零售从仓到店再到消费者的全流程模块化，提高了团队的整体效率。消费者在 APP 端完成下单后，系统会根据库存所在地自动拆成两个订单，有人去拣店内的商品，后仓的人去拣后仓的商品，拣货完成后，拣货员要扫码完成"上架"行为，两单合流为一，配送系统同时发挥作用，自动分配配送订单。

6月中旬，记者在走访北京顺义区物美旗下的一家美廉美门店时发现，在疫情期间，从下单到工作人员拣货完毕，只需要7~8分钟。据多点官方给出的数据显示，线下门店在接入 Dmall OS 系统后，可将原来30天的周转库存天数缩短至十几天，库存数量和库存占用面积也有一定比例的下降。与此同时，疫情的到来也增加了消费者对于"送货到家"服务的需求，多点目前已在北京地区实现"60分钟送达"服务，2020年会进一步完善履约系统，向着"30分钟"送达服务迈进。

由此看来，数字化技术的应用能够提升企业应对环境变化的能力，多点 Dmall OS 系统的开发，帮助其提高了疫情期间整体的团队运作效率，成功抵御了疫情对企业带来的风险。

资料来源：多点 Dmall：生鲜快消数字零售平台 实体零售深度赋能者［EB/OL］.中国连锁经营协会，http：//huiyi.ccfa.org.cn/portal/cn/xiangxi.jsp？id＝441180&type＝10004，2019－02－12.

新发地休市后，这家公司果蔬处理量立马增长3.5倍［EB/OL］.中国企业家杂志，ht-tps：//baijiahao.baidu.com/s？id＝1669813001013117636&wfr＝spider& for＝pc，2020－06－18.

六、面向未来，积极布局数字化战略

在信息化社会中，数字化转型是企业健康高速发展的必然方向。在数字化背景下开展商务活动，企业面临着全新的经营环境，企业商务活动主体的行为特征、产品属性以及产品的创造过程等都发生了巨大的变化。[①] 数字化转型不仅是机器替换人的工作，更不是简单的通信技术改造，而是要形成企业生产经营过程中所有环节的全面协同，真正做到数字化、线上化，以打通企业内部的全数据链。数字技术在本次疫情中大放异彩，其价值性和不可替代性促使越来越多的社区商业企业加快数字能力的开发。过去数字化转型还会给企业一个较长的过渡期，但在疫情的冲击下，数字化转型不再是对企业生产经营效率的改善，而是企

[①]　陈剑，黄朔，刘运辉.从赋能到使能——数字化环境下的企业运营管理［J］.管理世界，2020，36（2）：117－128，222.

业生存之关键。本报告认为社区商业企业在疫情下的数字化转型可以从以下六方面展开：利用网络资源，拓宽销售渠道；成立分析部门，挖掘数据价值；构建数据平台，高效管理库存；分析用户数据，实现精准营销；提供自助结算设备，方便用户自助结算；利用数字化技术对接供货商和消费者。

（一）利用网络资源，拓宽销售渠道

随着网络在各个年龄层普及，企业有必要借助网络资源在多个平台上创建商铺，进而扩大自身的销售渠道。积极开展多种形式的线上销售是为了更好地迎合广大消费群体的消费方式，而近年来，以互联网为媒介的数字化生活方式也潜移默化地改变人们的消费方式和消费习惯。调查显示，我国人均每周上网时间长达27.9小时。因此社区商业应当打造除了线下实体销售之外的多种线上销售方式。

随着"80后"和"90后"成为我国消费主力，越来越多的消费者在购物选择时偏好网购，我国整体实物商品网上零售额占总零售额的比重逐渐提升。根据问卷调查结果，有81家商户在疫情期间的线上销售占比有所上升；而43家商户表示线上线下占比无明显变化；剩下的30家商户则出现了线上销售占比下降的情况（见图5-25）。

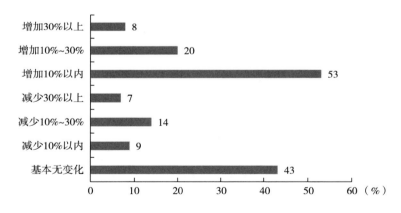

图5-25　线上渠道获得的销售收入占比变化

在当前市场上，"实体＋线上＋移动端"的全渠道销售已成为众多社区商业企业追捧的模式，但不同企业构建自身线上销售渠道的方式大有不同。有的企业拥有自建网络销售平台，在154个调查样本中有47家商户拥有自己的APP，多数大型企业，例如生鲜传奇、易果生鲜、盒马鲜生、叮咚买菜、百果园等，除了通过手机APP进行促销信息推送、商品销售，还为消费者提供如室内导购、餐厅预订等附加服务。而有的企业则是入驻第三方网络销售平台，结果显示美团、

饿了么、微信小程序等都是较为常见的第三方网络销售平台，以入驻平台的方式展开线上销售可以帮助企业减少研发和维修成本（见图5-26）。

疫情期间"线上下单、商品到家"的购物模式深受消费者的喜爱，但利用数字技术打造线上销售并不意味着忽视甚至摒弃实体销售渠道。社区商业企业在销售环节需要基于顾客不同的购物习惯及特定的购物场景，做到线上线下相融合，并借助数字化手段赋能实体零售，寻找适合自身的销售模式。同时，也要注意各渠道信息的共享，渠道开拓固然重要，但能够将不同零售渠道的消费者数据整合、归纳、分析，才能真正精准地把握消费者的消费趋势和消费需求。

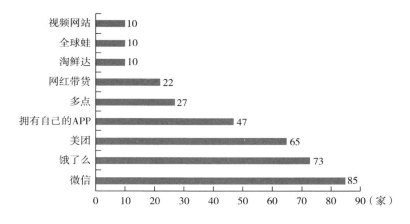

图5-26 实现线上销售的途径分布

（二）成立分析部门，挖掘数据价值

企业对数据的深度分析，有助于提升自身在产品市场上的竞争力。当新一代信息技术与商业深度融合时，能够为企业创造出海量数据，企业通过相应的数据分析可以充分发挥这些数据的潜在价值。而这个价值挖掘过程需要企业设立数据分析部门，集中专业人才广泛收集数据、深度挖掘数据、科学分析数据，为企业在战略领域、营销领域、投资领域制定重大决策提供经验支持，以便定位细分市场、发现用户需求、创新产品或服务等。Simsek等曾指出数据的认识论优势就体现在其对细节和现实的高还原度上，需要借助于专业人才的分析。[1]

---

① Simsek Z. , Vaara E. , Paruchuri S. , Nadkarni S. , Shaw J. D. . New Ways of Seeing Big Data [J]. Academy of Management, 2019, 62 (4): 971-978.

数据的价值性、专业性及隐私性使企业有必要以成立部门的方式展开数据分析工作。一个步入正轨的企业在成长过程中会掌握大量的数据，这些数据经过整理分析后具有很大的商业价值，如非结构化的消费者评论数据成为企业定价的重要信息。[①] 而企业绝大多数数据（如用户数据、专利数据等）具有较强的隐私性，不能随便被第三方掌握，一旦数据外流会严重打击企业的发展，小到用户投诉大到破产清算。因此企业只能内部自行分析数据，但数据分析工作既需要相关人员具备完善的数据分析基础常规知识、政策分析能力、经济理论知识，也需要掌握数据分析的开展方法，明确数据分析的前后关键步骤，具备相应的资料归纳和写作技巧水平等。对专业的高要求使企业不能简单地将数据分析视为一项任务，而应当成立单独的部门，集中专业人才展开分析。在实践中，企业设立数据分析部门以便有效提升大数据的应用。问卷结果显示，只有 36 家商户做到了成立数据分析部门并且有效挖掘了数据的价值，占比较低。62 家商户认为自己在这方面的表现一般；45 家商户表示自身应用大数据的成效较小；而 11 家企业表示自己从未成立过数据分析部门（见表 5 – 14）。

表 5 – 14 拥有数据分析部门应用数据

指标取值	无	有但比较小	一般	较为擅长	非常擅长
样本数（家）	11	45	62	26	10
占比（%）	7.14	29.22	40.26	16.88	6.49

对样本中涉及企业数字化的部分变量进行相关性分析后，绘制出表 5 – 15。由表中的数据可知，销售预测与数据分析具有显著的正相关性（$P < 0.05$），相关系数为 0.664，说明对数据的精准分析有助于企业对未来的销售情况做出预测；精准营销与数据分析同样具有显著的正相关性（$P < 0.05$），相关系数为 0.608，反映出强大的数据分析部门能够有效帮助企业实现精准营销。

通过对调查对象的地区分析发现，商户所处的地区不同，数据分析表现也有较大差异，通过了显著性水平为 1% 的方差检验。其中一线城市的商户最重视企业对数据的分析情况，在六个组别中均值最高（M = 3.364）。由事后检验可知，一线城市的数据分析显著大于四五线城市、二线城市、三线城市、县区及乡镇（见表 5 – 16）。

---

① Archak N., Ghose A., Ipeirotis P. G.. Deriving the Pricing Power of Product Features by Mining Consumer Reviews [J]. Management Science, 2011, 57 (8)：1485 – 1509.

表 5-15　部分变量的相关性分析

	M	SD	数据分析情况	销售预测情况	精准营销情况	自助付款情况
数据分析情况	2.864	0.997	1			
销售预测情况	2.987	0.936	0.664**	1		
精准营销情况	2.494	1.062	0.608**	0.532**	1	
自助付款情况	3.006	1.196	0.08	0.155	0.105	1

注：**表示 P 值小于 0.05。

表 5-16　数据分析在地区分布上的 ANOVA 检验

所在地区		均值	标准差
一线城市	（N=44）	3.364	1.059
二线城市	（N=22）	2.682	0.945
三线城市	（N=40）	2.600	0.928
四五线城市	（N=28）	2.750	0.701
百强县	（N=3）	3.000	1.000
县区及乡镇	（N=17）	2.588	1.121
F		3.531***	
事后检验		1>4, 2, 3, 6	

注：***表示 P 值小于 0.01。

　　对企业掌握数据的科学分析，为企业决策提供了更加精准的数据支持，确保给企业赢得更多的商业机会，在社区商业领域有许多通过数据分析改善企业经营的案例。例如，北美零售商百思买在北美的销售活动非常活跃，产品总数达到 3 万多种，产品的价格也随地区和市场条件而异。由于产品种类繁多，成本变化比较频繁，一年之中，变化可达四次之多，导致每年的调价次数高达 12 万次。为了提高定价的准确度和响应速度，公司组成了一个 11 人的团队，希望借助分析消费者的购买数据及其他数据，快速制定合适价格。再如，零售业寡头沃尔玛的数据分析部分为其网站自行设计了最新的搜索引擎 Polaris，利用语义数据进行文本分析、机器学习和同义词挖掘等。根据报道，语义搜索技术的运用使沃尔玛在线购物的完成率提升了 10%～15%。

　　做好数据分析工作对企业的经营发展起着至关重要的作用，但企业管理者在制定决策时不能仅仅关注数据分析。现有数据只能反映过去已发生的事实，而决策是面向未来的，具有高度不确定性，只关注数据会窄化自身的视野。只有将数据分析与企业的内外部环境不断结合，才能制定出切实可行的决策。特别地，当使用深度机器学习分析数据时，利用未被监管的机器学习方法分析得出的结论应当被谨慎解析。[①]

（三）构建数据平台，高效管理库存

生产性企业为了保证正常运行会有一定的安全库存，但如果库存量过高导致积压将会产生负面影响，而数字化赋能可以使企业库存管理更加科学合理。国外学者 Ban 和 Rudin 研究了大数据环境中基于机器学习算法的报童模型，并对不同的算法进行了比较。[②] 基于数字化技术，企业甚至可以在需求发生之前就做出相应的库存补货计划。根据问卷结果，154 个样本中有 36 家商户将库存积压选择为运营成本中排名前三的支出之一。然而通过信息技术分析企业的库存不仅有效解决了库存积压问题，还可以帮助企业打破信息孤岛，实现数据实时流转。

现代化管理库存并不是简单进行仓库中销售产品的数量核算，而是通过对企业生产经营的每个环节的数据进行科学分析以确定健康的库存量、合理的生产量。以搭建数据平台的形式实时记录各环节中与产品有关的所有信息并加以利用，大幅降低企业在多个方面的成本，例如通过分析以往销售信息可以预测合理的库存量。国外学者 Huang 和 Mieghem 研究指出通过学习潜在购买者在商品展示网站的点击数据与线下的实际购买数据之间的关系，企业可以优化其库存管理策略，降低缺货成本和库存持有成本。[③]

目前，多数企业不能较好地通过数字化技术管理库存。调查结果显示，仅有6.49% 的商户表示自身不具备通过销售预测确定库存的能力，而余下的 144 家商户认为自身具有该能力，但能力的应用程度差距较大，其中多数商户认为自身的能力应用情况一般（71 家），极少数认为自身能很好地通过销售数据分析解决库存问题（7 家）（见表 5 - 17）。差异性分析上，统计结果表明企业的均值为 2.723，该数值在 1% 的显著性水平下明显区别于门店 3.179 的均值（见表 5 - 18）。

通过打造一套完善的、适用于自身发展需求的数字化管理平台，从而有效提升企业的数字化能力及仓储作业能力已成为重视信息化企业的共同认知。华润万家便是以数字化手段管理企业库存的企业典范。

---

① 陈冬梅，王俐珍，陈安霓. 数字化与战略管理理论——回顾、挑战与展望 ［J］. 管理世界，2020，36（5）：220 - 236，20.

② Ban G. Y. , Rudin C. . The Big Data Newsvendor：Practical Insights From Machine Learning ［J］. Operations Research，2018，67（1）：90 - 108.

③ Huang T. , Mieghem J. A. V. . Clickstream Data and Inventory Management：Model and Empirical Analysis ［J］. Production and Operations Management，2014，23（3）：333 - 347.

表5-17 通过销售数据预测解决库存积压的能力

指标取值	无	有但比较弱	一般	较为擅长	非常擅长
样本数（家）	10	31	71	35	7
占比（%）	6.49	20.13	46.10	22.73	4.55

表5-18 销售数据预测解决库存积压的差异性分析

变量	企业（N=65）		门店（N=89）		T
	均值	标准差	均值	标准差	
销售数据预测库存能力	2.723	0.910	3.179	0.911	-3.073***

注：*** 表示 P 值小于 0.01。

专栏 5-6

华润万家

华润万家成立于 1984 年，是中央直属的国有控股企业集团、"世界 500 强企业"——华润集团旗下优秀零售连锁企业集团。旗下拥有华润万家、苏果、万家 MART、Olé、blt、万家 LIFE、乐购 express、V > nGO 等多个著名品牌。

作为中国连锁百强企业，华润万家和联合利华共同搭建了智慧化库存管理平台，双方在同一平台上传、使用和分享数据，运用数字化供应链分析工具，对现有库存中的数据进行多维度精细分析，极大程度上提升了企业库存分析效率，实现了库存分析可视化和库存原因分析自动化，也实现了从源头控制库存，有效解决了现存的四大问题。通过平台数据化管理库存使企业以更少的运作成本支持了更高的销售目标（见图 5-27）。

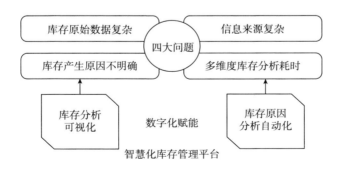

图 5-27 华润万家数字化库存管理

资料来源：①华润万家官网，https://www.crv.com.cn/gywm/gsgk/gsjj/。②华润万家 X 联合利华：基于零供双方数字化库存管理的协同优化［EB/OL］. 中国连锁经营协会，http://huiyi.ccfa.org.cn/portal/cn/xiangxi.jsp? id = 441170&type = 10004，2019 - 02 - 12.

搭建数据平台管理企业库存是对平台中记录的数据进行分析，而分析的准确性依赖于平台数据的质量，企业在分析时需要时刻注意数据的时效性及真实性。企业可以通过建立良好的内部控制制度对平台数据的录入进行监督管理，同时加强对存货管理人员的培训，提高他们的专业能力和素质。

（四）分析用户数据，实现精准营销

新消费时代，企业针对性地提供商品及服务可以帮助企业在竞争激烈的市场上更具竞争优势。精准化、精细化营销的基础是通过丰富、海量的数据去深入分析用户的消费行为与意图，开展全渠道营销、拓展数据来源成为必要之举。[①]

分析用户数据的必要性体现在宏观和微观两个方面。首先，在宏观层面上，以收集、追踪消费者上网痕迹、消费记录或购买专业数据库信息等合法途径获得消费者的大量真实信息。通过分析整理上述信息，企业可以捕捉到现有消费者的年龄构成、性别比例、地区分布等宏观信息，对以上信息的掌握有利于企业有针对性地进行广告投放及产品设计。其次，从微观层面上，对消费者进行行为分析、偏好解读等，有助于企业在改善自身服务质量、优化消费者消费体验的同时，为企业培养忠实客户奠定基础。总而言之，追踪用户数据，分析用户的网络效应的做法在帮助企业锁定用户需求的同时，也为企业提供了一个新的视角去发现商业机会、创造商业模式。[②]

问卷数据显示，利用数据刻画用户画像具有一定的难度。85.71%的商户对自己持有悲观态度：33 家商户认为自身完全不具有通过数据实现精准营销的能力，40 家商户认为自己该项能力较小，59 家商户认为自身该项能力一般（见表5－19）。其中调查对象为企业性质的均值为 2.169，该数值在 1% 的显著性水平下明显不同于门店的均值（见表 5－20）。

表 5－19　精准营销的描述性分析

指标取值	无	有但比较弱	一般	较为擅长	非常擅长
样本数（家）	33	40	59	16	6
占比（%）	21.43	25.97	38.31	10.39	3.90

① 戚聿东，肖旭. 数字经济时代的企业管理变革［J］. 管理世界，2020，36（6）：135－152，250.

② Liu H. F., Wu J. J., Liu T. L., Tao D. C., Fu Y.. Spectral Ensemble Clustering via Weighted K－Means: Theoretical and Practical Evidence ［J］. IEEE Transactions on Knowledge and Data Engineering, 2017, 29（5）：1129－1143.

表 5 - 20 精准营销的差异性分析

变量	企业（N = 65）		门店（N = 89）		T
	均值	标准差	均值	标准差	
精准营销情况	2.169	0.83981	2.7303	1.14578	- 3.507 ***

注：*** 表示 P 值小于 0.01。

专栏 5 - 7

天虹数科商业股份有限公司

天虹数科商业股份有限公司（原"天虹商场股份有限公司"）成立于 1984 年，是我国零售业企业数字化转型的领头企业。旗下拥有"天虹""君尚""sp@ce""微喔"四大品牌。通过人本、科学的管理，专业、高效的运营，取得了卓越的业绩，已连续多年入围中国连锁百强企业，拥有全国领先的零售技术研发和运营能力。

被称为"数字化新零售"的天虹商场股份有限公司通过企业微信的强大功能将会员数据从账户记录变成可运营的资产，充分发挥数据能效，根据用户标签精准匹配需求，实现千人千面的个性化信息触达。实现了商品主动匹配消费者的效果，更好地激发需求、提升销售，给顾客提供便捷快速的交互服务和更娱乐化、人性化的消费体验。与此同时，基于前端产品业务特性建设操作后台，支持前端业务快速布局（见图 5 - 28），形成了一套科学合理、高效运转的数字化网络体系。

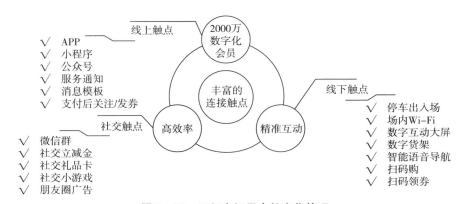

图 5 - 28 天虹商场用户数字化管理

资料来源：数字化助力天虹成长 [EB/OL]. 中国连锁经营协会，http://www.ccfa.org.cn/portal/cn/xiangxi.jsp? id = 441178&ks = % E5% A4% A9% E8% 99% B9&type = 10004，2020 - 02 - 12。

企业在分析用户数据时，要注意保护数据的私密性。庞大的用户数据为企业的精准营销提供了多种可能，但对用户特征进行数据分析具有一定的特殊性，可能在一定程度上会侵犯用户的隐私。因此，企业需要注意运用合法途径获取用户数据、采取措施保护用户数据。不能将用户数据另作他用，要时刻注意杜绝泄露用户个人隐私的情况发生。

（五）提供自助结算设备，方便用户自助结算

为消费者提供更加便捷的自助结算平台产品与服务，可以有效提升消费者购物体验，为企业培养忠实客户奠定良好基础。《2019 - 2020 年中国新零售产业研究报告》中指出支付是零售业中重要的一环，支付手段的变革对零售业效率的提升有显著作用。企业为用户提供资助结算设备具有以下三点优势。

（1）降低运营中的人工成本。在人工结算模式中，一名服务人员负责一个结算通道。而自助结算平台的支付方式一般均为线上支付，一名服务人员可以辅助 4 ~ 6 个自助结账通道，大大降低了企业的结算员工需求。

（2）缩短购物者的时间成本。用户选购商品后只需要根据自助收银机的提示，便可以快速自行结账离去，用户整体结算排队的等待时间大大缩短。

（3）优化用户的购物体验。采用自助结算可以分流购物者，购物数量少的用户通过自助快速完成支付，而大量购物以及有特殊需求的消费者可以选择人工结算。由于不用担心出现排队的现象，服务人员可以更加细致、有针对性地满足消费者的结算需求，以此提升用户体验。

越来越多的零售商家推行自由购、自助购、智能购物车、刷脸支付等智能支付形式的应用，这种智能结算服务有利于解决高峰时段或夜间店员不足的消费痛点。新零售风潮中诞生的便利蜂，在全国新型零售业态中发展规模与营运技术方面"一枝独秀"，全国门店数已经超过 1100 家，其中华东 300 家、上海 116 家。该企业一向主张"人应该去做更有温度的服务工作"，因此便利蜂收银这种简单的劳动交给机器来做，旗下所有门店全部采用自助结算方式。在调查的 154 个样本中，仅有 26 家商户没有自助结算设备，128 家商户为消费者提供了自助结算设备，但是设备方便消费者的成效却有所差异，具体情况如图 5 - 29 所示。

自助结算是趋势，但是企业实施自助结账不可避免会出现消费者"逃单"的现象。自助结算需要消费者自行扫描商品二维码，而这个过程中，很可能出现因消费者少扫、漏扫、错扫而致使企业经济受损的情况。① 如果指派专人监督消费者的结算行为既增加了企业的人力成本又降低了用户的消费体验，因此如何在

---

① 孙梦飞. 自助结账需筑牢"安全门"［N］. 河南法制报，2019 - 12 - 30（003）.

推行自助结算的同时保证自身利益不受损是企业提供自助结算服务时首要考虑的问题。

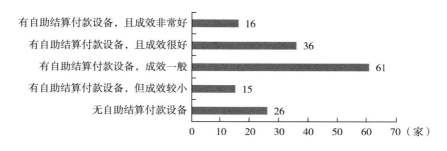

图 5 - 29　自助结算及成效分布情况

（六）利用数字化技术对接供货商和消费者

步入大数据时代，社区商业应积极通过数字化转型，提高服务的效率与精准性。社区商业在固定客源的基础上，通过大数据分析，建立客户精准画像，实现个性化和精准化的客户营销。在信息化技术助力下，社区商业能够更好地完善会员化管理的商业模式，准确利用大数据和在线客户服务信息，达到差异化服务。线上平台及时满足消费需求应答，线下第一时间实现消费触达。在此次疫情中，社区服务，尤其是以数字化引导下的社区商业服务独领风骚，为解决消费者在疫情期间被禁止出门的问题发挥了不可替代的作用。在所有的统计中，与社区服务相关的，尤其是与数字化支撑社区服务相关的企业的销售明显提高、顾客明显增加。物美和多点的线上用户数大幅度增加，多点已经有 8000 多万会员和 1000 多万月活跃用户，物美在北京开设了 4000 家社区提货点，实际上也是为未来社区服务发展打下了坚实的基础。

根据对 154 家样本社区商业门店的数字化能力调查结果（5 点量表，1 = "无"，5 = "非常擅长"），样本企业通过数据分析部门有效运用大数据均值得分为 2.86；通过数据学习预测门店销售情况，避免库存积压均值得分为 2.99；通过自动补货系统，实现数字化采购均值得分为 2.60；从后台抓取到数据做消费者画像分析，精准营销均值得分为 2.49；通过自助付款设备方便消费者自助结算均值得分为 3.01（见表 5 - 21）。由此可见，参与调查门店的数字化运营能力目前还比较薄弱，亟待加强。

表5-21 企业数字化能力情况

描述统计量					
	N	极小值	极大值	均值	标准差
拥有数据分析部门能够有效应用大数据	154	1	5	2.86	0.997
通过数据学习预测门店销售情况，避免库存积压	154	1	5	2.99	0.936
拥有自动补货系统，实现数字化采购	154	1	5	2.60	1.341
从后台抓取到数据做消费者画像分析，精准营销	154	1	5	2.49	1.062
拥有自助付款设备，方便消费者自助结算	154	1	5	3.01	1.196
有效的 N（列表状态）	154				

为了进一步研究数字化技术对企业运营效果的影响，本报告将数字化运用情况作为自变量指标，营业收入下降程度作为因变量考察指标，通过 SPSS 19.0 软件进行相关性分析与回归分析，结果如表5-22所示。结果显示，数字化技术的使用与企业营业收入下降程度具有显著负相关性，表明能够良好运用数字化技术指导营运管理的企业营业收入下降程度明显小于不能良好运用数字化技术指导营运管理的企业。

表5-22 数字化技术运用与营业收入下降相关性

	拥有数据分析部门，能够有效应用大数据	通过数据学习预测门店下一周销售情况，避免库存积压	拥有自动补货系统，帮助我们实现数字化采购
相关性（R）	0.250	0.265	0.225
显著性（Sig.）	0.002	0.001	0.005
系数（B）	-0.353	-0.399	-0.237
样本数量（N）	154	154	154

企业应把握并积极利用数字化指导企业发展。社区是数字化零售最重要的风口，数字化为社区提供了更多的服务机会和舞台，数字化尤其是它变现的能力将成为企业的核心能力。数据的有效应用是提高企业效率、降低运营成本的科学依据，更是企业的核心能力。伴随着整个中国 5G 技术的发展，信息更加联通，在未来依靠信息不对称获利的机会可能越来越小，然而运用数字化技术连接社会需要平台型公司或者细分类目里的超级公司的支持，所以数字化转型是今天很多单体店或私营店很难独立实现的事情，在未来的发展也将面临更多的挑战。社区商

业需要上下游共同构建协作共生的数字生态体系，通过大平台与传统业态小连锁、个体户的联盟合作，使整体获客、交易和服务的边际成本下降，进而提升整个行业服务质量和毛利水平。随着5G及物联网的发展，利用大数据技术实现田间物产到社区居民冰箱的信息链接的看得见的未来。

企业的数字化发展应具有更广阔的大局观。每个社区都有自己独特的用户属性，围绕这些基础属性之外，还应该看到全社会的发展。全社会的发展标准和今天社区存量的商业之间的差距就是企业的改善点，也是新的商业机会。所以，既应强调单个社区的特色，又要强调整个社会新的标准和范式，还要超越今天的围墙，超越今天的存量，重新定义社区商业的范式和标准。未来，最伟大的公司不再是拥有最多资源的公司，而是一群拥有最强数据能力、最强供应链能力、最强运营能力的公司组成的超级网络，适配一个城市、适配一个地区，甚至适配一个国家。

专栏 5－8

北京市房山华冠商贸有限公司

北京市房山华冠商贸有限公司，是北京市房山区的商业龙头企业，是以连锁超市为主要业态的商业企业。拥有万平方米以上的购物中心2家、综合超市52家、便利店2家、功能齐全且全年吞吐量5亿元的配送中心1个，旗下6个控股子公司，涉及房地产开发、投资、商业、特许加盟、食品加工业等各个领域。形成了以良乡为中心，服务半径60千米，覆盖面积3000平方千米的区域连锁企业。

此次疫情中，华冠超市积极利用数字化技术，提升企业运营能力。在商品升级方面，4月，该企业通过拓展年轻人喜欢的冷冻品类，优化了10%的SKU，淘汰了32%的SKU，引进了25%的新品，当月销售同比增加70%，环比增加25%，其中新品贡献了95%，周转天数加快了7天。尤其在冷冻品中的面点品类做了优化，由于水饺品类被国内几家知名的水饺品牌垄断，导致特点、口味、规格都重复，而华冠优化了35%的水饺的SKU，补充了过去缺失的品类，如蒸饺、泰式馄饨等在渠道拓展方面，华冠用企业微信把员工和导购员发展为企业微信用户，用其私域流量发展粉丝成为企业可控的会员，最终成为企业稳定的数字化会员。华冠还计划在三个月内增加企业会员100万。

华冠非常重视提升数据变现的能力，2018年华冠既是线上也是线下的双重会员，占线上会员总数的56.9%，到2020年提升到75.1%。周转天数一直是华冠效率的第一指标，在订货天数、安全库存、销售波动等数据的支持下，运用大数据的算法研发了自动补货系统，使货品周转天数加快了3天，年周转次数从19

次提升到 22 次，毛利贡献增加 15.8%。

综上所述，数据的有效应用是提高企业效率、降低成本的科学依据，更是企业的核心能力。

资料来源：华冠肖英：社区商业的未来之路：全渠道、数字化、智能化［EB/OL］. 中国连锁经营协会，https：//www. sohu. com/a/404800329_170950，2020－06－29.

第六章

疫情影响下政策扶持
体系的分析

一、现有政策

（一）税收优惠政策

自新冠肺炎疫情发生以来，国家出台实施了一系列支持疫情防控和企业复工复产的税收优惠政策。为用好用活减税降费政策这一逆周期调节的重要工具，减轻企业负担、扶持小微企业和个体工商户、稳外贸稳外资，助力企业复工复产，国家税务总局积极落实出口退税政策，为出口企业复产复销加油助力，更为个体户解难纾困，有效助力市场重燃"人间烟火"。"一揽子"减税降费政策持续发力，让企业能更从容地应对各种风险挑战。在落地实施过程中，各地税务部门一方面根据企业需求精准推送优惠政策，另一方面不断创新服务方式，优化税收营商环境，提升纳税人和缴费人的满意度，服务"六稳""六保"大局。

国务院政策文件库自 2020 年 2 月 6 日起至今发布十余条税收优惠政策通知，由于近期税收通知大多为政策的日期顺延，表 6-1 汇总了较早时间的政策中涵盖具体减税、退税、缓交税款等文件内容。税收优惠政策主要聚焦在小规模纳税人，惠及广大的小微企业，并且对于疫情更为严重的湖北省境内的小规模纳税人与其他地区的小规模纳税人制定了不同优惠幅度的政策。前者直接免税，后者大幅下调征税率，精准施策，为全国的小微企业落实均为利好的减税红利。

表 6-1 税收优惠政策汇总

文件名称	发文字号	时间
《关于支持新型冠状病毒感染的肺炎疫情防控有关税收政策的公告》	财政部 税务总局公告 2020 年第 8 号	2020 年 2 月 6 日
《工业和信息化部关于应对新型冠状病毒肺炎疫情帮助中小企业复工复产共渡难关有关工作的通知》	工信明电〔2020〕14 号	2020 年 2 月 9 日
《国家税务总局关于充分发挥税收职能作用助力打赢疫情防控阻击战若干措施的通知》	税总发〔2020〕14 号	2020 年 2 月 10 日
《国家税务总局关于进一步延长 2020 年 2 月份纳税申报期限有关事项的通知》	税总函〔2020〕27 号	2020 年 2 月 17 日
《国家税务总局关于开展 2020 年"便民办税春风行动"的意见》	税总发〔2020〕11 号	2020 年 2 月 27 日

续表

文件名称	发文字号	时间
《关于应对疫情影响加大对个体工商户扶持力度的指导意见》	国市监注〔2020〕38 号	2020 年 2 月 28 日
《关于支持个体工商户复工复业增值税政策的公告》	财政部 税务总局公告 2020 年第 13 号	2020 年 2 月 28 日
《国家税务总局关于支持个体工商户复工复业等税收征收管理事项的公告》	国家税务总局公告 2020 年第 5 号	2020 年 2 月 29 日
《国家税务总局关于延长 2020 年 3 月纳税申报期限有关事项的通知》	税总函〔2020〕37 号	2020 年 3 月 3 日

资料来源：国务院政策文件库。

　　在对税收优惠政策文件汇总整理后，与社区商业企业相关的政策内容主要包括降低（免征）增值税、缓交税款、进出口产品退（免）税、网上便捷办税等。

　　在增值税优惠政策方面，除湖北免征增值税外，全国社区商业企业中的小规模纳税人增值税税率由 3% 降至 1%。财政部、国家税务总局公告 2020 年第 13 号中规定，自 2020 年 3 月 1 日至 5 月 31 日，对湖北省增值税小规模纳税人，适用 3% 征收率的应税销售收入，免征增值税；适用 3% 预征率的预缴增值税项目，暂停预缴增值税。除湖北省外，其他省（自治区、直辖市）的增值税小规模纳税人，适用 3% 征收率的应税销售收入，减按 1% 征收率征收增值税；适用 3% 预征率的预缴增值税项目，减按 1% 预征率预缴增值税。在大部分社区商业企业的经营中包含了为社区居民提供生活物资的服务，财政部、国家税务总局公告 2020 年第 8 号中第五条规定，"对纳税人提供公共交通运输服务、生活服务，以及为居民提供生活必需物资快递收派服务取得的收入，免征增值税"，社区商业企业此部分收入可获得免征增值税优惠。随着疫情的深入和复工复产的迫切需要，此项政策在国市监注〔2020〕38 号中进一步发展，政策中规定"在继续执行公共交通运输服务、生活服务以及为居民提供必需生活物资快递收派服务收入免征增值税政策的同时，自 2020 年 3 月 1 日至 5 月 31 日，免征湖北省境内增值税小规模纳税人（含个体工商户和小微企业，下同）增值税，其他地区小规模纳税人征收率由 3% 降为 1%。对疫情期间为个体工商户减免租金的大型商务楼宇、商场、市场和产业园区等出租方，当年缴纳房产税、城镇土地使用税确有困难的，可申请困难减免。政府机关所属事业单位、国有企业法人性质的产品质量检验检测机构、认证认可机构，减免个体工商户疫情期间的相关检验检测和认证认可费用"。

　　若社区商业企业属于一般纳税人且不满足上述增值税优惠政策，可以选择缓交税款，税总发〔2020〕14 号中规定："依法延长申报纳税期限。在延长 2 月份申报纳税期限的基础上，对受疫情影响办理申报仍有困难的纳税人，可依法申请进一步延期。疫情严重地区，对缴纳车辆购置税等按次申报纳税的纳税人、扣缴义务人，因疫情原因不能按规定期限办理纳税申报的，可以延期办理。""依法办理延期缴纳税款。对受疫情影响生产经营发生严重困难的企业特别是小微企业，税务机关要依法及时核准其延期缴纳税款申请，积极帮助企业缓解资金压力。""依法加强权益保障。对受疫情影响逾期申报或逾期报送相关资料的纳税人，免予行政处罚，相关记录不纳入纳税信用评价；对逾期未申报的纳税人，暂不按现行规定认定非正常户。对行政复议申请人因受疫情影响耽误法定申请期限的，申请期限自影响消除之日起继续计算；对不能参加行政复议听证等情形，税务机关依法中止审理，待疫情影响消除后及时恢复。"

涉及进出口产品的社区商业企业，可根据规定应用退（免）税政策。国家税务总局公告2020年第5号中规定"已放弃适用出口退（免）税政策未满36个月的纳税人，在出口货物劳务的增值税税率或出口退税率发生变化后，可以向主管税务机关声明，对其自发生变化之日起的全部出口货物劳务，恢复适用出口退（免）税政策"。

受疫情影响，对社区商业企业来说，面对面办税困难的成本较高，且风险较大，因此国家积极落实"非接触式办税"。税总发〔2020〕11号中规定"通过税收大数据和第三方数据的应用，精准定位享受税收优惠的纳税人，主动以短信、微信等方式给予温馨提示。简化税收优惠办理程序，加快完善配套实施办法，使各项优惠政策尽快落实到位。持续发布政策热点问题解答。切实加强对政策落实情况的监督检查。针对企业合理诉求，加强政策研究储备"。"着力支持小微企业。在不折不扣落实好小微企业增值税、企业所得税等普惠性税收减免政策的基础上，帮助解决实际困难。各地可根据疫情情况，合理调整疫情期间个体工商户的定期定额。优化小微企业和个体工商户税收征管方式，在税务网站建立小微企业和个体工商户服务专栏，畅通小微企业诉求线上直联互通渠道，探索推行小微企业省内跨区迁移线上办理，切实减轻小微企业办税负担。"同时，文件中要求"深化'银税互动'助力解决融资难题。加强与银保监部门和银行业金融机构的合作，将纳入'银税互动'范围的企业数量扩大一倍，在纳税信用A级、B级企业基础上扩大至M级企业。引导银行业金融机构创新信贷产品，满足不同企业特别是民营企业和小微企业信贷需求。积极推进银税数据直连，实现小微企业贷款网上'一站式'办理。梳理受疫情影响较大的企业名单，依法提供相关税收数据，协助银行业金融机构精准放贷。"税总发〔2020〕14号中规定要"深入拓展'非接触式'办税缴费，切实降低疫情传播风险。明确网上办税缴费事项、拓展网上办税缴费范围、优化网上办税缴费平台、强化线上税费咨询服务、丰富多元化非接触办理方式。各地税务机关在拓展网上线上办税缴费服务的同时，要积极为纳税人、缴费人提供其他非接触式办税缴费渠道。不断拓宽'网上申领、邮寄配送'发票、无纸化方式申报出口退（免）税以及通过传真、邮寄、电子方式送达资料等业务范围，扩大非接触办税缴费覆盖面。""坚决扛牢落实支持疫情防控税收政策的政治责任，对 2020 年 2 月 1 日和 2 月 6 日新出台涉及'六税''两费'的十二项政策以及地方在法定权限范围内出台的政策，及时优化调整信息系统，加大内部培训力度，简化办理操作程序，尽量采取网上线上方式向纳税人、缴费人开展政策宣传辅导，积极加强与发改、工信等部门沟通，确保政策简明易行好操作，让纳税人、缴费人及时全面懂政策、会申报，实现应享尽享、应享快享。""优化税务执法方式。进一步落实'无风险不检查、无批准不进户、无违法不停票'的要求，坚持以案头分析为主，充分发挥大数据优势，深入推进'互联网＋监管'。在疫情防控期间，减少或推迟直接入户检查，对需要到纳税人生产经营所在地进行现场调查核实的事项，可经本级税务机关负责人确认，延至疫情得到控制或结束后办理；对确需在办税服务厅实名办税的人员，通过核验登记证件、身份证件等方式进行验证，暂不要求进行'刷脸'验证；对借疫情防控之机骗取税收优惠或虚开骗税等涉税违法行为，要坚决依法查处。"

在税收优惠政策推行以来，国家税务局及地方税务局都积极配合疫情防控工作，落实税收优惠政策，专栏 6-1 转自国家税务总局办公厅税务新闻，国家税务总局召开视频会议讨论总结了政策落实工作情况，也进一步讨论了税收优惠政策如何更好地落实和服务纳税人，为疫情期间企业的复工复产做出了巨大的贡献。

专栏 6-1

国家税务总局召开视频会议，进一步推进
支持疫情防控和经济社会发展税费优惠政策落实工作

2020 年 4 月 9 日，国家税务总局召开进一步推进支持疫情防控和经济社会发展税费优惠政策落实工作视频会议，总结前期政策落实工作情况，部署 4 月大征期、落实税费优惠政策工作"回头看"、进一步开展好全国税收宣传月和政策落实改进月等工作。税务总局党委委员、副局长孙瑞标出席会议并讲话。

孙瑞标指出，疫情发生以来，各级税务机关坚决贯彻习近平总书记重要讲话和重要指示批示精神，按照党中央、国务院决策部署，聚焦总局党委"四力"要求，统筹推进疫情防控和服务经济社会发展工作，取得阶段性成效。4 月是疫情发生以来的第一个季度集中申报期，税务系统要把握关键节点，补短板、强弱

项，提高政策落实质量。要以全国税收宣传月为契机，紧扣"减税费优服务，助复产促发展"主题开展政策宣传解读，让纳税人、缴费人都能知政策、会操作、真享受。要严格依法依规征税收费，牢牢坚守不收"过头税费"的底线，做到该减的减到位、该降的降到位、该免的免到位、该缓的缓到位、该延的延到位、该退的退到位，切实保障纳税人、缴费人合法权益。

孙瑞标要求，要继续做好税收数据分析工作，持续做好"非接触式"办税缴费服务，针对纳税人、缴费人反映的合理化建议，第一时间研究并采取相应措施，确保办税缴费体验又好又快。各地税务部门在推进政策落实过程中要加强统筹协调，内部层层压实责任，外部强化与相关部门沟通协调。要严格按照"外防输入、内防反弹"的要求，加力做好办税服务场所疫情防控工作，进一步保障纳税人、缴费人健康安全，在夺取疫情防控和经济社会发展"双胜利"中积极发挥税收作用。

资料来源：国家税务总局办公厅。

（二）社保优惠政策

为进一步纾解企业困难，2020 年以来，国家出台一系列减税降费扶持政策。其中，阶段性减免企业社会保险费，有效缓解了企业资金压力。2 月，人社部联合相关部门出台减免企业社会保险费措施，对企业缴纳的养老、失业、工伤三项社会保险的单位缴费部分实施免、减、缓。国务院政策文件库自 1 月 30 日起发布了社保优惠政策的相关通知，文件汇总如表 6 - 2 所示。

表6-2　社保优惠政策

文件名称	发文字号	时间
《人力资源社会保障部办公厅关于切实做好新型冠状病毒感染的肺炎疫情防控期间社会保险经办工作的通知》	人社厅明电〔2020〕7 号	2020 年 1 月 30 日
《人力资源社会保障部财政部税务总局关于阶段性减免企业社会保险费的通知》	人社部发〔2020〕11 号	2020 年 2 月 20 日
《国家医保局财政部税务总局关于阶段性减征职工基本医疗保险费的指导意见》	医保发〔2020〕6 号	2020 年 2 月 21 日
《市场监管总局 发展改革委 财政部 人力资源社会保障部 商务部 人民银行关于应对疫情影响 加大对个体工商户扶持力度的指导意见》	国市监注〔2020〕38 号	2020 年 2 月 28 日

资料来源：国务院政策文件库。

在对社保优惠政策文件汇总整理后，与社区商业企业相关的政策内容主要包括免征、减征、缓缴、免收缓缴滞纳金等方面。

社区商业企业可利用免征和减征社保优惠政策极大减少经营成本。如人社部发〔2020〕11号中规定"自2020年2月起，各省、自治区、直辖市（除湖北省外）及新疆生产建设兵团可根据受疫情影响情况和基金承受能力，免征中小微企业三项社会保险单位缴费部分，免征期限不超过5个月；对大型企业等其他参保单位（不含机关事业单位）三项社会保险单位缴费部分可减半征收，减征期限不超过3个月"。"自2020年2月起，湖北省可免征各类参保单位（不含机关事业单位）三项社会保险单位缴费部分，免征期限不超过5个月。"医保发〔2020〕6号中规定"自2020年2月起，各省、自治区、直辖市及新疆生产建设兵团（以下统称省）可指导统筹地区根据基金运行情况和实际工作需要，在确保基金收支中长期平衡的前提下，对职工医保单位缴费部分实行减半征收，减征期限不超过5个月"。

疫情影响下，社区商业企业复工成本高且收入少，缓缴社保可以帮助企业渡过难关。人社部发〔2020〕11号中规定"受疫情影响生产经营出现严重困难的企业，可申请缓缴社会保险费，缓缴期限原则上不超过6个月，缓缴期间免收滞纳金"。缓缴社保和免收滞纳金都实现了减少企业成本、减轻企业经营压力的目的。

此外，在养老保险的优惠上，人社部发〔2020〕11号中规定"2020年企业职工基本养老保险基金中央调剂比例提高到4%，加大对困难地区的支持力度"。国市监注〔2020〕38号类似规定为"个体工商户以个人身份自愿参加企业职工基本养老保险或居民养老保险的，可在年内按规定自主选择缴费基数（档次）和缴费时间。对受疫情影响无法按时办理参保登记的个体工商户，允许其在疫情结束后补办登记，不影响参保人员待遇"。

专栏6-2是山西省社保优惠政策文件通知，山西省是最早明文响应人社厅社保经办工作的省份，文件提出了企业可缓缴社会保险三个月，延迟缴费期间不影响个人权益记录，不征收滞纳金。

专栏6-2

关于做好新型冠状病毒感染的肺炎疫情防控期间
企业缴纳社会保险费工作的通知

各市人力资源和社会保障局、财政局、税务局：

为深入贯彻中央和省委、省政府关于做好新型冠状病毒感染的肺炎疫情防控工作的决策部署，保障我省企业在疫情防控期间的正常生产经营秩序，根据《人力资源社会保障部办公厅关于切实做好新型冠状病毒感染的肺炎疫情防控期间社会保险经办工作的通知》（人社厅明电〔2020〕7号）要求，现就做好疫情防控期间延期缴纳社会保险费有关问题通知如下：

因受疫情影响，全省参加社会保险的企业2020年第一季度社会保险费可以延迟缴纳，之后根据疫情情况再做调整。具体内容：2020年1～3月应缴纳的养老、失业和工伤保险费，可以延迟三个月补缴，即从4月开始要缴纳本月并补缴1月社会保险费，以此类推，6月完成延期补缴手续。延迟缴费期内，不影响个人权益记录，不征收滞纳金。

山西省人力资源和社会保障厅

山西省财政厅

国家税务总局山西省税务局

2020年2月5日

（三）房租减免政策

为缓解小微企业经营压力，进一步帮扶服务业小微企业和个体工商户缓解房屋租金压力，国家出台了房租减免政策。政策要求国有房屋租赁相关主体要带头履行社会责任、主动帮扶小微企业，鼓励非国有房屋租赁相关主体在平等协商的基础上合理分担疫情带来的损失。国务院政策文件库自2月28日起发布了房租减免政策的相关通知，文件汇总如表6-3所示。

表6-3　房租减免政策

文件名称	发文字号	时间
《关于应对疫情影响加大对个体工商户扶持力度的指导意见》	国市监注〔2020〕38号	2020年2月28日
《关于支持中小微企业和个体工商户发展 积极减免经营用房租金的通知》	国资厅财评〔2020〕42号	2020年4月3日
《关于应对新冠肺炎疫情进一步帮扶服务业小微企业和个体工商户缓解房屋租金压力的指导意见》	发改投资规〔2020〕734号	2020年5月9日
《关于进一步做好服务业小微企业和个体工商户房租减免工作的通知》	国资厅财评〔2020〕158号	2020年5月20日

资料来源：国务院政策文件库。

在对房租减免政策文件汇总整理后，与社区商业企业相关的政策内容主要包括房租减免、房租缓收、以税收优惠鼓励减免租金、以金融支持鼓励减免租金、利用"互联网＋督查"平台落实房租减免政策等。

在房租减免方面，发改投资规〔2020〕734号中规定"推动对承租国有房屋（包括国有企业和政府部门、高校、研究院所等行政事业单位房屋，下同）用于经营、出现困难的服务业小微企业和个体工商户，免除上半年三个月房屋租金。转租、分租国有房屋的，要确保免租惠及最终承租人；中央所属国有房屋（包括有关部门、中央企业、中央高校和研究院所等所属国有房屋）出租的，执行房屋所在地对出现经营困难的服务业小微企业和个体工商户的房屋租金支持政策。因减免租金影响国有企事业单位业绩的，在考核中根据实际情况予以认可；对承租非国有房屋用于经营、出现困难的服务业小微企业和个体工商户，鼓励出租人考虑承租人实际困难，在双方平等协商的基础上，减免或延期收取房屋租金"。"734号"中规定的房租减免主要针对国有资产，非常容易造成国有资产流失。因此国资厅财评〔2020〕42号中做出严格规定："规范租金减免管理。各中央企业要明确减免中小微企业和个体工商户租金的范围、原则、标准、条件和审批决策程序，严格按程序规范审批操作，不得随意、无原则减免。对疫情前长期拖欠房租的租户和不符合中小微条件的企业不得减免。严格审核把关，强化风险防范，严禁通过减免房租进行利益输送。对恶意欠租、逃废租金的租户，要及时采取措施进行清退、追收，避免造成国有资产流失。"

减免房租政策难以强制要求非国有资产出租人执行，仅仅是鼓励出租人与承租人平等协商，因此国家推出配套财税优惠政策和金融支持政策，有效扩大了房租减免政策的受众范围。发改投资规〔2020〕734号中同时提出，"完善财税优惠政策。地方政府要统筹各类财政资金（包括中央转移支付、地方自有财力等），根据当地实际情况对承租非国有房屋的服务业小微企业和个体工商户给予适当帮扶；对服务业小微企业和个体工商户减免租金的出租人，可按现行规定减免当年房产税、城镇土地使用税"。"加大金融支持力度。引导国有银行业金融机构对服务业小微企业和个体工商户，年内增加优惠利率小额贷款投放，专门用于支付房屋租金；对实际减免服务业小微企业和个体工商户房屋租金的出租人，引导国有银行业金融机构视需要年内给予基于房屋租金收入的优惠利率质押贷款支持。鼓励银行业金融机构开发推广基于房屋租金收入的质押贷款产品；对服务业小微企业和个体工商户以及实际减免房屋租金的出租人的生产经营性贷款，受疫情影响严重、年内到期还款困难的，银行业金融机构与客户协商，视需要通过展期、续贷等方式，给予临时性还本付息安排。"

在房租减免政策落实上，国家也做出了其他努力，如国资厅财评〔2020〕42

号中规定："各中央企业要按照积极稳妥、分类施策、尽力而为的原则，在确保中小微企业和个体工商户承租经营用房租金只降不增的基础上，与承租本企业经营用房的中小微企业和个体工商户积极对接，帮助对方切实减轻经营负担。受疫情影响较小、自身经营实力较强的企业要积极落实国家有关部门和所在地政府减免政策要求。受疫情冲击较大，但经营风险可控的企业要与有关租户一户一策确定减免方式。确实经营困难的企业也要加强与有关租户沟通交流，可采取缓收租金方式，并争取对方支持理解。如所在地政府尚未出台相关政策，企业也要积极谋划，主动担当，研究采取合理的减免、缓收措施。"又如设立"互联网＋督查"平台督促房租减免政策的落实。国资委办公厅5月20日发文提出："要建立完善减租问题来信来访处理机制，企业集团要在官方网站主动公开受理减免房租问题投诉的联系人和联系方式，依法合规妥善处理群众反映问题。"

专栏6－3转引自中国政府网新闻，在房租减免政策的落实上，国务院"互联网＋督查"平台很大程度上保障了小微企业切实获得房租减免政策。

专栏6－3

群众反映未获房租减免优惠　安徽省政府认真核查督办
合肥市政府督促协调高新区立行立改

安徽孟先生2020年6月4日通过国务院"互联网＋督查"平台反映，他所在公司的注册地在合肥市包河区，租用合肥市高新区高新资产管理有限公司的房屋经营，但未按国家惠企政策予以减免三个月房租。

国办督查室经初步核实，及时转安徽省政府核查办理。

安徽省政府接到国办督查室转办通知后，第一时间组织核查办理。经核查，群众反映属实。孟先生所在公司租赁合肥市高新区高新资产管理有限公司华亿科学园的房屋经营。疫情期间，高新资产管理有限公司以孟先生所在公司的注册地以及工商、税务关系均不在合肥市高新区为由，未给予该公司减免三个月房租。接到督办通知后，合肥市政府高度重视，督促协调高新区落实房租减免优惠政策，6月23日为孟先生所在公司减免了三个月房租共计63232元。

资料来源：中国政府网。

（四）贷款优惠政策

疫情影响下国家出台了一系列贷款优惠政策扶持企业恢复经营，在帮助企业特别是中小微企业渡过难关方面，遵循市场规律，完善资金直达企业的政策工具和相关机制。按照有保有控要求，确保新增金融资金主要流向制造业、一般服务业尤其是中小微企业，更好发挥救急纾困、"雪中送炭"效应，防止资金跑偏和"空转"，防范金融风险。国务院政策文件库自1月31日起发布了贷款优惠政策的相关通知，文件汇总为表6－4。此外，进一步通过引导贷款利率和债券利率下行、发放优惠利率贷款、实施中小微企业贷款延期还本付息、支持发放小微企业无担保信用贷款、减少银行收费等一系列政策。

表6－4　贷款优惠政策汇总

文件名称	发文字号	时间
《关于进一步强化金融支持防控新型冠状病毒感染肺炎疫情的通知》	银发〔2020〕29号	2020年1月31日
《关于支持金融强化服务做好新型冠状病毒感染肺炎疫情防控工作的通知》	财金〔2020〕3号	2020年2月1日
《工业和信息化部关于应对新型冠状病毒肺炎疫情帮助中小企业复工复产共渡难关有关工作的通知》	工信明电〔2020〕14号	2020年2月9日
《中国银保监会办公厅关于进一步做好疫情防控金融服务的通知》	银保监办发〔2020〕15号	2020年2月14日
《市场监管总局发展改革委财政部人力资源社会保障部商务部人民银行关于应对疫情影响加大对个体工商户扶持力度的指导意见》	国市监注〔2020〕38号	2020年2月28日

资料来源：国务院政策文件库。

在对贷款优惠政策文件汇总整理后，与社区商业企业相关的政策内容主要包括再贷款（贴现）等积极的货币政策工具、下调贷款利率、增加信用贷款和中长期贷款、提高金融服务效率、创业担保贷款贴息、优化融资担保服务、延期付息、免收罚息等政策。

积极的货币政策有利于企业增加信贷获得，减轻融资成本，银发〔2020〕29号中规定"人民银行继续强化预期引导，通过公开市场操作、常备借贷便利、再贷款、再贴现等多种货币政策工具，提供充足流动性，保持金融市场流动性合理充裕，维护货币市场利率平稳运行"。

金融机构的合理让利措施包括下调贷款利率、增加信用贷款和中长期贷款。如银发〔2020〕29号中规定"金融机构要通过调整区域融资政策、内部资金转移定价、实施差异化的绩效考核办法等措施，提升受疫情影响严重地区的金融供给能力。对小微企业，不得盲目抽贷、断贷、压贷。对受疫情影响严重的企业到期还款困难的，可予以展期或续贷。通过适当下调贷款利率、增加信用贷款和中长期贷款等方式，支持相关企业战胜疫情灾害影响"。"金融机构要围绕内部资源配置、激励考核安排等加强服务能力建设，继续加大对小微企业、民营企业支持力度，要保持贷款增速，切实落实综合融资成本压降要求。增加制造业中长期贷款投放。"银保监办发〔2020〕15 号中提出："做好辖内小微企业和个体工商户的服务对接和需求调查，对受疫情影响暂时遇到困难、仍有良好发展前景的小微客户，积极通过调整还本付息安排、适度降低贷款利率、完善展期续贷衔接等措施进行纾困帮扶。加大对普惠金融领域的内部资源倾斜，提高小微企业'首贷率'和信用贷款占比，进一步降低小微企业综合融资成本。加大企业财产保险、安全生产责任保险、出口信用保险等业务拓展力度，为小微企业生产经营提供更多保障。"国市监注〔2020〕38 号中规定"各地要加强与金融机构的对接，对受疫情影响严重、到期还款困难以及暂时失去收入来源的个体工商户，灵活调整还款安排，合理延长贷款期限，不得盲目抽贷、断贷、压贷。引导金融机构增加3000 亿元低息贷款，定向支持个体工商户"。银保监发〔2020〕6 号中要求"银行业金融机构应积极对接中小微企业融资需求，建立绿色通道，简化贷款审批流程，适度下放审批权限，应贷尽贷快贷。要改进绩效考评、尽职免责等内部资源配置和政策安排，努力提高小微企业信用贷款、中长期贷款占比和'首贷率'。地方法人银行应主动申请人民银行的新增再贷款、再贴现额度，积极配合政策性银行的新增信贷计划，以优惠利率向民营、中小微企业发放贷款"。此外，2 月25 日召开的国务院常务会议提出金融支持政策。一是鼓励金融机构根据企业申请，对符合条件、流动性遇到暂时困难的中小微企业包括个体工商户贷款本金，给予临时性延期偿还安排，付息可延期到 6 月 30 日，并免收罚息。湖北省境内各类企业都可享受上述政策。二是增加再贷款、再贴现额度 5000 亿元，重点用于中小银行加大对中小微企业信贷支持。同时，下调支农、支小再贷款利率0.25个百分点至 2.5％。6 月底前，对地方法人银行新发放不高于贷款市场报价利率加 50 个基点的普惠型小微企业贷款，允许等额申请再贷款资金。鼓励引导全国性商业银行加大对小微企业信贷投放力度，努力使小微贷款利率比上年有明显下降。国有大型银行上半年普惠型小微企业贷款余额同比增速要力争不低于 30％。政策性银行将增加 3500 亿元专项信贷额度，以优惠利率向民营、中小微企业发放。

在提高金融服务水平方面，国家也出台了明确的政策。银发〔2020〕29 号中规定，"提高疫情期间金融服务的效率。对受疫情影响较大领域和地区的融资需求，金融机构要建立、启动快速审批通道，简化业务流程，切实提高业务办理效率。在受到交通管制的地区，金融机构要创新工作方式，采取在就近网点办公、召开视频会议等方式尽快为企业办理审批放款等业务。提高债券发行等服务效率。中国银行间市场交易商协会、上海证券交易所、深圳证券交易所等要优化公司信用类债券发行工作流程，鼓励金融机构线上提交公司信用类债券的发行申报材料，远程办理备案、注册等，减少疫情传播风险"。

社区商业企业要充分利用担保贷款方面的政策，积极申请担保贷款，减少担保贷款利息。银发〔2020〕29 号中规定"各级政府性融资担保再担保机构应取消反担保要求，降低担保和再担保费。对受疫情影响严重地区的融资担保再担保机构，国家融资担保基金减半收取再担保费"。财金〔2020〕3 号中规定，"加大对受疫情影响个人和企业的创业担保贷款贴息支持力度。对已发放的个人创业担保贷款，借款人患新型冠状病毒感染肺炎的，可向贷款银行申请展期还款，展期期限原则上不超过 1 年，财政部门继续给予贴息支持，不适用《普惠金融发展专项资金管理办法》（财金〔2019〕96 号）关于'对展期、逾期的创业担保贷款，财政部门不予贴息'的规定"。"优化对受疫情影响企业的融资担保服务。鼓励金融机构对疫情防控重点保障企业和受疫情影响较大的小微企业提供信用贷款支持，各级政府性融资担保、再担保机构应当提高业务办理效率，取消反担保要求，降低担保和再担保费率，帮助企业与金融机构对接，争取尽快放贷、不抽贷、不压贷、不断贷。国家融资担保基金对于受疫情影响严重地区的政府性融资担保、再担保机构，减半收取再担保费。对于确无还款能力的小微企业，为其提供融资担保服务的各级政府性融资担保机构应及时履行代偿义务，视疫情影响情况适当延长追偿时限，符合核销条件的，按规定核销代偿损失。"

延期付息、免交罚息都是社区商业企业减少融资成本的重要依据。银保监发〔2020〕6 号中明确规定，"对于 2020 年 1 月 25 日以来到期的困难中小微企业（含小微企业主、个体工商户）贷款本金，银行业金融机构应根据企业延期还本申请，结合企业受疫情影响情况和经营状况，通过贷款展期、续贷等方式，给予企业一定期限的临时性延期还本安排。还本日期最长可延至 2020 年 6 月 30 日。对于少数受疫情影响严重、恢复周期较长且发展前景良好的中小微企业，银行业金融机构可根据实际情况与企业协商确定另外的延期安排。上述贷款涉及担保的，银行业金融机构应与企业、担保人等协商处理；对于 2020 年 1 月 25 日至 6 月 30 日中小微企业需支付的贷款利息，银行业金融机构应根据企业延期付息申请，结合其受疫情影响的实际情况，给予企业一定期限的延期付息安排。贷款付息日期最长可延至 2020 年 6 月 30 日，免收罚息。延期利息的具体偿还计划，由银行业金融机构与企业双方自主协商、合理确定"。

专栏 6-4 转自河北省政务服务网疫情防控服务专区新闻，中国人民银行石家庄中心支行依据党中央、国务院和省委、省政府疫情防控和复工复产有关部署，提出了具体针对河北省实体经济的金融服务，促进了河北省社区商业企业增加融资渠道，减少融资成本，促进经济恢复发展。

专栏 6 - 4

人行石家庄中心支行多项金融政策支持企业复工复产

今年以来，人行石家庄中心支行认真贯彻党中央、国务院和省委、省政府疫情防控和复工复产有关部署，积极落实人民银行各项金融政策，为实体经济发展提供精准金融服务。

保持流动性合理充裕，引导贷款利率下行。年初人民银行三次降准，累计释放 1.75 万亿元长期资金。河北省法人机构三次降准合计释放 585 亿元长期资金，进一步增强中小银行贷款投放能力。同时，人行石家庄中心支行下调公开市场操作利率 30 个基点，利率传导效果明显，截至 3 月底，1 年期贷款市场报价利率（LPR）较年初下降 30 个基点。河北省 3 月金融机构一般贷款加权平均利率同比下降 0.54 个百分点。

为重点保障企业提供低成本抗疫专项再贷款资金。人行石家庄中心支行积极协调和引导金融机构做好金融对接服务。截至 4 月 23 日，全省累计向 87 家企业发放符合专项再贷款要求的贷款 222 笔，金额 60.65 亿元，加权平均利率为 2.51%，较同期一年期 LPR 低 134 个基点，为企业节约融资成本约 1.87 亿元。财政贴息后，实际融资成本 1.2% 左右。

再贷款再贴现专用额度支持企业复工复产。人行石家庄中心支行安排再贷款、再贴现额度 135 亿元，强力推动河北省涉农、普惠小微优惠贷款投放。截至 4 月 26 日，全省金融机构已累计发放优惠利率贷款（含贴现）91.6 亿元，支持企业（含个人）共计 3180 户。累计办理贴现 15.24 亿元，加权平均利率 3.35%。

强化对受疫情影响较大企业信贷支持。人行石家庄中心支行与省工信厅、商务厅、交通厅等部门建立协调机制，梳理企业名单，逐批次推送给金融机构，加强对金融机构窗口指导，加大对接力度，最大限度满足名单企业融资需求。截至 3 月末，金融机构支持重点企业贷款余额约 203 亿元。同时，及时印发《关于应对新冠肺炎疫情影响强化中小微企业金融支持的通知》，提出具体措施进一步纾解中小微企业融资困境。3 月末全省金融机构本外币各项贷款增速较上年同期提高 0.2 个百分点，贷款增速上升、增量较多，信贷结构进一步优化，受疫情影响的行业贷款增长逐步恢复。

加速债券发行拓宽直接融资渠道。按照人民银行部署，银行间债券市场创设疫情防控债，设立"绿色通道"支持疫情防控地区与相关企业多渠道筹集资金。

人行石家庄中心支行及时向金融机构传导政策，下发有关通知，发布重点企业名单，组织各债券承销机构开展多轮融资对接。截至3月末，银行间市场上河北省企业的债务融资工具余额2672.20亿元，1~3月发行规模491.60亿元。

资料来源：河北省政策服务网。

二、政府出台的政策对企业的影响

本次疫情来势汹汹，持续时间长，危险性强，影响面广，不仅降低了我国中小微企业的市场需求，减少其营业收入，而且增加我国中小微企业经营成本，减少企业流动资金。目前疫情尽管得到了控制，但持续周期还有待评估，这既会影响我国宏观经济特别是第一季度和上半年经济，又会影响我国中小微企业运营，甚至致使很多中小微企业面临合同违约、复工难、供应链中断、融资难等困境，有些甚至因为难以生存而倒闭。北京国家会计学院财税与应用研究所所长李旭红指出，"小微企业比较突出的困难在于资金实力不足，融资渠道有限。受疫情影响，部分企业为了稳定员工队伍、市场及客户，成本仍在增加。部分企业如果不予以及时扶持，则有可能面临倒闭风险"。

当前，为支持疫情防控保供、企业纾困和复工复产，国家和各省份政府及时出台了一系列政策措施。如在减税降费方面，采取对小微企业和个体工商户减免增值税、延长交通运输和餐饮住宿等企业亏损结转年限、阶段性减免企业社保费、缓缴住房公积金、免收公路通行费、降低企业用电用气价格等措施，可为企业减负1.6万亿元；在金融支持方面，通过三次降准、再贷款再贴现向金融机构提供3.55万亿元低成本资金，用于向企业发放低利率贷款，截至3月底已对约8800亿元企业贷款本息实行延期。这一系列帮扶政策集中资源切实有效地解决了企业难题，在推进企业复工复产、恢复国民经济平稳运行进程中发挥了重要作用。

根据154家样本企业在疫情影响下的商业调研结果，表6-5显示了目前政府出台的政策对企业影响情况的描述性统计结果。数据表明，综合来看，政府出台的政策对企业的影响并非十分明显，各均值在1.96~2.55区间波动。其中，有关税收优惠、社保优惠方面的扶持政策的影响较为显著，如将小规模纳税人增值税税率降为1%、企业可享受符合条件的税前扣除、允许缓缴6个月的社会保险等，其均值高达2.5以上；免收（减半）1~3个月房租的均值也接近2.5；相比之下，政府给予的费用减免及补贴、贷款优惠对于企业的影响效果并不明显，如提供创业担保贷款、提供一次性创业补贴、缓交水电气费等，其均值位于2.0

左右，且众数都为 1。本章主要对税收优惠、社保优惠、房租减免和贷款优惠政策对企业的影响作出探讨。

表 6 - 5　关于政府出台政策对企业影响情况的描述性统计结果

政府出台政策	平均值	众数/频率	样本数
小规模纳税人增值税税率降到 1%	2.545	3/0.364	154
提速退税	2.422	3/0.377	154
申请房产税、城镇土地使用税困难减免	2.357	3/0.396	154
符合要求的税前扣除	2.500	3/0.442	154
缓交税款	2.409	3/0.429	154
提供定期免息贷款	2.260	1/0.390	154
提供低息贷款	2.305	1/0.403	154
免抵押贷款金融业务	2.156	1/0.435	154
取消银行结算手续费	2.201	1/0.416	154
按贷款利率的 50% 贴息	2.175	1/0.474	154
提供创业担保贷款	2.026	1/0.487	154
3000～5000 元的一次性创业补贴	1.955	1/0.506	154
缓缴 6 个月社会保险	2.539	1/0.312	154
缓缴 6 个月住房公积金	2.305	1/0.377	154
提供员工技能培训补贴	2.253	1/0.377	154
提供网上政务服务	2.370	3/0.383	154
免收（减半）1～3 个月房租	2.487	1/0.325	154
缓交水电气费	2.097	1/0.468	154
用于疫情防控和扩大生产的生产补贴	2.208	1/0.435	154
吸纳毕业生的就业补贴	2.084	1/0.455	154
吸纳失业人员就业补贴	2.123	1/0.442	154
三年社保补贴	2.182	1/0.461	154
防疫产品生产设备补贴	2.201	1/0.429	154
创新项目预付款拨付调高至 50%	2.026	1/0.481	154
科技创新奖励补贴	2.0	1/0.506	154

（一）税收优惠政策

1. 对企业税负的影响

增值税作为我国的第一大税种，不仅是税收的重点之一，而且也是减税的重点。现行的除湖北地区外的社区商业企业的增值率由 3% 减至 1%，为企业减轻了税负压力。根据调查结果，154 家样本社区商业企业认为受到优惠影响的均值高达 2.545，且众数为 3，足以说明增值税优惠政策在降低企业经营成本、助力企业复工复产中发挥了重要作用。此外，调查结果显示，提速退税、申请房产税、城镇土地使用税困难减免、符合要求的税前扣除、缓缴税款等政策对企业的影响众数均是 3，且均值在 2.5 左右，这说明政府出台税收优惠政策，妥善处理企业税款申报及缴纳工作，对受影响较大的企业给予税收优惠的税种、减免税规定、退税规定及其他扣除和弥补亏损的要求、缓缴税款等税收优惠政策，有助于企业降低运营成本，帮助社区商业企业减轻赋税压力，给企业带来最直接的减负感受，充分释放发展活力。

4 月 7 日国务院常务会议决定实行财政金融政策联动，将部分已到期的税收优惠政策延长到 2023 年底，其中，对金融机构向小微企业、个体工商户、农户发放 100 万元及以下贷款的利息收入免征增值税。这些政策有利于加强对小微企业、个体工商户和农户的普惠金融服务，帮助他们复工复产、渡过难关，也有助于企业减少纳税成本，增加企业收入，促进企业的平稳健康发展，社区商业企业需要及时抓住宝贵机会，配合减免征收优惠做好发展筹划，并主动配合降低生产成本，让自身获得更大的经济实惠。

2. 对企业发展的影响

税收优惠政策有利于促进社会商业企业恢复运营和发展壮大。第一，提高企业偿债能力。税费减少可以提高企业的现金储备、支付的能力，既降低资金链断裂的风险，又可以将节约的资金偿还一部分债务，从而提高企业偿债能力，推动企业更好地发展。第二，有利于社区商业企业的长期发展。目前，疫情期间社区商业企业财务压力大，面对资金压力，企业可以利用减税降费政策红利节约部分资金，投入零售商品库存或人才培养，为企业的长远发展奠定基础。第三，疫情期间，国家针对中小企业的税收优惠政策有利于推动零售行业联合运营、线上销售和线下配送，统一规范防疫流程，合理应用国家税收优惠政策，推动区域内中小企业的联合发展。第四，增强社区商业企业抵御风险的能力。社区商业企业在发展过程中往往会遇到各种经营风险及外部风险，尤其在疫情期间，经营收入减少，复工复产成本上升，而社区商业企业由于自身发展的阶段较低，其抵御这种风险的能力较弱。国家对于中小企业的税收优惠政策在一定程度上增强了中小企业抵御这种风险的能力。

3. 对企业管理方面的影响

税收优惠政策对企业管理提出了新要求。一方面需要企业负责人和财务人员时刻跟进国家税务局政策，学习应用电子税务，充分利用新发优惠政策，关注政策截止时间。另一方面进口的外捐物资，按规定免征进口关税和进口环节增值税、消费税及依法减征或者免征城镇土地使用税、房产税、缓缴社会保险费、返还失业保险费、增加就业补贴等优惠政策需要财务人员根据企业自身情况制定具有企业自身特色的经营和投资管理方案。

总之，利用税收优惠政策，可以有效避免社区商业企业税负压力过大问题，特别是能够在疫情期间，帮助社区商业企业实现快速复工复产，并实现比较好的未来发展前景。

（二）社保优惠政策

为减轻疫情期间企业负担，企业的养老、失业、工伤三项社会保险阶段性降费，并减征部分职工医保单位缴费，这一系列社保优惠政策使企业在步履艰难的经营中有了喘息的空间，达到逐步恢复正常、步入正轨的目标，同时能够有更多资金投入生产经营方面的研发创新，挖掘更多专业化、精细化的发展可能性，从而开拓出更为理想的前景。大力度减免企业社保费，既是对前期企业减负政策的延续，又是应对疫情冲击的有力武器。

根据调查结果，154 家样本社区商业企业受到缓缴六个月社会保险优惠政策影响的均值高达 2.539，这说明社保优惠政策可有效降低企业生产经营用工成本，切实减轻企业负担，帮助企业维持正常生产经营。中国社会科学院财经战略研究院税收研究室主任张斌提到，企业没有经营收入一般也很少缴税，但社保却是刚性支出，此次社保减负使企业获得感更强。社保费降低将为企业减轻高达 1 万亿元税负，毫无疑问将对初创企业和中小微企业产生明显减负效果，从而帮助渡过眼下资金周转难关，提高自身竞争力，进一步发挥稳就业的作用。资料显示，2～3 月，广东共为全省企业养老、工伤、失业保险减免延社保费 393 亿元，退回已缴纳的社保费 67 亿元。

（三）房租减免政策

在疫情防控期间，社区商业企业不仅面临因停工停产而带来的资金流通问题，同样承受着无可避免的租金成本负担，使其生存风险加重。调查结果显示，154 家样本社区商业企业受到免收（减半）1～3 个月房租政策影响的均值在 2.487。社区商业企业承租房屋均在非国有资产开发的小区内，没有享受到最优惠的房租减免政策，但是房租作为零售业企业的主要成本之一，给停工的社区商业企业带来了较大的经济压力，实行房租减免和补贴政策，出台配套财税优惠政策和金融优惠政策鼓励出租人与承租人协商减免房租，有利于减轻疫情对社区商业企业生产经营的影响，降低企业成本，提高企业利润，维持企业的有序运行，促进企业健康发展。

（四）贷款优惠政策

为了发挥财政资金的引导撬动作用，助力企业疫情期间恢复生产，财政部针对疫情防控重点保障企业的贷款给予财政贴息支持，对受疫情影响个人和企业的创业担保贷款贴息加大支持力度，同时优化对受疫情影响企业的融资担保服务（财金〔2020〕3 号）。

调查结果显示，154 家样本社区商业企业受到定期免息贷款、低息贷款和取消银行结算手续费政策的影响均值均在 2.2 以上，这说明社区商业企业享受到了贷款优惠政策福利，在复工复产过程中利于贷款优惠政策融资增加运营资金的同时最大限度降低财务成本；受到创业担保贷款的影响均值是 2.026，这说明仅仅是有一部分符合创业担保贷款条件的社区商业企业享受到贴息的政策优惠。此外，对于社区商业企业而言，政府在疫情期间出台的贷款优惠政策还体现在以下两个方面：其一，无抵押贷款由政府部门担保。这既保证了社区商业企业的资金运转，又能快速缩短企业的贷款时间；一些社区商业企业因为在疫情期间无任何的生产经营所得所导致的滞息状态，政府给予临时的延长性偿还期限，免除罚息，并且优惠贷款利率下降 0.25 个百分点，加强了对社区商业企业的扶持，有利于减少社区商业企业由疫情带来的伤害。其二，无抵押贷款额度增加。疫情以来，国家投入了 5000 亿元的贷款额度以重点支持和帮助社区商业企业正常营业和发展线上业务，这帮助其解决了贷款难的问题，也缩短了其贷款的时间。

总而言之，国家提供贷款优惠政策，一方面，切实提高了中小企业的即得获得感和幸福感，扩大企业的利润空间，增加企业手里的"红利"，在一定程度上缓解企业面临的疫情资金压力，为企业创造更好的营商环境，也有利于有效激发疫情期间企业创业的工作热情，提高中小企业加大设备投资、研发创新的积极性，促进其发展信心再提振。另一方面，以银行为主体的信贷金融对中小微企业的服务存在较大的局限性。朱武祥和张平（2020）指出，这些政策主要针对符合银行信贷条件的企业，或者一些在信用边缘、政府增信后符合信贷条件的企业，难以惠及大多数中小微企业，因此，如何给这些得不到信贷支持的广大中小微企业提供金融支持亟须得到有效的解决方式。①

三、企业进一步的政策诉求

在新冠肺炎疫情暴发导致经济活动系统性停摆的背景下，企业面临巨大的生存压力。多层次（中央政府到地方政府）、多部门（涉及国家税务总局、财政部、央行中国人民银行、交通运输部、人力资源和社会保障部等）密集出台的一系列扶持政策，在一定程度上稳定了宏观经济形势，减轻了个人和企业的经济负担。此外，政府还应当进一步考虑从政策上如何帮助利益相关者，包括行业协会、供应商和员工等，从而增强企业发展的后劲和韧性，加快恢复经济平稳运行。

（一）利益相关者方面

1. 行业协会

根据 154 家样本企业在疫情影响下的商业调研结果，表 6 - 6 显示了企业方对于行业协会所提供援助的诉求特征，各平均值则反映了在所有样本企业中，希望行业协会提供此项援助的企业所占的比重，数值越大，企业对于此项援助措施的需求就越明显。统计结果表明，超过 40% 的企业希望行业协会能够积极开展多种形式的促销活动，激发市场活力；对本行业的基本情况进行统计、分析并发布结果，提供技术/平台支持或适当减免会费；还能够代表企业利益与政府沟通，以争取更多的扶持政策。37% 左右的企业希望行业协会制定统一的防疫流程、规范防疫安全采购标准，推动行业健康发展。此外，小部分企业还希望协会组织消毒、无接触服务等职业技能培训（27.9%），通过不同企业间共用送货骑手等推动企业联合采取到家服务（18.2%）。

表 6-6　关于企业希望行业协会提供的帮助的描述性统计结果

行业协会的帮助	平均值	样本数
已经非常满意，无须任何帮助	0.071	154
适当减免会费，以减轻企业压力	0.422	154
规范行业防疫安全采购标准并进行宣传，以获得消费者认可	0.377	154

---

① 朱武祥，张平. 疫情背景下的中小微企业金融纾困模式［J］. 金融论坛，2020（4）：7 - 14.

续表

行业协会的帮助	平均值	样本数
提供技术/平台支持，帮助企业推广线上渠道	0.442	154
制定统一防疫流程与标准，推动行业健康发展	0.370	154
推动企业联合采到家服务，不同企业间共用送货骑手	0.182	154
代表企业利益与政府沟通，争取支持政策	0.416	154
组织应对疫情的特殊职业技能培训，如消毒、无接触服务等	0.279	154
积极开展多种形式的促销活动，激发市场活力	0.487	154
对本行业的基本情况进行统计、分析，并发布结果	0.474	154

注：平均值表示样本中希望行业协会提供此项帮助的企业所占的比重。

为打赢新冠肺炎疫情防控阻击战，广大行业协会应当积极响应党中央和国务院的重要决策部署，自觉定位，主动补位，有效发挥政府助手、行业抓手、企业帮手作用，从而推动行业健康发展。一是通过统计和分析深入了解疫情对行业的冲击和影响，为政府和企业提供双向信息支撑。如中国烹饪协会在对餐饮业经营状况进行详细调查分析的基础上，从行业自救和政府支持角度提出了多项意见建议。二是指导企业稳步有序复工复产，防止上下游链条式停摆。如中国麻纺织行业协会为会员企业、产业集聚地政府提供生产加工采购信息平台，推动供需信息对接。三是代表行业维护企业合法权益，帮助企业减少疫情损失。如中国机电产品进出口商会为相关企业开具不可抗力证明，维护企业合法权益，并积极协商有关方面减免企业摊位费等，最大限度减少企业损失。四是协助企业解决生产经营困难，让行业环境更有"温度"。如中国电子商会设立中小企业会员单位"众志成城战疫情互助金"，并联合富士康集团为会员单位提供原材料及电子器件采购和供应支持；深圳市商业联合会等12个协会商会联名呼吁业主、金融机构减免租金或给予金融优惠，支持企业抵抗疫情、共克时艰。五是积极协助保障物品流通和市场投放，确保调度供应，解决"最后一公里"精准送达等问题，打通经济社会"微循环"。如中国蔬菜流通协会提出的"无接触式送货上门"模式，已被政府部门采纳并广泛推广应用。六是积极发挥行业自律作用，规范行业行为，号召会员严格执行《中华人民共和国价格法》等法律法规和政策文件，全力维护疫情期间市场秩序和社会秩序稳定。如中国粮食行业协会号召会员单位坚持诚信守法经营，不哄抬粮价，不串通涨价，严格执行国家标准，确保质量安全；中国医药物资协会号召会员企业保障物资供应，同时保障所有防疫药品、防护物资绝不涨价。

2. 供应商

新冠肺炎疫情的暴发与全球蔓延令企业的供应链被迫经历了空前"大考"，

上游企业未复工、生产原料供应不足，下游企业未复工、订单被取消、交通管制导致物流受阻等因素都会对供应链产生制约。与供应商之间的良好关系有助于各企业间互济协作、共渡难关。调查结果显示（见表6-7），在154家样本企业中，68.8%的企业都希望与供应商实现市场信息共享，57.1%的企业强调完善零供公平交易规范及相关制度，43.5%的企业提出了加强供应商统一配送货物这一措施。此外，货款延迟结算（18.8%）、及时向下游企业公开信息（28.6%）等也受到部分企业的关注。

表6-7　关于企业对供应商的期望的描述性统计结果

对供应商的期望	平均值	样本数
零供公平交易	0.571	154
货款延迟结算	0.188	154
统一配送货物	0.435	154
市场信息共享	0.688	154
及时向下游企业公开信息	0.286	154

注：平均值表示样本中对供应商有此期望的企业所占的比重。

面对疫情的强烈冲击，中小企业的供应链只有做到上下游有序衔接，才能衍生出更多的订单需求，推动企业全面有序复工复产。一方面，为降低运输成本保障正常运转，通过市场信息共享以加强区域内上下游产销对接，优先采购使用区域内有上下游关联度企业的产品；另一方面，企业需要对供应链进行重新梳理，与上下游供应商、物流企业进行充分沟通，合理安排生产，同时协商货款延迟结算、统一配送货物等将疫情造成的损失降到最低。

3. 企业员工

新冠肺炎疫情是对企业的一次挑战，更是对员工的一次考验。企业能否渡过难关，取决于领导层的决策，更取决于员工的共同努力。根据调查数据（见表6-8），对于疫情期间员工的管理与调整，87.7%的企业都要求员工不参加聚餐、戴口罩、勤洗手等，做好个人防护，每天按时进行疫情信息上报（79.9%），并积极向公众传播企业防疫安全信息等，以吸引消费者。此外，51.3%的企业成立了员工防疫队伍，41.6%的企业提倡工作量小的员工积极参与职业技能培训等。在注重员工个人安全防护的同时，维持企业的生存与发展。

自2020年3月后，随着我国疫情好转，各地企业开始陆续复工复产。在新型冠状病毒引起的肺炎疫情没有完全消失的前提下，如何做好企业开工（复工）的防疫工作成为社会关注的焦点和热点。首先，企业可利用视频会议、视频授课和微信公众号等方式，对员工开展新型冠状病毒肺炎防控知识及日常预防性消毒方法的培训，比如口罩的正确选择、佩戴方式、正确洗手、健康生活等，使其能及时掌握新型冠状病毒肺炎的基本知识、传播方式、防护要点以及日常工作场所及居家环境消毒的方法，增强企业员工个人防护意识及防护能力。其次，企业员工上班期间建议佩戴一次性医用口罩，企业不举办任何人员聚集性的典礼，停办大型会议活动。最后，落实员工健康状况信息登记和管理，做到"一人一表"，并严格制定员工日常健康状况监测制度。

表 6 - 8　关于企业对员工的要求的描述性统计结果

对员工的要求	平均值	样本数
每天按时进行疫情信息上报	0.799	154
不参加聚餐、戴口罩、勤洗手等做好个人防护	0.877	154
成立员工防疫队伍	0.513	154
工作量小的员工积极参与职业技能培训	0.416	154
积极向公众传播企业防疫安全信息，吸引消费者	0.695	154

注：平均值表示样本中对员工有此项要求的企业所占的比重。

总之，随着疫情的不断蔓延，企业面临生存与转型的挑战，不仅员工面临健康威胁以及工作上的考验，由供应商和客户所构成的生态系统也处于巨大的压力之下。企业只有通过一些策略与行业协会、供应商、员工等利益相关者共同协作、共享价值，减轻对利益相关方的消极影响，才能平衡经济价值创造与社会价值创造，从而实现共同繁荣和可持续发展。

（二）政府方面

根据 154 家样本企业在疫情影响下的商业调研结果，表 6 - 9 显示了企业方对于政府的政策诉求特征。统计数据表明，首先，50% 以上的样本企业希望政府的消费券发放政策规范化、营商环境再优化和租金成本补贴或减免；其次，提高数据对接服务、提供稳定的人力资源、支持生鲜农产品采购等方面的扶持政策也受到企业关注。此外，还有部分企业希望得到融资支持、政府补贴等方面的援助。

表 6 - 9　关于企业政策诉求的描述性统计结果

政策诉求	平均值	样本数
规范政府的消费券发放政策	0.591	154
社区内规划商业用地，降低租金成本	0.591	154
帮助化解融资难题	0.273	154

续表

政策诉求	平均值	样本数
技术创新给予扶持，打造信息化后台	0.318	154
加强知识产权保护	0.136	154
提高大数据共享水平，提高数据对接服务	0.409	154
政府补贴老年人送货到家的费用	0.390	154
提供稳定的人力资源	0.403	154
优化营商环境	0.506	154
牵头组织企业联合采购	0.273	154
政府配合支持生鲜农产品采购	0.448	154
与居委会联合，优化企业到家服务	0.364	154

注：平均值表示样本中期望政府推行此项政策的企业所占的比重。

1. 规范消费券的发放

新冠肺炎疫情对我国经济和社会的影响和冲击与以往的结构性金融危机有所不同，全国大面积停工停产、居民减少外出而导致居民可支配收入下降、短期物价上涨、消费者减少消费行为等情况。为了推进复工复产，使国民经济恢复平稳运行，各个城市陆续发放支持线下支付的"满减"类电子消费券，此举一方面避免了发放现金而导致的储蓄率增高的情况；另一方面，由于消费券设有使用门槛，规定了最低使用额度，可以进一步带动消费，产生拉动效应，同时减少消费券对现金支出的替代效应。从南京、杭州等地的实践情况来看，南京市在3月18日至22日电子消费券对消费的拉动效应约为两倍，杭州市第一轮发放的电子消费券在七天有效期内对消费的拉动效应为3.5倍以上，后几轮发放的大额消费券的拉动效应更是高达5.8倍。由此看来，将发放电子消费券作为疫情期间的一种社会经济政策，目前已达到了"提振消费、恢复经济"的最初目的，为我国未来社会福利或社会补助形式提供了创新思路，但是政策实施过程也存在一定的缺陷，应当从以下两个方面使其得到进一步规范和改善：

（1）防止"套现"交易出现。疫情冲击下发放的电子消费券首要目标是鼓励消费、重振市场信心，避免直接发放现金造成的流通货币量增加、储蓄率提高的现象，但是有部分居民利用电子计算机技术开"外挂"抢券，甚至使用虚拟IP获取其他城市的电子消费券用于网络售卖或与商家联合套现。这种"套现"行为不仅有违消费券发放初衷，更损害了社会公平，因此，企业希望进一步建设和完善数字经济基础设施以不断提高风险防控水平，同时加大在电子消费券发放和使用过程中的监管力度，对恶意抢券、虚假交易、传播套现等行为通过行政或法律手段进行严厉打击。

（2）完善电子消费券瞄准机制。疫情下消费券发放产生了经济效应和社会影响，中低收入者的边际消费倾向高于高收入者，所以消费券对中低收入者刺激更强。目前一些国家利用已有的福利项目和税收系统对中低收入人群进行精准定位，进而对其实行其他补贴计划以刺激消费，但是我国目前对这方面数据运用经验不足，对低收入者的精准识别系统尚不完善。此次疫情下发放的电子消费券在理论上覆盖全体居民，但是由于"数字鸿沟"的存在，且移动支付并没有做到真正全民普及，仍有相当部分居民被排除在电子消费券的领取范围外，因此企业希望地方政府能够通过合理的瞄准机制更好地完善消费券发放渠道，从而充分发挥其普惠性和保障民生的特质，更加快速有效地带动消费、刺激内需、恢复经济。

2. 优化营商环境

由于疫情带来的招工难、成本涨、出口难和负担重等因素，部分企业面临经营成本剧增、亏损严重、复工复产率较低的困境，这激发了企业对于政府进一步优化营商环境的强烈诉求。新冠肺炎疫情背景下复工复产政策对营商环境优化的影响，当前政府营商环境优化举措可划分为三个部分，即关注静态的政策设计和动态的审批过程、兼顾企业生产要素与生活配套的刚性需求，以及设置内需表达与外部监督双重机制，并指出建立健全企业复工复产诉求响应机制是营商环境优化的一大特色，如广东省政府依托粤商通 APP、广东政务服务网服务载体，着力帮助企业解决生产经营困难、无法按时缴纳社保费用、不能按期办理纳税申报等方面的问题；天津市完善"津心办"APP 疫情防控服务专区，提供涵盖医疗卫生、社会保障、行政许可等重点领域的服务事项；北京建立复工复产疫情防控问题"接诉即办"机制，对监督组反映的问题和12345 热线每日受理的有关企业复工复产中的问题建立问题台账，及时督促相关责任主体整改。① 此外，加强外部监督是优化营商环境的可行方式，人民网 PC 及手机端、微信公众号等均成为企业及员工意见表达、建议建言、失范举报的有效渠道，以此解决企业复工复产中遇到的实际问题，纠正限制企业复工复产的错误做法。

应对疫情的一系列营商环境优化政策虽然最大限度地降低了制度交易成本、要素获取成本、供应链运营成本及生活配套性成本，但企业也指出了政策执行方式机械化、政策的衔接性和体系化等问题。比如，有些地区政府未对辖区疫情进行精准研判，因担心人员流动引起病毒传播，盲目参照疫情严重地区的做法，对所有企业采取严格管控、停产停业等措施，在原材料、工作人员以及产品销售通道守关设卡，阻碍市场正常流通；还有，复工申请程序和审批环节互相限制，审

---

① 夏洪利. 新冠肺炎疫情背景下复工复产政策对营商环境优化的影响分析［J］. 行政科学论坛，2020（6）：24 – 29.

批流程虽然允许企业复工但又限制员工流动，下游企业复工但上游企业还在"肠梗阻"，员工虽在上个地区做完健康验证，但到下个地区仍需继续进行健康检查或接受隔离。因此，企业为了实现全面、有序地复工复产，期望政府进一步完善和优化营商环境，及时解决政策具体落实过程中的一些机械化和衔接性等问题。

3. 降低成本

由于疫情影响所导致的开工不足，中小企业面临生产停滞的局面，职工薪酬、租赁厂房、银行贷款等费用使企业负担过重，减免/缓缴税费、租金减免等财税扶持政策成为企业的主要政策诉求之一。比如，对因疫情遭受重大损失或发生严重亏损的中小企业减免相关税费；对中小企业承租国有资产类经营用房的免收 2 月租金，减半收取 3～4 月租金；对企业用电实行相应的优惠政策，实施阶段性缓缴费用，"欠费不停供"等，使企业能够降低成本以减轻经营负担，从而减少疫情的负面冲击。

虽然这一系列费用优惠政策几乎覆盖全部费用项目，包括减免房租、停征部分行政事业性收费、提供岗位补贴、提供社保费补贴、返还失业保险费、允许社保费延期缴纳等，但在具体落实过程中也存在一定的局限性。朱武祥和张平（2020）指出，由于部分企业场地租用属于市场行为，并不属于"国有资产类经营用房"，因此特殊时期的租金是否能减免需要自己与房东协商；另外，部分中小企业场地租赁中间隔了"二房东"，难以真正享受到政策上的优惠，这些缺陷更激发了企业对于降低租金成本的强烈诉求。[①]

4. 其他政策诉求

由于受新冠肺炎疫情影响程度深且波及范围广，除规范实施过程、优化商业环境和降低成本这三类最明显的政策需求外，中小企业还存在其他方面的政策诉求。在采购和售货方面，政府通过牵头组织企业联合采购生鲜农产品等，并与居委会联合优化到家服务、给予老年人送货到家服务的补贴等，都能为企业经营带来便利；同时提高大数据共享水平和数据对接服务，提供技术创新支持从而促进企业数字化升级。

四、政府部门的未来改革建议

鉴于中小企业在我国经济社会发展中的重要性，为解决新冠肺炎疫情带来的

---

① 朱武祥，张平，李鹏飞，王子阳．疫情冲击下中小微企业困境与政策效率提升——基于两次全国问卷调查的分析［J］．管理世界，2020，36（4）：13－26.

冲击，各级政府应当充分发挥职能作用，针对中小企业对政策的诉求问题，及时完善和改革以保障各项政策精准执行、分类施策，有序推动国民经济平稳运行。根据154个样本企业关于政府未来改革建议数据的描述性统计结果（见表6–10），112家（占比72.7%）的样本企业希望政府能够简化审批流程，提高公共服务质量，95家（占比61.7%）的样本企业则希望政府增加线上业务办理，提高职能部门工作效率。此外，规范信息公示制度、提高信息透明度方面也受到企业（占比53.2%）的关注。

表6–10　关于政府未来改革建议的描述性统计结果

改革建议	平均值	样本数
升级税费体制	0.266	154
收付汇管理制度	0.071	154
增加线上业务办理，提高职能部门工作效率	0.617	154
规范信息公示制度，官方权威信息集中发布在一个平台，提高信息透明度	0.532	154
简化审批流程，提高公共服务质量	0.727	154
完善或制定新的质量标准	0.442	154

注：平均值表示样本中认为政府未来应实行此方向改革的企业所占的比重。

（一）提升公共服务质量

疫情期间，国务院办公厅出台了《进一步精简审批优化服务、精准稳妥推进企业复工复产十项措施》，助力企业科学有序复工复产。该政策指明，企业能否复工复产以及是否具备复工复产需要满足的条件都与当地疫情风险等级密切相关。根据疫情状况，我国把各地区分为低、中、高风险地区。低风险地区不设置审批限制，中、高风险地区在满足疫情防控要求的基础上，按照最少、必需原则分别制定公布全省统一的复工复产条件，实施清单管理。朱武祥、张平（2020）还提出了开设对中小微企业共性诉求快速响应的在线一站式绿色通道服务系统，推进线上审批、资信审核、资金支持等流程；简化、改变审批程序，实行特事特办。例如，邮储银行通过开通贷款绿色通道为企业提供高效的金融服务；凡是国家或地方政府公告的普惠政策，如五险一金减免、延迟、补贴等，可以自动执行，无须申报、审核、审批；上海闵行区创新实施了"容缺审批"措施；河北省药监局采取了延长许可时限、部分事项先批后查等措施。[①] 根据154家样本企

---

① 朱武祥，张平，李鹏飞，王子阳. 疫情冲击下中小微企业困境与政策效率提升——基于两次全国问卷调查的分析［J］. 管理世界，2020，36（4）：13–26.

业的调查结果显示，112 家（占比 72.7%）企业都提出了政府应当提升公共服务质量的建议。党的十九大报告也指出："要完善公共服务体系，保障群众基本生活，不断满足人民日益增长的美好生活需要。"提升公共服务质量，以优质的服务提升群众的满意度和幸福感，这是党和人民在新时代对公共服务机构提出的迫切要求，也是建设服务型政府、保民生促发展的焦点问题。

1. 提升医疗卫生服务水平

长期以来，我国居民"看病贵、看病难"问题突出，本次疫情更是凸显出医疗服务需求与有限供给的矛盾。为加快医疗卫生体制机制改革，在填补供给短板的同时提升服务水平，政府应当：①加快基础设施建设，优化群众就医环境，可在主要城市群中心城市、省会城市规划建设如"小汤山""雷神山"的应急性医疗机构。②提速信息化建设，全力打造智慧医疗，通过电子健康档案和电子病历的连续记录和信息共享等使医疗服务跨越时空限制实现资源更优配置。③加强人才队伍建设和紧急医学救援队伍建设，引进在国内外医学领域具有较深造诣、较高知名度的高端人才，逐步打造成为省级紧急医学救援队伍，同时大力促进医教协同，加强规范化培训与高等医学教育的有效衔接，持续提高基层服务能力。④强化公共健康责任意识，大力开展城乡环境卫生整治行动，加大食品安全管控力度，同时加大对重点传染疾病科学防治方法的宣传力度，做到疾病早防早治。

2. 推进公共服务设施建设

加快推动政府政务服务中心建设及运行，提升服务群众水平。开设对中小微企业共性诉求快速响应的在线一站式绿色通道服务系统，推进线上审批、资信核、资金支持等流程，不断优化各政务服务事项收件和审批流程；将与企业、群众息息相关的政务服务事项全部纳入大厅窗口办理，实现企业和群众办事"只进一扇门"；依托一体化政务服务平台，进行"一窗式"改革，推动除特殊情况外，所有政务服务事项纳入综合窗口办理，实现"前台综合窗口受理、后台分类办理、统一窗口出件"的服务模式，提升群众办事服务体验。

（二）提高职能部门工作效率

"碎片化"问题一直是困扰各部门联动发展的重要问题，因部门职能尚未整合，联动机制不够顺畅，使政府事项办理时间周期大大延长。在疫情背景下，行政审批部门依托互联网技术推进"全程网办"的创新性尝试解决了不同部门之间职能整合和协同联动问题，大大压缩了事项办理时间周期，提高了行政审批效率。因此，政府未来的改革应该朝着智能化和数字化的方向前进，以互联网为依托，让数据跑路、各方主体网络见面，从而提高政府部门的工作效率。

1. 职能部门"晒清单"

以"双单公示"为突破口，全面提升政务服务效率。市政府可成立领导小组对市直行政事业单位的职责清单、服务标准清单进行认真审核后将其公示于社交媒体上，公示内容包括部门职责、职权名称、职权类别、法定办理时限、承诺办理时限、收费情况、服务标准等，接受社会各界监督，促使各职能部门增强服务意识，提高办事效率，从而提高人民群众的满意度，营造良好的发展环境。

2. 办事流程"做减法"

政府的"双单"制度要求各单位按照服务流程最简、服务时间最短、服务标准最高进行梳理，推动各职能部门精简办事环节、畅通办事渠道、提高办事效率。如市发改委从简化审批范围、简化前置审批要件、压缩办理时间等方面制定具体措施，并积极配合市行政审批服务中心设立综合窗口，避免群众重复提交资料、多次往返各部门；在办理过程中，对申请材料齐全、符合法定受理条件的事项，一次性受理、一次性办结。

3. 创新服务"做加法"

借助"互联网＋政务服务"手段，着力打造网上政务服务平台，实现政务服务事项办事指南公开、网上咨询、网上申报、网上预审、网上审批等在线服务和事项办理全程电子监察，更加方便群众办事。同时，充分利用大数据动态监测政策落实效果，总结和分析执行过程中存在的问题和难点，并以此为依据，及时改进政策优惠内容，从而实现政策的积极效应最大化。

（三）提高信息透明度

推行政府信息公开，是科学执政、民主执政、依法执政的必然要求，更是建设法治政府的重要举措。湖北省政府通过门户网站及政务新媒体等依法、准确、及时公开新冠肺炎疫情防控权威信息，全面加强信息公开透明度：一是每日湖北疫情情况通报，一律由湖北省卫健委官网首发，省政府门户网站同步转发；二是省疫情防控指挥部各类通告、通知、公告，一律由省政府门户网站首发；三是省疫情防控工作新闻发布会全程实况，一律由省政府门户网站制作并发布；四是省疫情防控指挥部物资保障组每日医用防护物资分配情况，一律由省政府门户网站定时公示；五是省疫情接收社会捐赠情况，一律由省政府门户网站定期公告；六是省外办编译的英国、法国、德国、日本、韩国、俄罗斯、西班牙七国语言的每日湖北疫情通报，以及每日防疫服务指南信息，一律由省政府门户网站对外首发。这些多层次、高密度发布的权威信息，引导群众增强信心、坚定信心，较好地引领、引导社会舆论，稳定公众情绪从而凝聚人心打赢这场战"疫"。

根据154家样本企业的调查结，81家（占比53%）企业建议政府应当进一步提高信息透明度，落实信息公开、构建透明政府，这直接有利于降低信息成本，促使社会进步。

1. 打破"信息孤岛"，畅通信息公开渠道

为更好地通过电子政务畅通网络环境下的信息公开渠道，提高政府信息透明度，提出以下建议：①有关政府部门应加强信息资源库的建设，更好地对政府信息进行整合，统一各部门数据库建设的标准，打破"信息孤岛"。②建立集约化平台使用机制以提升使用者调用数据效率，同时畅通二次链接入口，避免出现链接无效、无法获取信息的现象出现。③避免出现多个门户网站同时运营的现象，维护政府门户网站运营的独立性、权威性和稳定性。

2. 重视政务公开回应，加强公众参与

健全政务舆情监测机制，加强与媒体及各平台的沟通交流，扩大回应范围，提升信息回应率。首先，政府设立专门的信息公开监督机构，对政府的信息公开情况进行定期或不定期的检查。其次，通过举办电视问政、开通政务微博等渠道，听取民众、社会团体等的反馈意见；同时，设立信息公开投诉专线、信箱、邮箱等，民众可以举报信息公开工作中的违法、不作为行为，并及时向投诉人反馈问题处理情况。最后，在政府部门内部开展评议活动，听取政府工作人员的意见和建议。

3. 建立健全信息公开工作考核制度

部分市下属辖区政府网站的政策解读工作存在一定的形式化、表象化现象，存在解读信息数量少、解读内容照搬政策条款、不够通俗易懂等问题。基于此，一方面，政府必须建立一套具有普遍适用性的信息公开工作考核机制，对于未依法履行政务公开工作义务、未贯彻执行相关政策的单位及工作人员严肃问责，并作出相应处罚；对于工作出色的工作人员及时予以奖励；另一方面，将政务公开工作从政府办公厅（室）的职能中抽离出来，设立专门的政务公开机构与监督机构以更好地担负政务公开指导、监督工作。

第七章

中国社区商业未来发展趋势展望

一、短期要积极助力社区商业企业脱困，长期要持续优化营商环境

政府是配置资源的重要力量之一，是市场机制的有效补充。疫情期间，以习近平总书记为核心的党中央提出了稳就业、稳金融、稳外贸、稳外资、稳投资、稳预期的"六稳"工作，以及保居民就业、保基本民生、保市场主体、保粮食能源安全、保产业链供应链稳定、保基层运转的"六保"任务，有效缓解了新冠肺炎疫情对中国经济社会造成的负面冲击。在税收、融资、营商环境等政策的扶持下，社区商业企业实现了快速复工复产，保证了社区居民的基本生活物资需求。接下来，应继续以"六稳""六保"为宏观指引，进一步加大政策扶持力度、优化营商环境、合理布局社区消费基础设施、营造优质社区消费环境，提高政策落实力度，增加社区商业企业政策获得感，推动社区商业继续健康发展。

（一）精准施策，助力社区商业企业尽快恢复生机活力

疫情期间社区商业企业在经营过程中面临较大困境，基于前期政府出台政策的实施效果，接下来政府应该进一步加大政策扶持力度。一是加大税收减免力度。疫情期间中央政府出台了大量税收优惠政策，比如《关于支持个体工商户复工复业增值税政策的公告》《关于充分发挥税收职能作用助力打赢疫情防控阻击战若干措施的通知》等，调研发现这些税收优惠政策在降低企业运营成本、增强企业经营活力方面发挥了重要作用，接下来，政府需要进一步完善各类税收优惠政策，探索税收减免，税前扣除、缓缴税款等积极措施。二是完善社保优惠政策。在企业资金紧张的关键时期，社保费用支出在一定程度上挤出了企业采购、研发、销售等关键环节的资金，不利于企业摆脱困境、健康发展。疫情期间中央政府出台了《关于阶段性减征职工基本医疗保险费的指导意见》《关于阶段性减免企业社会保险费的通知》等政策，有效缓解了企业社保压力，接下来，政府应进一步积极探索制定实施缓缴、减免、补贴养老、失业、工伤等社会保险政策。三是落实房租减免政策。疫情期间社区商业企业没有稳定现金流，作为企业主要成本支出的房租费用给企业带来了巨大运营压力，为帮扶社区商业企业渡过难关，中央政府出台了《关于进一步做好服务业小微企业和个体工商户房租减免工作的通知》《关于应对新冠肺炎疫情进一步帮扶服务业小微企业和个体工商户缓解房屋租金压力的指导意见》等政策，接下来，政府需要进一步通过提供财政补

贴、稳定房屋租赁市场、加大金融支持力度、降低国有部门出租房屋租金等方式减轻社区商业企业租房压力。四是丰富融资优惠政策。融资难、融资贵一直是制约社区商业企业发展的重要因素，疫情期间中央政府发布了《关于应对疫情影响加大对个体工商户扶持力度的指导意见》《关于进一步强化金融支持防控新型冠状病毒感染肺炎疫情的通知》等政策，在一定程度上缓解了中小企业面临的融资约束问题，接下来政府应进一步通过政策工具延长企业既有贷款偿还期限，适当减免贷款利息，针对社区商业无大量抵押物特质，开发无抵押物信用贷款，政府担保贷款，缓解企业融资困境。五是组织协调商业运营。针对社区商业企业运营中的困难，政府需要适当参与社区商业企业运营环节，通过组织联系供应商，提高产品品质，降低采购成本，保证产品充足供应，通过整合客户信息，组织社区联合采购，打通销售渠道，保证商品顺利销售。六是完善消费券政策。消费券是政府针对消费者实施的专项补贴，能够在一定程度上刺激更高水平消费，疫情期间南京、杭州的消费券拉动消费效应明显，经济增长动能显著提升，接下来，政府可以进一步加大消费发放力度，增加消费券覆盖范围，同时规范消费券使用，避免"套现"等不合规现象发生，提高社区商业企业销售量。

（二）持续优化营商环境，促进社区商业企业高质量发展

营商环境是影响社区商业企业发展的重要因素，良好的营商环境能够拉近政府与企业之间关系，增强企业发展信心，帮助企业提高运营效率。一是完善政府各类线上办公平台。疫情期间，受企业人力资源紧张等因素影响，企业工商注册、纳税、财政补贴申领等受到了一定程度限制，在这种情况下，政府应大力完善各类线上办公平台，通过开发网站绿色通道、手机客户端、第三方应用小程序、公众号等方式延长在线办公链条，帮助企业顺利完成与各政府部门的对接工作，比如广东省政府建立的"粤商通"APP、浙江省政府开发的一体化掌上在线政务服务平台"浙里办"APP、天津市开发的"津心办"APP等都发挥了积极作用。二是简化审批流程。虽然以往政府出台了大量社区商业企业扶持政策，但由于审批烦琐、程序较多，许多企业望而却步，在一定程度上降低了政策的落实效果。政府要在源头上彻底解决政策审批繁杂问题，即在起草政策时应该始终坚持"精简"原则，尽量减少企业申请政策时所需的材料，以及走访的部门等，同时要建立一站式政务服务大厅，使企业在同一地点完成所有审批事项，比如吉林省发布的《进一步提高政务服务质量与效率的意见》就要求推动各级政务大厅、服务站、代办点等资源集中，变"多门"为"一门"，以提高政府部门服务效率。三是提高行政人员服务能力。调研数据显示，超过70%的企业希望政府部门进一步提高公共服务质量，可见当前政府公共服务能力还存在一定欠缺，接下来，各政府部门需要加大工作人员培训力度，切实提高政府部门办事效率，耐心解答企业咨询的各类问题，减少企业"行政负担"，建立清亲政商关系。四是提高政府部门透明度。政府部门与社区商业企业之间存在严重的信息不对称，与社区商业企业相比，政府部门掌控大量信息，比如疫情信息、各类政策信息、供应商信息、消费者信息等，接下来，政府应通过实地走访、政府网站、媒体、公众号等途径及时披露政府部门掌握的各类信息，帮助社区商业企业了解宏观外部制度环境、政府各类扶持政策、上下游市场主体等信息，使社区商业企业在高度透明的外部制度环境中高质量发展。五是充分发挥行业协会作用。行业协会是连接政府和社区商业企业的重要纽带，也是指导行业内企业健康发展的有力帮手，政府应进一步规范、引导、协调行业协会工作，充分发挥行业协会在应对重大危机事件、推动技术创新、共享信息、联合采购销售等方面的积极作用，比如此次疫情期间，云南省餐饮与美食行业协会撰写的《关于新冠肺炎疫情对云南省餐饮业的影响情况及应对措施的建议报告》在一定程度上帮助相关企业克服了疫情困境。

（三）优化社区消费基础设施布局，推进现代流通体系硬件建设

消费基础设施是支撑社区居民消费的重要载体，社区商业企业的健康发展离不开完善的消费基础设施。当前我国在社区消费基础设施建设方面还存在一定短板，在一定程度上制约了社区商业企业发展。政府需进一步出台相关政策，推动各类消费基础设施不断完善。一是充足布局社区实体店。2020 年中央政府发布《关于促进消费扩容提质加快形成强大国内市场的实施意见》强调，促进社区生活服务业发展，大力发展便利店、社区菜店等社区商业，拓宽物业服务，加快社区便民商圈建设。接下来要根据中央相关政策要求，结合社区居民实际需求，充足布局便利店、超市和菜市场等实体店，满足居民生活必需品需求。二是打造社区便民消费服务中心。推进超市、便利店、生鲜农产品市场等集聚化、便利化发展，形成"一站式便民采购中心"，方便居民日常消费。比如，大连市 2019 年发布了《关于加快城乡便民消费服务中心建设的指导意见》，要求以保障和改善民生、增进人民福祉为出发点和落脚点，构建多层次、全方位、"一站式"的便民服务体系，按照新建社区商业和综合服务设施面积占社区总建筑面积比例不低于10% 的要求，加快推动城乡便民消费服务中心建设。三是推进配套设施建设。2020 年 9 月，习近平总书记在中央财经委员会第八次会议上发表的重要讲话强调，流通体系在国民经济中发挥着基础性作用，构建新发展格局，必须把建设现代流通体系作为一项重要战略任务来抓，统筹推进现代流通体系硬件和软件建设，为构建以国内大循环为主体、国内国际双循环相互促进的新发展格局提供有

力支撑。社区商业发展离不开流通基础设施建设，接下来要着重推进大型菜市场、大型批发市场、物流配送等公共服务基础设施建设，增加城市相关产品吞吐量，保证城市各类商品供应，统筹实现商流、物流、信息流、资金流全面部署。四是科学规划街区空间。要根据宜居宜业的发展要求，合理布局网点，完善消费服务体系，改造提升城市老旧消费性生活基础设施，提升消费性服务基础设施自动化、智能化和互联互通水平。重庆金色悦城"依邻依里"社区商业中心，通过加强街区绿化、统一门店牌匾、全面布局5G、大数据、人脸识别科技元素等方式获得了西南地区首家"全国社区商业服务示范街区"称号，其经验值得借鉴。

（四）营造优质社区消费环境，推进现代流通体系软件建设

优质的消费环境能够保证消费者合法权益，刺激社区居民消费，同时促进市场良性竞争，激发各市场主体活力。2018年《中共中央　国务院关于完善促进消费体制机制　进一步激发居民消费潜力的若干意见》就强调提高消费者主体意识和维权能力，创建安全放心的消费环境。虽然我国已经经历几十年社会主义市场经济体制建设，但仍然存在缺乏诚信经营、假冒伪劣商品、虚假宣传等一系列问题，这些行为严重破坏了市场秩序，不利于社区商业持续健康发展，政府需投入更多精力在营造优质社区消费环境上。一是加强完善法律体系。法律对市场参与者具有刚性约束力，是营造优质社区消费环境最有利的工具，政府应进一步完善《消费者权益保护法》《食品安全法》等相关法律，同时通过各部门协同联动、完善执法体制机制等加强相关法律落实力度，充分发挥法律约束作用，规范社区商业企业行为。二是引导各社会主体发挥监督作用。除了法律以及政策外，市场中的行业协会、商会、媒体、中介组织、社会公众等也是维护市场机制的重要主体，政府需要通过政策引导、舆论宣传等方式引导社会各主体充分发挥监督作用，参与营造优质社区消费环境，比如，2019年淄博高新区就开展了消费维权进社区活动，大大提高了消费者维权意识。三是加强商务诚信和质量标准体系建设。诚信经营是企业赖以生存和发展的根本基础，也是维护消费者权益的重要保障，政府应进一步完善信用评级和产品质量标准体系建设，加强产品和服务质量监督检查，保证社区商业企业产品供给质量。

二、优化社区商业供给体系，增强中国
经济发展新动能

2020年3月，习近平总书记在主持召开的中央政治局常务委员会会议上强

调，要把复工复产与扩大内需结合起来，把被抑制、被冻结的消费释放出来，把在疫情防控中催生的新型消费、升级消费培育壮大起来，使实物消费和服务消费得到回补。我们要全面贯彻习近平总书记讲话精神，通过居民消费这驾"马车"增强中国经济增长新动能，加快形成以国内大循环为主体、国内国际双循环相互促进的新发展格局。中国近几十年的高速发展极大丰富了社会物质基础，人民生活水平普遍提高，人们已经从过去对"量"的需求转变到对"质"的需求上来，从有形商品需求转移到无形服务需求上来，消费结构不断优化，消费水平不断提升；另外，此次突发疫情揭示，消费者还具有偶然的阶段性突发需求。接下来，社区商业企业必须坚持以消费者需求为导向，推动产品供应优化改革，满足消费者不同维度、不同阶段消费需求，推动服务质量水平提升，形成系统、完善的供给体系，服务中国宏观经济发展战略。

（一）坚持顾客导向理念，满足社区居民消费升级需求

社区居民是社区商业企业所生产产品的最终接受者，企业只有将商品成功销售出去才能实现商品、资金等要素的正常循环，进而实现企业盈利以及消费拉动经济增长的目标。为此，社区商业企业必须建立以顾客为导向的供给体系。一是注重消费者群体细分。不同消费群体有不同消费偏好，这直接决定了消费者购买意愿，进而影响企业盈利能力，社区商业企业在购进或自主研发、生产产品前要进行充分的市场调研，了解社区居民年龄结构、性别结构、收入水平、消费偏好等基本特征，有针对性、差异化地提供产品，提高企业销售能力。二是关注消费者需求突发、阶段性变化。社区居民消费偏好会根据突发外部制度环境变化而变化，比如调研数据显示，此次疫情期间，医用防护用品、生鲜类商品销售数额显著增加，娱乐、服饰等非刚需类商品销售数量有一定程度下滑，米面粮油、肉禽果蔬等基本民生类消费规模增幅比较明显，因此，社区商业企业要及时了解企业所处外部环境变化，及时对商品品类、库存、供应链等进行实时动态调整，满足社区居民阶段性、突发需求，以服务民生，维护社会稳定。三是提供方便食品。此次疫情期间，受居家隔离等因素影响，速冻食品、生鲜及熟食等方便食品销售规模呈明显增长趋势，并且在疫情后期并没有迎来较大跌幅，生产生活方式的改变，已经使居民越发依赖方便食品，但目前方便食品仍然处于行业发展初期，存在商品品类单一、口味创新力不足等问题，接下来，社区商业企业应该通过丰富供货渠道、开发自有品牌等方式，大范围上架满足社区居民需求的高质量方便食品。四是提供精致、高性价比产品。经济的快速发展催生消费者消费结构变迁，社区居民在追求低廉价格的同时也增加了对产品品质的要求，社区商业企业可以采用"品类集中，兼顾精选"理念，推动商业模式转型，使门店运营更加简单化，通过降低运营成本方式为社区居民提供质优价廉的商品。五是开发自有品牌。调研数据显示，部分企业认为采购成本上升给自身经营带来了严重影响，这主要因为企业采用了外部供应商，未来，社区商业企业应该加强自有品牌开发，这一方面有利于企业控制采购成本，保证产品质量，形成稳定的供应链；另一方面也有利于企业根据社区居民需求自主灵活地开发多种类产品，提高顾客黏性，形成重复购买，促进企业可持续发展。

（二）紧跟服务经济大趋势，从商品质量到服务质量转变

经济社会快速发展促使居民消费结构不断优化，服务消费占居民总消费的比重不断增加，中国已经进入服务经济时代。社区商业企业与社区居民日常生活相互交织、相互渗透，紧密联系在一起，具有全方位、多时点接触消费者的特点，这大大增加了社区商业企业销售难度。企业只有做到周到服务，提高消费者感知服务质量，同消费者建立良好的互动关系，构建"顾客导向"服务体系，才能将产品成功销售出去。当前中国社区商业企业服务能力还存在严重短板，接下来，服务质量提升应渗透到社区商业企业商品采购、自有品牌开发、商品销售、商品售后服务等各个环节。服务质量将成为社区商业企业成功与否的最重要、最直接的因素。在商品采购、开发方面，社区商业企业应通过数字技术，通过大数据、市场调研等充分挖掘消费者需求，根据消费者消费意愿，差异化采购、开发商品，提供精准服务，让消费者通过各种方式参与到商品采购、开发过程中，提高消费者满意度。在消费过程中，社区商业企业需要提供优美、舒适的购物环境，提供自主结算、送货上门服务，通过培训提高与社区居民直接接触的一线职工的服务质量，通过全方位有形展示让社区居民在短时间内了解产品与服务的质量，节约时间成本。在售前、售后服务方面，社区商业企业需要建立系统、全面、反应灵活的售前、售后服务平台，及时、有效地解决社区居民面临的各类产品问题。另外，社区商业企业还应积极探索提供免费附加服务，比如免费存取快递、免费送货上门、免费健康咨询等。

三、提高社区商业企业自主创新能力，布局可持续发展战略

2020年8月，习近平总书记在经济社会领域专家座谈会上的讲话强调，要以科技创新催生新发展动能，大力提升自主创新能力，尽快突破关键核心技术，要

发挥企业在技术创新中的主体作用，使企业成为创新要素集成、科技成果转化的生力军，打造科技、教育、产业、金融紧密融合的创新体系。创新是关系中国发展全局的重大问题，也是形成以国内大循环为主体的关键。社区商业企业应该从国家整体发展战略出发，积极拥抱创新发展战略，从自身着手，积极推行数字化创新，优化企业经营模式，提高企业抗风险能力，更好地适应多变的外部环境。

（一）立足数字技术，实现企业运营科技化、智能化

在新时代，科技革命和产业变革日新月异，数字经济蓬勃发展，深刻改变着人们的生产生活方式，对各国经济社会发展、全球治理体系、人类文明进程影响深远。社区商业企业应抓住政府推行产业数字化、数字产业化机遇，积极利用数字化技术武装自己，实现长期可持续发展。第一，数字化技术赋能个性化社区定位。不同社区居住居民不同，年龄、职业、收入、区域等人口属性差异较大，消费层次不一，消费结构多元，数字技术可以帮助企业科学判断不同消费群体的消费偏好，打造社区商业的专属个性、文化及特色，为社区居民提供品质、时尚、精准的服务。第二，搭建数字化服务平台，创新营销模式。数字技术发展带来了社区商业营销模式变革，只有采用新技术、新模式才能在激烈的市场竞争中不被淘汰，接下来，企业需要通过建立完善的社区生活服务平台，不断创新完善营销体系，与用户实时互动，缓解信息不对称。一方面，通过社区微信群、短视频平台、小程序、公众号等宣传产品、品牌信息，开发线上销售渠道，增加销售能力；另一方面，通过各类平台了解社区居民消费需求信息，及时调整完善自身产品、价格、促销、渠道等发展战略。第三，加大力度整合数字化供应链。社区商业未来需要积极整合供应链和互联网，有效对接线上数据和线下业务，构建人流、资金流、信息流在内的完整生态圈，利用互联网与上游供应商实时互动，保证商品及时保质保量供应，防止库存积压，同时，积极打造"线上下单、线下体验、及时配送"的终端点，打通下游消费环节，提高整体运营能力。第四，推进各职能部门数字化。社区商业企业不仅要实现营销环节数字化，同时应该将数字技术应用到企业的各职能部门，实现各职能部门的办公自动化、智能化，以提升运营效率，具体地，社区商业企业可以结合数字技术积极打造符合自身需求的财务系统、人力资源系统、供应链系统等，同时，还应该在实体店布局自主存包系统、结算系统等，提高社区居民消费体验，降低企业运营成本。

（二）迎合多变市场环境，创新企业经营模式

经营模式创新是社区商业企业保持活力、实现可持续经营的重要基础。疫情困境进一步说明了创新企业经营模式的重要性。未来，社区商业企业应积极利用

现有技术、结合自身禀赋采用迎合消费者的多样化经营模式。第一，线上线下融合。习近平总书记 2020 年 2 月在北京调研指导新型冠状病毒肺炎疫情防控工作时就曾强调，要稳定居民消费，发展网络消费。在全新形势下，社区商业企业要打破传统思维定式，加快线上线下融合，积极探索、开拓创新，充分迎合消费者新时代互联网购物新趋向，不断扩大自身销售规模，比如，线下的超市和便利店可加盟入驻美团外卖、京东超市等网络配送体系。在这方面苏宁创新推出"1 小时场景生活圈"，苏宁小店、苏宁菜场等凭借实体门店和线上运营，提供线上下单、线下订货服务，保障了社区居民所需生活物资的同时，也实现了销售收入大幅度增长。第二，积极推行社区团购。社区团购作为一种新的商业运营模式，一方面可以帮助社区居民实现低成本、方便快捷、高产品质量的购物体验，另一方面也可以帮助企业实现"销定采"，降低库存压力的目标，当前这种商业模式受到社区居民的广泛欢迎，未来会有更广阔的发展空间。第三，探索到家服务。疫情期间消费者居家隔离防控病毒，超市和网购的"到家"服务成为消费者首选，生鲜平台及商超线上销售量激增，"送货到家"业务获得前所未有的关注和井喷式增长，由于到家服务为社区居民节约了大量时间成本，很好地迎合了当下社区居民需求，未来这种增值服务将得到进一步发展，接下来，社区商业企业应积极拓展线上入口，通过与社区居委会密切合作，努力探索完善到家服务业务，提升社会居民购物体验。第四，履行社会责任。疫情期间，诸多企业捐赠了大批医疗物资、生活物资、资金等，帮助中国快速走出疫情困境，履行社会责任虽然在短期内会增加企业财务负担，但从长期来看，通过履行社会责任可以帮助企业塑造良好的社会形象，符合自身长远发展利益。接下来，社区商业企业应该坚定履行社会责任信念，将社会公民行为落实到商业运营的方方面面，比如联合社区居委会为社区老年人提供免费送货到家、免费照料服务，积极配合居委会宣传政府政策，吸纳残疾人就业等，做有责任、有温度、服务民生的口碑企业。

四、集中力量办大事，发挥战略联盟资源协调整合能力

战略联盟是指有共同战略利益的企业，为达到拥有市场、共同使用资源等战略目标而结成的有机整体。未来应该充分利用联盟组织资源整合共享功能，推动社区商业企业快速发展壮大。

（一）通过战略联盟的资源共享优势搭建社区商业供应链

正如习近平总书记所强调的，现代流通体系对经济发展起到至关重要的作用。供应链是社区商业企业的"生命线"，只有建立可靠的供应链系统才能保障企业的健康发展。战略联盟可以发挥资源优势，打造互利共享的供应链体系，服务所有成员企业。一是建立无接触配送到家服务。战略联盟可以从社区商业的"最后一公里""无接触配送"等方面进行技术支持，加强企业、物业、居委会等主体联动，共同发力实现社区配送全覆盖。二是优化生鲜供应链。战略联盟可以共同搭建生鲜配送中心，通过联盟内部信息共享来连接生鲜供应链上、下游，改善生鲜采购运作环境，实现直产地到社区的一步到位，保证生鲜产品质量。三是通过战略联盟组织联合采购。首先可以组建智能采购信息共享服务平台。实时对零售商订单信息进行汇总和分类，监控第三方物流配送中心信息，帮助企业寻找不同时段的高需求产品。其次可以通过采购联盟共担成本。企业大批量共同采购可以扩大谈判有话语权，压低产品采购成本，提升企业盈利能力。最后可以充分利用第三方物流配送中心 3PL。专业的 3PL 物流配送中心具备集中仓储、整合配送等特点，能够实现物流配送的规模经济，降低配送成本。

（二）通过战略联盟的核心能力互补优势共同开发自有品牌

开发自有品牌是未来社区商业企业实现转型升级与高附加值的重要路径。战略联盟能够在自有品牌开发过程中发挥积极作用。一是自有品牌设计与生产。战略联盟可以基于联盟数据对消费者行为进行动态跟踪分析，在新产品研发过程中实现对产品的精准定位，并在此基础上聘请专业的设计公司、代工企业，实施系统设计、生产，确保产品质量。二是自有品牌销售。联盟成员企业可以充分发挥渠道优势，通过现有渠道共享、新渠道开发，实现自有品牌大批量上市销售。

（三）通过战略联盟的知识共享优势开展企业内部培训

通过战略联盟企业可以实现新知识、新技术共享，加速技术创新，拓展产品市场，降低企业成本，提高联盟成员的创新能力和抗风险能力。一是邀请专家开展知识讲座。定期组织专家针对国内外形势、国家大政方针政策进行解读。让联盟内企业对外部环境有正确研判和预期，及时调整企业发展战略。例如蚂蚁商联顾问陈立平教授开设关于"疫情期间，零售企业的危与机"的直播课，为成员企业指明了方向，稳定了军心。另外，还可以组织联盟成员企业学习国家给予零售企业的相关疫情扶持优惠政策，如税收和利率，让成员企业充分享受国家政策带来的好处。例如后疫情时代蚂蚁商联依靠智囊团队和董事会的力量，对零售业态、零售企业发展趋势、国家政策和商品经营作出预判，为商联成员企业提供了切实可行的意见和建议。二是提供专业知识培训。根据成员企业的共性问题和特殊问题，定期组织相关会议和论坛，展开研讨，为企业提供智库服务。例如蚂蚁商联针对疫情防护、疫情期间社群营销、食品安全等内容进行了培训，帮助商联成员积极应对疫情。